未来矿山治理之道

THE FUTURE OF MINES GOVERNANCE

陈玉民 孙新波 张汉阔 著

机械工业出版社
China Machine Press

图书在版编目（CIP）数据

未来矿山治理之道 / 陈玉民，孙新波，张汉阔著 . -- 北京：机械工业出版社，2022.3

ISBN 978-7-111-70324-2

Ⅰ. ①未⋯　Ⅱ. ①陈⋯ ②孙⋯ ③张⋯　Ⅲ. ①金矿床 – 矿山企业 – 企业管理 – 研究 – 山东　Ⅳ. ① F426.1

中国版本图书馆 CIP 数据核字（2022）第 043085 号

未来矿山治理之道

出版发行：机械工业出版社（北京市西城区百万庄大街 22 号）	邮政编码：100037
责任编辑：吴亚军	责任校对：殷　虹
印　　刷：北京诚信伟业印刷有限公司	版　　次：2022 年 4 月第 1 版第 1 次印刷
开　　本：170mm×230mm　1/16	印　　张：21
书　　号：ISBN 978-7-111-70324-2	定　　价：79.00 元

客服电话：（010）88361066　88379833　68326294　　投稿热线：（010）88379007
华章网站：www.hzbook.com　　　　　　　　　　　　读者信箱：hzjg@hzbook.com

版权所有·侵权必究
封底无防伪标均为盗版

前言

什么是"国际一流示范矿山"？从不同的角度解读，可能会有不同的看法。总体来看，在西方主导的"规制性逻辑驱使的服从式的生产模式"产生的近300年来的现代性面前，还难以给出标准化的说法，有待将视角转向"整体性逻辑驱动的服务式的生长模式"，后一种模式与马克思主义的总体性、中国传统文化的整体观、现代复杂科学的系统性异曲同工，它正处于全融合式的生成过程中。在此之前，我们不妨一起看看基于山东黄金集团"国际一流示范矿山"建设项目实践而撰写的《未来矿山治理之道》，本书一定会带给大家一些解读和思考的方向。我们相信，基于伟大的中国共产党领导的关于共同富裕的实践探索，在不久的将来一定会产生针对这一问题的更明晰的解读。

本书根植于山东黄金集团响应国家高质量发展和治理体系与治理能力现代化的号召，从未来矿山治理的现实挑战、认知革命、科学设计和本体追求四个方面构建未来矿山治理之道，谋求讲好中国黄金矿山企业的治理故事，给出中国黄金矿山企业的治理方案，贡献中国黄金矿山企业的治理力量，为人类社会和自然界的未来提供中国黄金矿山企业的治理智慧。

第1篇"未来矿山治理的现实挑战"，从矿山治理面临的资源不均衡性开始谈起，详细勾勒了世界黄金矿产资源版图，针对黄金矿业企业并购浪潮，解读了山东黄金集团的资源规划；在此基础上指出了矿山企业人力资源情况的变化影响企业的发展,分析了新时代矿山人才的供需特征,论述了山东黄金集团的人才现状;针对资源和人的问题,分析了山东黄金集团智能转型的战略选择,另外探索了太空采矿的技术幻想;最后针对矿山治理的挑战,解读了山东黄金集团生态治理的实践。

第2篇"未来矿山治理的认知革命",首先从总体论域下的价值认知开始论述,指出马克思主义总体性在山东黄金集团"国际一流示范矿山"建设中的指引性作用,然后分析了矿山企业生产力新发展和价值创造的重构;基于深度扎根调研,指出了山东黄金集团"国际一流示范矿山"的建设是围绕系统科学的全面创新,包括企业管理的系统性创新、科学技术的系统性发展和矿业发展的复杂性适应问题;在兼顾中国传统文化演化本质的基础上,描绘了人与矿山企业交互认同的和谐场景;最后给出了未来矿山企业治理的认识论纲。

第3篇"未来矿山治理的科学设计",详细介绍了山东黄金集团"国际一流示范矿山"建设的过程,首先从定位、原则和建设角度给出了山东黄金集团未来矿山治理的方案;接着论述了山东黄金集团"国际一流示范矿山"建设的数字引领,尤其是给出了未来智慧矿山的数据标准;基于建设实践,山东黄金集团提供了未来矿山治理的标杆,包括标杆原则、标准化管理和适应性发展;最后尝试性地提出了未来矿山治理的中国模式,特别解构了未来矿山自组织治理机制和治理的生态演替法则及方法论。

第4篇"未来矿山治理的本体追求",探讨了未来矿山治理的思想本体,从矿山企业治理的路线和路径图入手,提出矿山治理的中国流派;基于数据价值型科学范式的基础,提出整体生成式管理和未来矿山治理范式;从范式出发,指出未来矿山治理必须关注人本回归,要让矿业人的工作成为一种体面的劳动;最后给出未来矿山治理的本质规定,它具有整体逻辑和金色本性,是对生命的礼赞。

《未来矿山治理之道》提供了不同于传统治理的系统性治理分析,从层级治理、市场治理、网络治理和数据治理一直演化为国际上目前正在倡导的ESG

（环境、社会、治理）框架。难能可贵的是，本书没有单纯沿袭上述理论体系，而是在广泛扎根调研的基础上，独辟蹊径地整合了矿业学、马克思主义哲学、管理学、数据科学和中国传统文化等多领域、多学科的交叉知识，结合马克思主义哲学的认识论、方法论和本体论，考虑了近百年来支撑西方管理学发展的、今天被称为"法约尔瓶颈"的管理学职能框架，同时在梳理黄金矿业领域技术流变的基础上，特别针对智能矿山和生态矿山的通用要求与评价标准，提出了未来矿山治理体系。该体系包括四个方面：从本质出发的人本治理，从要素出发的数据治理，从价值出发的生态治理，从效益出发的效益治理。这也是山东黄金集团奉献给世界的具有中国矿业特色的未来矿山治理之道。

  本书呈现的图景引人深思，适合矿业及其他领域的企业家、管理者和研究者阅读。我们相信，有众多优秀企业家、管理者和研究者的持续关注、探索与努力，未来矿山治理领域一定会诞生更多、更好、更有洞见的成果。

孙新波

目录

前言

第1篇 未来矿山治理的现实挑战

第1章 资源分布的不均衡性   3
    1.1 世界黄金矿产资源版图   4
    1.2 黄金矿业企业并购浪潮   14
    1.3 山东黄金集团资源规划   19

第2章 人才的个性和差异性   26
    2.1 世界人力资源的变化   27
    2.2 矿山人才的供需特征   30
    2.3 山东黄金的人才现实   37

第3章 矿山企业的技术变革   42
    3.1 采矿技术的发展演化   43
    3.2 山东黄金的技术现实   52

	3.3 太空采矿的技术幻想	58

第 4 章　矿山企业的生态治理　　64

　　4.1　传统治理的局限　　64

　　4.2　矿山治理的挑战　　75

　　4.3　山东黄金治理的探索　　79

第 2 篇　未来矿山治理的认知革命

第 5 章　总体论域下的价值认知　　89

　　5.1　马克思主义总体性的指引　　89

　　5.2　矿业企业生产力发展新论　　95

　　5.3　矿业企业价值创造的重构　　99

第 6 章　系统科学里的全面创新　　106

　　6.1　矿业企业管理的系统性创新　　106

　　6.2　矿业科学技术的系统性发展　　114

　　6.3　山东黄金矿业发展的复杂适应性　　119

第 7 章　整体视野中的文化认同　　129

　　7.1　中国传统文化的演化本质　　129

　　7.2　山东黄金区域存在的文化交互　　135

　　7.3　矿业企业文化的和谐场景　　142

第 8 章　未来矿山治理认识论纲　　149

　　8.1　传统认识论解析　　149

　　8.2　矿业认识论发展　　154

8.3　未来矿山治理认识论构建　　　　　　　　　　160

第3篇　未来矿山治理的科学设计

第9章　未来矿山治理的"山金方案"　　　　　169

9.1　未来矿山治理的一流定位　　　　　　　　169
9.2　未来矿山治理的一流原则　　　　　　　　176
9.3　未来矿山治理的建设方案　　　　　　　　180

第10章　未来矿山治理的数字引领　　　　　　185

10.1　矿业企业转型的数字机遇　　　　　　　185
10.2　山东黄金矿业数字化转型的智能实践　　190
10.3　未来矿山智慧的数据标准　　　　　　　196

第11章　未来矿山治理的标杆原则　　　　　　203

11.1　未来矿山治理的标杆建设　　　　　　　203
11.2　未来矿山治理的标准化管理定义　　　　207
11.3　未来矿山治理中的管理法则　　　　　　213
11.4　未来矿山治理的适应性发展　　　　　　222

第12章　未来矿山治理的中国模式　　　　　　230

12.1　矿山治理困境　　　　　　　　　　　　230
12.2　自组织治理机制　　　　　　　　　　　231
12.3　未来矿山治理的生态演替　　　　　　　235
12.4　未来矿山治理的方法论域　　　　　　　239

第 4 篇　未来矿山治理的本体追求

第 13 章　未来矿山治理的思想本体　251
　　13.1　矿山治理的思想与方向感　252
　　13.2　矿山治理的路线与路径图　258
　　13.3　试点矿山治理的中国流派　266

第 14 章　未来矿山治理的范式引领　274
　　14.1　数据价值型科学范式　275
　　14.2　整体生成式管理范式　279
　　14.3　未来矿山治理范式　283

第 15 章　未来矿山治理的人本回归　289
　　15.1　矿业企业客户关系管理　289
　　15.2　矿业人的工作是体面的劳动　295
　　15.3　从商业企业到社会企业　301

第 16 章　未来矿山治理的本质规定　306
　　16.1　未来矿山的整体逻辑　306
　　16.2　未来矿山的生命礼赞　311
　　16.3　未来矿山的金色本性　316

后记　323

第 1 篇

未来矿山治理的现实挑战

本篇共 4 章，重点关注未来矿山治理的现实挑战，从黄金矿产资源的属性与特征着眼，刻画黄金作为一种稀缺资源对延续人类文明的无可替代的价值；分别从全球、国家和行业层面系统梳理黄金矿企所面临的资源、人才、技术和治理挑战，揭示行业进入了关键历史时期；通过黄金矿企的典型案例突出挑战背后的生机，进而帮助矿山企业在逆势之中把握高质量发展的绝佳契机。

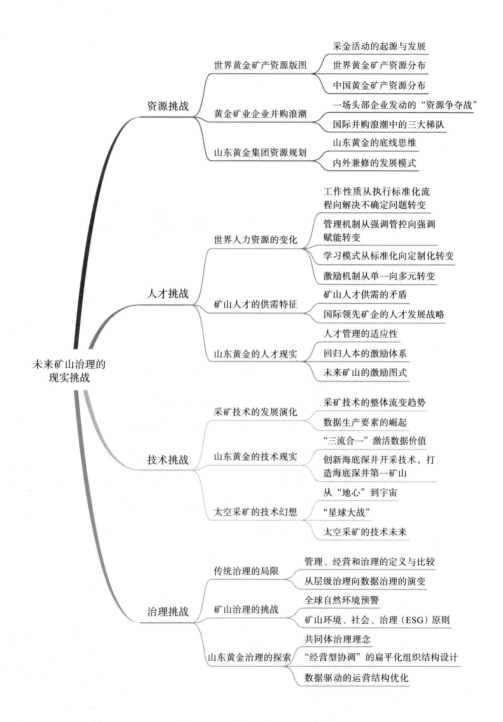

01
第1章

资源分布的不均衡性

40亿年前,一场突如其来的陨石雨撞击地球,为地球镶嵌上了一层重金属物质薄层。随着时间的推移,这些重金属伴随着地球地质演化的过程不断被吸收,嵌入地幔之中,地球上的大部分重金属甚至包括碳、氮、水和氨基酸等对生命的诞生起着重要作用的物质,可能都源自那一场外太空陨石的撞击,这就是行星科学中著名的"后增薄层假说"(late veneer hypothesis)。几百年来,全球科学家从未停止过对"宇宙炼金术"的探索,虽然黄金的起源仍众说纷纭,但毋庸置疑,黄金是宇宙给地球的馈赠,是自然赋予人类的财富。

随着人类社会的不断发展,黄金以它的稀有性、延展性、耐高温和稳定性等纯天然属性成为推动人类文明进步无可替代的重要资源。现如今,黄金已经被广泛应用于航空航天、医疗、化工、电子等多个领域,成为人类日常生活中不可或缺的重要组成部分以及人类追求美好生活的物质象征。然而,黄金是不可再生资源。人类采金的历史已有7000多年,随着全球黄金需求的不断提升,各地开采黄金的活动日益频繁,有关研究表明,目前地球上已探明可开采的黄金资源储量正在日益衰减,面对黄金存量时代的到来,黄金矿业企业在未来应当何去何从?山东黄金集团原董事长陈玉民一语道破了中国黄金产业的未来:"金矿在全球分布的不均衡,决定了没有任何一个企业可以完全依靠本土的资源满足发展需要。"山东黄金集团(简称"山东黄金"),齐鲁大地上一颗冉冉升起的黄金之星,正在通过整体达到国际领先水平开辟出一条中国黄金企业的发展之路。

本章主要从黄金矿产资源的角度向读者讲述黄金矿业企业面临的资源挑战,从世界黄金发展简史出发,为读者描绘当今世界的黄金矿产资源版图和中国黄金矿产资源的布局,以此警示读者矿业发展的存量时代已然到来。本章尤其关注那些面对资源存续挑战的黄金行业头部企业的博弈,因为它们的外延性扩张引发了一场席卷全球矿业的并购浪潮。最后,本章聚焦山东黄金如何在这场头部企业引发的"资源争夺战"之中实现逆势突围,进而从思维和模式层面向读者展现内外兼修的资源行动。

1.1 世界黄金矿产资源版图

矿产资源是人类经济社会可持续发展无可替代的物质基础,黄金更是被视为财富的象征,所谓"自古黄金贵,犹沽骏与才"。出于数量稀有、生产成本高、开采难度大、具有良好的延展性和抗腐蚀性等原因,黄金不仅具有商品属性,而且具备货币属性。黄金被广泛应用于社会发展的各个领域,体现着人们对美好生活的物质向往,更是推动社会经济发展的原动力。天然的货币属性也让各个国家将之视为应对经济风险的重要战略储备,黄金的储量已经成为一个国家综合实力的重要体现。

1.1.1 采金活动的起源与发展

人类的采金活动已有7000多年历史,根据历史发展的不同阶段和世各国黄金生产的兴衰更替，可分为古埃及时期、古希腊–古罗马时期、中世纪时期和黄金发展的新时期四大时期。古埃及是迄今为止历史记载的第一个能够规模化产金的国家，古埃及人创建了规模庞大的黄金采集基地，并集中在尼罗河与红海之间的东部沙漠和现今苏丹北部的努比亚沙漠地区大量采集沙金。西亚的吕底亚王国最早使用金币，而我国最早的黄金贝币则始于先秦时期。进入古希腊–古罗马时期，由于战乱连连，矿山变得贫瘠且遭受了很大程度的破坏，之后古罗马的黄金矿产资源版图开始向现葡萄牙和西班牙北部地区扩展。中世纪时期，由于宗教限制、战火延续，世界产金规模和产金量大幅降低。自1096年起，以收复圣地耶路撒冷为名的十字军东征促进大量黄金流入欧洲，这场持续近两个世纪的军事行动也顺势开启了东西方贸易的大门。这一阶段由于我国鲜有大型的富沙金矿床出现，加之古代货币流通主要以铜、银为主，导致我国整体黄金产量高低不定，直至明清时期才在战乱倒逼的强制开采之下跃居全球黄金生产国的前列。16世纪初期，由于探矿技术的进步，世界各地探明的富沙金矿床有所增多，世界黄金产量达到空前水平。1848年1月24日，加利福尼亚州萨特先生锯木厂的工人詹姆斯·马歇尔在科洛马附近的河岸发现了黄金，自此掀起轰动世界的加利福尼亚州淘金热，来自全球各地的狂热淘金者远渡重洋只为求得黄金的眷顾。这股淘金热潮不仅促进了世界范围内黄金开采技术、信息通信技术与运输行业的发展，也让英、美两国的势力范围得到了进一步扩张。世界黄金矿产资源的发展进程与人类社会的历史沿革一脉相连，在人类漫漫的历史长河中，黄金保持着永恒的璀璨耀眼，持续千年的黄金发展史中每一次因黄金引发的人类活动都对区域人口、经济社会和自然生态产生了不可磨灭的影响，加速推进了当今世界黄金矿产资源格局的形成。

1.1.2　世界黄金矿产资源分布

据科学家推测，地球上的黄金储量大约为 60 万亿吨[一]，其中少量黄金分布在地壳中，98% 的黄金分布于地核中[二]，采矿能力与成本的限制导致目前绝大部分黄金尚未被探明。

目前人类已开采的黄金达到 19.1 万吨，据美国地质调查局的统计，全球地下矿藏的黄金储量预计在 5 万吨左右。从目前探明的全球黄金储量来看，截至 2019 年年末，我国查明的黄金资源储量为 14 131.06 吨，较上年同期增长 3.61%，居于全球前列。但是，据相关统计数据（见图 1-1），2019 年我国黄金资源可控制基础储量只有 2000 吨，位居全世界第八，澳大利亚、俄罗斯、南非、美国、印度尼西亚居该领域前五位，所对应的占全球黄金资源可控制基础储量的比例分别约为 21%（1 万吨）、11%（0.53 万吨）、7%（0.32 万吨）、6%（0.3 万吨）及 5%（0.26 万吨），累计约占全球储量总量的 50%。探明黄金储量与黄金资源可控制基础储量间的差异反映出在采矿技术和采矿成本优化的前提下，中国的矿业发展仍存在巨大的提升空间。黄金储备是指一国货币当局持有的，用以平衡国际收支，维持或影响汇率水平，作为金融资产持有的黄金。它在稳定国民经济、抑制通货膨胀、提高国际资信等方面有着特殊作用。黄金储备的管理意义在于实现黄金储备最大可能的流动性和收益性。从全球黄金储备量来看，据世界黄金协会最新测算，截至 2021 年 11 月，世界黄金储备量达 35 553.8 吨，美国凭借 8133.5 吨的黄金储备量占据全球首位，甚至高于第二、第三顺位的黄金储备量之和。近些年来，俄罗斯、土耳其等部分国家增加黄金储备，并展现

[一] 永益财经. 地球有 60 万亿吨黄金，每人能分近 1 万吨，为啥黄金还很值钱？ [EB/OL]. （2021-06-23）[2021-08-03]. https://baijiahao.baidu.com/s?id=1703350824004411629&wfr=spider&for=pc.

[二] FRIMMEL. Earth's continental crustal gold endowment[J]. Earth and Planetary Science Letters, 2008, 267(1-2): 45-55.

出持续增储的意愿，这进一步表明在不确定的环境中，黄金作为一种国家战略性资产的关键意义。

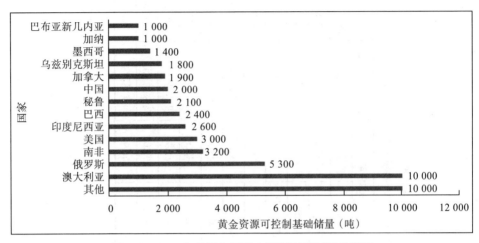

图 1-1　2019 年世界各国黄金资源可控制基础储量

资料来源：美国地质调查局、前瞻产业研究院。

从全球各国黄金生产力来看，2020 年全球黄金矿产量达 3478.1 吨，主要集中于中国、俄罗斯、澳大利亚、美国、加拿大、加纳、巴西、墨西哥、印度尼西亚、乌兹别克斯坦等国家。2016～2020 年，黄金生产量全球前 4 名几乎没有变动（见表 1-1）。在 2019 年黄金生产量全球排名前 10 的国家中，中国的黄金产量领先第二位俄罗斯约 54 吨。2020 年，中国黄金生产量为 368.34 吨，尽管与 2019 年同期相比减产 14.86 吨，同比下降 3.88%，但依然处于世界第一产金大国的位置。就黄金供给情况而言，全球有 80 多个产金国家，中国、俄罗斯和澳大利亚是 2020 年全球三大产金大国，位列世界产金国第一梯队，而美国、加拿大则分别以 190.20 吨和 170.64 吨位于第二梯队，并与第一梯队保持着较为明显的差异。

表 1-1 2016~2020 年黄金生产量全球前 10 位的国家

2016 年		2017 年		2018 年		2019 年		2020 年		排名
国家	产量（吨）	国家	产量（吨）	国家	产量（吨）	国家	产量（吨）	国家	产量（吨）	
中国	463.74	中国	429.14	中国	404.12	中国	383.20	中国	368.34	1
澳大利亚	287.69	澳大利亚	292.53	澳大利亚	317.03	俄罗斯	329.47	俄罗斯	331.09	2
俄罗斯	262.36	俄罗斯	280.68	俄罗斯	295.40	澳大利亚	325.15	澳大利亚	327.82	3
美国	229.10	美国	236.42	美国	225.02	美国	200.20	美国	190.20	4
秘鲁	166.01	加拿大	171.25	加拿大	188.92	加拿大	182.88	加拿大	170.64	5
加拿大	163.14	秘鲁	166.60	秘鲁	157.55	秘鲁	143.34	加纳	138.71	6
南非	162.64	南非	153.99	加纳	149.15	加纳	142.38	巴西	107.01	7
加纳	131.40	加纳	133.34	印度尼西亚	141.50	南非	111.30	墨西哥	101.63	8
墨西哥	130.66	墨西哥	119.53	南非	127.99	墨西哥	109.00	乌兹别克斯坦	101.60	9
印度尼西亚	108.84	印度尼西亚	116.12	墨西哥	118.36	巴西	106.93	印度尼西亚	100.90	10

资料来源：世界黄金协会。

黄金需求的分布反映了全球黄金的主要用途：央行储备、投资、珠宝首饰、工业四大领域。其中，全球黄金需求以珠宝首饰为主，但受新冠肺炎疫情影响，2020年全球消费者黄金饰品购买需求有所下降。2020年全球黄金需求量为3731.7吨，较2019年下降14%，其中黄金饰品需求下降最多，较2019年下降34%。相反，黄金投资需求却显著提升，2020年黄金投资需求量为1773.5吨，同比增长39%。随着全球经济不稳定性增强，投资者更加倾向于将黄金作为规避风险的工具来进行资产分配。

黄金由于其出色的战略地位，成为影响大国政治、经济甚至军事博弈的重要筹码。美国掌握着当前全世界最多的黄金储备，但中国拥有当前全世界最高的黄金储量，澳大利亚、俄罗斯等国家的黄金资源可控制基础储量排在全球高位。因此，对黄金资源的控制而言，没有一个国家拥有绝对的优势。近两年来，由于受全球新冠肺炎疫情影响，全球黄金需求量有所下跌，但是随着疫情状况的好转以及各方市场适应性的不断增强，全球黄金需求将迎来一轮反弹，世界黄金资源的版图也会因全球黄金市场的变化而发生重组。

1.1.3　中国黄金矿产资源分布

回顾我国黄金4000多年的发展史，从夏末商初先人初识黄金之物，到清朝末年产金量创历史新高，跃居全球产金国家第5位，再到21世纪我国黄金行业产业链的跨越式发展，形成日益完备的行业体系，我国也随之逐渐成长为黄金矿业大国。2007年，我国产金量达到207.49吨，成功打破了南非102年久居全球最大产金国的辉煌纪录，成为全球最大黄金生产国。2013年，我国黄金消费量达1176.40吨，居全球之冠。尽管我国黄金产量与消费量均位于世界前列，但是由于我国黄金矿山分布的特征，加之矿产地质勘探本就存在周期性长、勘探结果滞后的问题，因此，我国黄金产业的发展潜力尚未得到充分的激活，就整体而言，虽然我国查明的黄金储量不断创下新高，但是近些年我国境内也鲜有大型世界级新矿床出现。

我国黄金矿产资源的供给主要源自两个方面：一是以"一带一路"沿线国家为主，以我国大型矿业企业为载体，利用"走出去"的国际化战略，在南美、非洲、俄罗斯等国家和地区，采取独资或联合投资的方式组建大型矿企，其产量分担全国黄金资源供给量的20%；二是以国内山东、河南、江西、内蒙古等省（自治区）矿业企业为依托，其产量占据全国黄金资源供给量的80%。

我国小型规模以上的金矿床约1770个，主要分布于东部与中部地区，且东部地区分布较密集，储量较集中。我国金矿床的分布如表1-2所示。从金矿的种类来看，以岩金为主，伴生金占比较大，难选冶金矿占比相对较高。截至2020年年底，虽然我国已探明的黄金储量达1.47万吨，但世界级的大型黄金矿床较少，相比于美国、加拿大、南非，存在一定劣势。与此同时，在我国现存的金矿里，中型、小型矿床居多，大型、超大型矿床相对稀少。2020年，我国胶东金矿深部找矿累计新增资源量超4600吨，实现具有影响力的世界级探矿突破，成为世界第三大黄金矿区。根据《中国黄金年鉴2019》，2018年，山东省黄金查明资源储量3930.17吨，占全国的28.82%。山东省作为我国最大的黄金生产基地，其资源储量和产量都位居全国第一，隶属于山东省的莱州市三山岛金矿是目前世界少有的特大型金矿，下属矿区的西岭金矿更有着世界为数不多的巨型单体金矿床。位于查明储量第二和第三的省份分别是甘肃（占比7.13%）和内蒙古（占比6.37%）。2018年我国30个省、自治区、直辖市的黄金查明资源储量报告表明，黄金查明资源储量200吨以上的共有18个省级行政区，黄金查明资源储量合计为12 845.55吨，占全国黄金查明资源储量的94.19%（见表1-3）。

表 1-2　我国金矿床分布情况

主要区域	空间分布特征
沿塔里木–华北古陆块南北两缘	呈近东西向带状展布
大兴安岭–太行山–豫西–鄂西–湘西一线以东广大地区	呈南北向或北东向展布
西南地区	呈向北东向凸出的弧形带状展布

表 1-3　2018 年我国黄金查明资源储量前 10 的省份

排名	省份	黄金查明资源储量（吨）	占全国比例（%）
1	山东	3 930.17	28.82
2	甘肃	996.69	7.31
3	内蒙古	868.66	6.37
4	云南	758.45	5.56
5	河南	716.97	5.26
6	新疆	706.43	5.18
7	江西	497.69	3.65
8	贵州	490.17	3.59
9	安徽	477.42	3.50
10	陕西	462.75	3.39

资料来源：《中国黄金年鉴 2019》。

2019 年，中国黄金、山东黄金、紫金矿业三家企业成功跻身全球黄金产量前 20 强，其中山东黄金以 47.94 吨的黄金产量位列全球产金企业第 10 位。2020 年，中国黄金、山东黄金、紫金矿业等大型黄金企业实现矿产金产量共 147.26 吨，占全国的比重达 48.81%，与 2019 年同期基本持平（增长 0.04%）。随着国民经济由高速增长向高质量发展转轨，矿业发展也紧随国家战略部署迈入新发展阶段。随着国际化、智能化和绿色化发展的不断提速，中国黄金企业的"世界一流"之路正式开启。

黄金矿山是矿业发展的命脉，对黄金矿产资源的控制则是一个国家综合竞争实力的重要体现。就当前世界黄金的发展格局而言，无论生产量还是消费量，中国已然成为黄金大国。但是，中国黄金矿业所面临的资源挑战也显而易见。数十年来，尽管各国纷纷提高黄金地质勘探预算，不断加大对未知黄金矿产资源的探测力度，但是自2009年以来，全球便极少再出现世界级特大型黄金矿山。世界黄金储量增速的放缓也预示着在人类黄金开采能力范围内的黄金矿产资源已经所剩不多，2019年全球黄金产量已经出现自2008年以来的首次下降。事实上，目前全球大多数的黄金来自已经运营数十年的老矿场，这意味着在不久的未来黄金矿产资源的开采可能会深陷资源枯竭的困境。然而中小型黄金矿场也因地理分布离散而导致采矿成本居高不下，尽管通过AI技术与传统采矿技术的融合有望大幅降低采矿成本，但这一过程也需要长期的技术积累才能实现。正如世界黄金协会原主席兰德尔·奥利芬特表示："全球黄金产量可能已达到顶峰，黄金供不应求的时代即将到来。"

在黄金矿产资源供不应求的宏观背景下，中国黄金矿业的发展形势也十分严峻。就黄金矿业的发展潜力而言，中国虽位居世界第一产金大国，但黄金储产比仅为6.1年，加拿大、美国、南非等国家在拥有较高黄金产量的基础上，储产比均在20年以上，未来具备相对较高的增长空间（见图1-2）。相比较之下，中国黄金矿业未来增长潜力有限，资源存续面临极大挑战。因此，尽管中国是最大的黄金开采国，实际上中国在黄金强国的资源赛道上仍无法获得与之匹配的"话语权"。此外，中国矿产资源的分布特点也决定了采矿成本相对较高，部分深部矿床对开采技术的要求普遍比国外露天矿要高出许多，这意味着在深部开采技术尚不成熟的前提下，即便面对优质的黄金矿产资源也会心余力绌。更为关键的是，存在一些进一步限制了中国黄金矿业行业的资源拓展空间的因素，自2016年我国黄金产量达到峰值后，我国矿权管理日益规范，国家生态环保政策日益趋紧，对黄金矿业的高质量发展提出了更高要求，直接影响了我国黄金地质勘探的投入。自相关政策颁布以来，我国黄金地质勘探投入资金已由2016年的

33.55亿元下降至2020年的10.45亿元,为2006年以来历史最低。矿产勘探投入的不断下调直接影响到我国新查明的黄金储量。自2017年开始,我国新增黄金储量已由1104.35吨下降至2020年的442.46吨(见图1-3)。尤其是国家"双碳"目标的确立使黄金矿业面临新一轮的产业结构调整与转型升级,黄金企业需要聚焦于让金矿开采的各个环节实现"碳"脱钩。种种状况表明,中国黄金矿业的发展正处于关键性的历史时期,处于百年未有之大变局中。面对全球矿产资源的日渐萎缩以及多方面客观因素的掣肘,我国黄金行业未来将以怎样的姿态实现可持续发展,拥有全球黄金圈内"话语权"?黄金矿业企业如何识别未来矿山治理的主旋律,以制定针对未来矿业的发展战略?这些难题需要代代矿业人的不断探索才能找出答案。

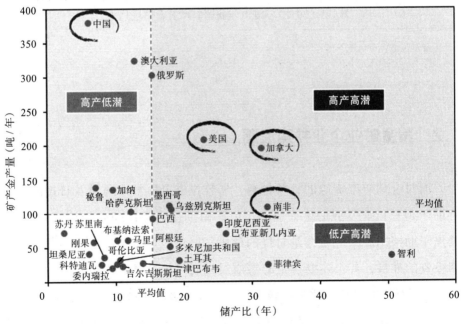

图1-2 2019年全球矿产金产量排名前30国家产量与储产比情况

资料来源:山东黄金集团有限公司"十四五"战略规划编制项目。

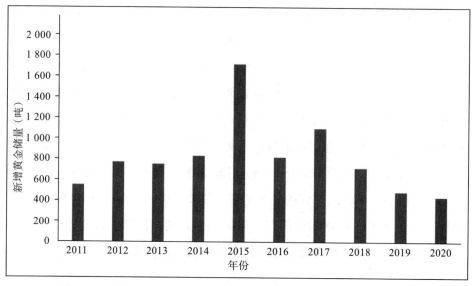

图 1-3　2011～2020 年我国新增黄金储量趋势

资料来源：中国黄金网。

1.2　黄金矿业企业并购浪潮

面对全球矿产资源的日益枯竭，尽管投资勘探技术与精益管理的结合有助于延长行业发展的生命周期，但矿山勘探通常伴随着较长的等待期，聚焦于勘探拓展来应对存量时代的危机，要求企业必须做好厚积薄发、长期投资的准备，甚至还要摆正心态应对随时可能"是非成败转头空"的结局。难道就没有其他方法来拓展现有黄金资源储量了吗？

答案显然是"有"。从历史的客观规律出发，黄金矿业企业之间的并购潮往往出现在行业巅峰之际。华尔街见闻会员专享文章《金矿掀起"并购潮"的背后：一场老大老二 All in 的赌局》曾提到：

矿业企业盈利向好的情况下，现金流充足。如果通过加大勘探开支来寻找新的矿脉，不仅时间非常漫长，而且有可能会浪费大量资金，最后啥也没找到，毕竟勘探是件高风险的事情，一旦一无所获，资金就会打水漂。所以，不如就把手头上的资金直接拿来收购其他矿企，这样一来其他矿企那些已经探明的储量都可以算在自己的名下，减小了勘探风险。

从一些国际头部黄金企业的资源储量增长数据中也能看出，任何一家黄金企业从发展到壮大都需要经历漫长的资源吞吐过程，但是真正能实现跨越式发展并成长为行业龙头的企业屈指可数，想要完成由大到强的蜕变，融入全球化的资源并购浪潮似乎是必由之路。2018～2019年，一场究竟谁才是行业老大的争夺将全球黄金矿业并购浪潮推向了巅峰。

1.2.1 一场头部企业发动的"资源争夺战"

国际领先的黄金矿业企业具有长期的资源规划特征，它们通常致力于借助并购获得可持续发展的资源优势。据统计，国际领先的矿业企业每年的并购数量和额度均体现出较大增幅。这意味着全球优质矿业资源将进一步向大型矿业企业集聚，头部企业通常具有行业地位上的明显优势，它们通过成熟多元化的金融工具进行并购扩张，在集中运营管理模式的管控下实现对大规模矿业资产的高效统筹，同时优化调整现有资源结构，实现并购价值的最大化。头部企业对优质资源的青睐将推动和加速全球矿业格局的发展，并带动行业竞争者并购行为的联动，最终使得整个行业逐渐形成强者恒强的寡头局面，在并购中获得收益的企业能通过持续性的行为不断稳固其自身在行业发展中的领先地位。

这种由头部企业争夺优质资源引发的全球行业格局重塑无疑对发展产生更为深刻的影响，对于中国黄金企业的逆势突围来说更是雪上加霜。如今，中国领先矿企已经开始加强对分布较为离散的中小型矿业企业矿产资源的整合，但依然无法应对全球资源枯竭带来的生存挑战。简言之，中国矿业企业已经到了不得不"走出去"的紧要关头。但是，想要敲开通往"世界黄金"的大门谈何容易？黄金矿业的头部企业在资本运作、国际化管理经验以及资源储备上具有先天优势，这使得它们在并购过程中能掌握更大的主动权，通常在没有恶意竞争的前提下，它们完全能从并购交易中获得最大化的预期收益。反观中国黄金企业，国际市场运营经验的缺失和先天资源储备的不足使它们难以占据并购谈判的主导地位。随着"逆全球化主义"的不断蔓延，地缘政治威胁、技术封锁等诸多不利因素接踵而至，中国黄金企业的国际化发展之路必定崎岖坎坷、险象迭生。然而，矿业企业的全球化已经是大势所趋。从过去十年的全球黄金矿业的并购趋势来看，一场由黄金矿业头部企业发动的"资源争夺战"已然打响。

1.2.2 国际并购浪潮中的三大梯队

众多国内外黄金矿业企业开始寻求外延性的扩张，通过持续整合优质资源、剥离劣势资源，保证在下一阶段的资源争夺战中先发制人。近年来，黄金矿业企业的诸多外延性扩张以行业头部企业的全球化并购为主导，它们通过连续性的并购行为获得资源储量的急速增长。在行业头部企业"资源为王"意识的影响之下，矿业发展全面进入"以资源全球化配置为基础""以企业国际化经营为保障"的全球化发展阶段。

2010～2019年，共有96宗重大黄金并购交易，其中4.61亿盎司⊖的黄金储量易手，交易总额达893.8亿美元。包括额外资源在内，这96宗交易的储量和资源总量为11亿盎司。生产性资产占2019年黄金并购资产的94%，2018年这一占比为76%，2017年为54%，2016年仅为8%。2019年，

⊖ 1盎司=28.35克。

黄金行业内的并购总交易额达到247亿美元，较2018年翻了近一番，不过仍低于2010年创出的历史峰值（300亿美元）。近几年，国际领先企业均大刀阔斧地加大海外资源布局，它们或采取稳步式的方式瞄准最佳时机完成国际并购，或采取激进式的方式进行敌意收购。以近几年最为轰动的两起头部企业的并购为例。纽蒙特矿业公司（Newmont Mining Corporation，以下简称"纽蒙特"或"纽蒙特公司"）在2019年4月完成了对加拿大黄金公司的100亿美元合并。与此同时，纽蒙特公司剥离了部分缺乏优化空间的次优资产，包括以3.75亿美元出售的Red Lake和以8亿美元出售的Kalgoorlie。此次收购后，纽蒙特公司预计在此后数十年的时间里每年将生产600万～700万盎司黄金。另一起大型矿业公司的并购是2018年9月加拿大巴里克黄金公司（Barrick Gold Corporation，以下简称"巴里克"或"巴里克公司"）斥资60亿美元完成了对专注于非洲黄金开采的兰德资源的并购，兰德资源拥有非洲唯一的黄金精炼厂（见图1-4）。巴里克坚持"资源为王"的发展理念，通过并购快速整合优质资源，做大规模，使自身始终处于黄金矿业的第一梯队。2019年纽蒙特的并购是继巴里克公司收购兰德资源之后，黄金行业的又一次行业巨头间的博弈，此次并购涉及的已探明和可能储量接近巴里克与兰德资源交易量的4倍，此次收购也使得纽蒙特成功超越巴里克，成为全球最大黄金生产商。

国际领先梯队的跨国并购已经成为快速获得资源储量的重要手段。它们通过吸收和整合优质资源，剥离次优资产，实现矿产资源组合优化，以获得长期发展的核心竞争优势。与此同时，国际领先矿业公司的资产优化也为市场带来长期并购机会，部分次优资产将成为后发梯队矿业公司拓展资源版图的绝佳选项。面对日益严峻的行业挑战，后发梯队矿业公司试图通过外延性扩张快速获取资源储备，提升实力及市场占有率。一方面，通过吸收领先梯队的次优资产完成规模扩张；另一方面，通过兼并具有矿产潜力的中小矿业公司提升自身资源禀赋。例如，北极星矿业公司在2014年从巴里克收购 Kanowna Belle 和 Kundana 矿产，从纽蒙特收购 Jundee 矿产。紫金矿业在 2019 年以 2.4 亿美元收购 Timok 矿全部股权。

图 1-4　兰德资源黄金精炼厂

资料来源：新浪财经。

中间梯队的矿业企业主要聚焦于勘探活动的持续投入，它们通过两种方式实现现有资源储量的提升。一方面，聚焦于已有矿山资源的深度勘探，以内生性的增长充分激活现有资产的潜力，进而不断优化现有资产结构。金田公司（Gold Fields Ltd.）于 2011 年开启 South Deep 矿山重新规划，试图通过提升精细化的运营能力对现有地区的矿井实施进一步的挖潜。另一方面，部分中间梯队的企业聚焦于对具有高潜力的新生矿山的投资，以此优化企业运营的投资组合。矿业企业多采用共同开发的方式进行长期的战略合作，通过技术、人才、管理等方面的资源共享来为新生矿产资源的持续开采赋能。例如，2019 年纽克雷斯特公司（Newcrest Mining Ltd.）以 8.065 亿美元的价格收购加拿大帝国金属公司（Imperial Metals Group Ltd.）的 Red Chris 铜金矿的 70% 股权，而 Red Chris 因拥有 2000 万盎司黄金和 130 亿磅⊖铜储量，被认为是潜力十足的发展中矿山。

⊖　1 磅 =0.453 6 千克。

事实证明，国际领先的矿业企业已经纷纷加入资源并购的争夺战中，它们奉行"资源为王"的理念，根据自身需求积极把握国际并购的契机，加速开展国际并购活动。对中国的黄金矿业企业而言，这场"战役"的打响使得"走出去"的路途愈加凶险，究竟如何选择？是加入还是另谋出路？是主动进攻还是被动防守？需要看看我国的矿业企业究竟是如何在这场资源争夺战中实现逆势突围的。

1.3　山东黄金集团资源规划

面对全球矿产资源的枯竭和矿业发展格局的大洗牌，"十三五"期间，山东黄金集团便将"争做国际一流，勇闯世界前十"作为新发展阶段的战略目标。但与国际领先矿业企业在资源禀赋、关键技术、管理水平等方面的差距摆在眼前，聚焦于单点一线的战略突围根本无法逾越发展的鸿沟，后发者只能付出百倍的努力才可能实现对先发者的赶超。通过三年的"国际一流示范矿山"的稳步推进，山东黄金树立底线思维、内增外拓，分别在山东、内蒙古、海南、福建等省份形成覆盖"东西南北中"的后备资源开发基地。2017 年，集团实施"走出去"的国际化发展战略，积极开展跨国资源并购，并寻求与国际顶尖黄金矿业企业的战略合作，在阿根廷、加拿大、澳大利亚等国家搭建了海外业务平台。2019 年年底，山东黄金以 47.94 吨的黄金产量成功名列全球产金企业第 10 位。

1.3.1　山东黄金的底线思维

思维决定意识，意识决定行动。应该以怎样的姿态融入国际化并购的浪潮，以便在这场头部企业引发的资源争夺战中占领先机？树立底线思维是成功的关键。底线思维是一种动态性、系统性的思维方式，指的是企业要做最坏的准备，争取获得更好的结果。它强调问题导向，既要有居安思危、防患于未然的意识，也要有敢于亮剑、披荆斩棘的精神。山东黄金在国际化发展的过程中始终坚持以底线思维指导国际行动。下面从胆识、认识、意识和见识四个角度对山东黄金的底线思维进行解构（见图1-5）。

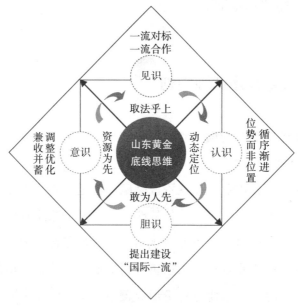

图1-5 山东黄金的底线思维

是对冲求机遇还是避险换安逸？山东黄金选择了前者，前瞻性地提出建设"国际一流"的战略目标便体现出一种"敢为人先"的胆识。"国际一流"是对党的十九大号召培育具有全球竞争力的"世界一流企业"的回应，更是山东黄金对自身发展前路的清晰认识。"国际一流"不是世界第一，"一流"是定性的位势而非确切的位置。这意味着"国际一流"的建设不能好高骛远、脱离实际，更不能面面俱到、贪大求全，要尽可能地与自身的资源、能力以及短期内能取得的进步相匹配。"国际一流"并非一蹴而就，"一流"是一个动态性的过程，循序渐进地在建构中实现高质量发展。同时，在有限的目标下，企业树立了"资源为先"的意识，要兼收并蓄地实现黄金资产的调整与优化，通过国际并购吸收更多的优质资源、不断优化资产结构才是实现价值最大化的根本途径。企业培育了"取法乎上"的见识，这是一种全球化的视野，"国际一流"的建设一定要与国际一流的企业对标、开展战略合作，只有与国际一流的企业合作才有机会缔造国际一流的平台，才有可能培育出国际一流的实力。在被问及缘何提出"国际一流"的建设目标时，山东黄金原董事长陈玉民表示："难道为了减少我们的风险，我们就放弃'走出去'吗？即便迈出这一步面临着无数风险，但是只要审视得当、把握机遇，通过风险换取收益是完全可以实现的。"

1.3.2　内外兼修的发展模式

山东黄金选择内外兼修的发展模式：对内聚焦本土化，通过技术和管理创新瞄准"世界一流"，培育企业核心竞争力，不断提升可开采黄金资源储量，持续获得内生性增长潜力；对外立足全球化视野，积极寻求资源整合的跨国并购机会，试图通过吸收全球优质矿产资源实现黄金资源量的快速积累，同时聚焦于国际化运营能力的提升，以此降低全球化运营的成本支出，最大化地巩固集团运营的整体效益。"在发展中建构，在建构中成长"是山东黄金实现资源储量跨越式提升的基本路线（见图1-6）。

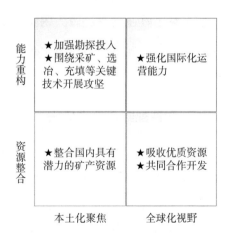

图1-6　山东黄金内外兼修资源发展矩阵

1. 聚焦本土，苦修内功

山东黄金将科技创新突破视为"十三五"时期的重要抓手，科研投入大幅上升，其中矿产金科研投入占业务营收占比稳步提升，与国际领先企业的差距进一步缩小。山东黄金原董事长陈玉民在中国企业改革发展论坛中表示："作为国有企业，山东黄金应该有自己独有的技术。"随着山东黄金矿产资源开采深度的不断增大，高温、高压等不利因素将对开采技术提出更高要求，集团专门成立深井开采实验室、充填工程实验室和黄金冶炼实验室，重点围绕采矿、选冶、充填等行业关键技术展开技术攻坚，积极推进知识成果转化。在三大实验室的共同支持下，山东黄金取得了科学超深钻探技术、海底开采成套工艺、深部开采等关键技术的重大突破，有效推动探矿增储和实现深部资源的高效精确探查，全面提升各生产环节的资源利用效率。与此同时，山东黄金也将焦点更多地放在了国内优质潜力矿山的收购和现有矿山资产的深入开发上。山东黄金不断加大探矿增储投入，2017年集团收购前陈–上杨家金矿，增加黄金资源储量60.5吨，实施区域扩张战略，做强胶东、做大内蒙古、做实甘肃、辐射中南和西南地区。通过聚焦本土、苦修内功，山东黄金实现了对关键技术的成果转化与国内优质资源的兼并。

2. 全球视野，外延扩张

尽管与国外先进公司存在一定差距，但是这并未影响山东黄金开辟海外资源之路的决心。山东黄金第一次海外并购就将对象锁定为世界黄金巨头巴里克的贝拉德罗金矿，可并购之路谈何容易？巴里克是当时全球最大的黄金生产商，它的黄金地、采、选、冶技术均处于世界领先地位，而旗下的贝拉德罗金矿更是巴里克五大核心矿山之一。谈判之初，巴里克已经实现了对传统业务模式的数字化改造升级，建立起较为完备的数字化运营管理系统，矿山生产经营数据可以随需实时地进行可视化呈现，数字化管理水平处于国际领先位置。反观彼时山东黄金的数字化建设刚刚起步，尚未建立统一的数据标准，很多经营数据的评判决策依然靠管理者的经验。在并购初期，巴里克并不知道山东黄金的情况，总部特意派遣驻中国办事机构调查山东黄金的经营状况。面对比自身强大数倍的并购对象，如何掌握谈判的筹码以在并购中获得更大的价值，成为山东黄金走向国际市场必须要逾越的一道屏障。因此，山东黄金采取的策略体现出"获得初始认同—突出互补优势—反向文化输出"的过程。并购的前提在于建立互信基础，由于巴里克董事长经常出游中国，山东黄金借机邀请其到现场参观矿山的日常生产经营，使巴里克董事长直观地感受到山东黄金处于全国领先的位置，后续的频繁交流进一步巩固了双方信任，巴里克董事长也逐渐认可了山东黄金的管理水平。此外，尽管巴里克在采矿技术上拥有全球领先水平，但是山东黄金的优势在于井下作业技术和模拟探矿技术的先进性，基于技术互补的合作使得双方都能在深部矿产资源的开采以及潜在矿产资源的勘探中获得更多收益，在并购中强调技术优势的补充成为达成并购意向的关键筹码。最后，国际并购的一个重要环节是获得当地政府的合法性支持。巴里克等欧美黄金巨头非此即彼的"硬派文化"导致其在与当地政府的合作中表现得不尽如人意，社区关系极其不稳定。相比之下，山东黄金长期陶染于中国传统齐鲁文化，在日常经营中讲究厚德仁民，这潜移默化地影响着山东黄金在处理与当地政府以及社区的关系时更加强调沟通与协调，注重经济效益与社会效益并举。山东黄金的厚德仁民为巴里克更好地处理企地关系注入了"强心剂"，奠定了双方深度合作的基础。事实证明，山东黄金不仅为巴里克带来了经营业绩的提升，还在贡献地方税收、新增就业岗位等方面获得了当地政府的高度赞许（见图1-7）。山东黄金在输出中国传统文化的同时，也让中国的黄金品牌形象在海外生根发芽。

图1-7 阿根廷圣胡安省省长乌尼亚克感谢山东黄金对当地矿业发展做出的贡献

资料来源：山东黄金集团。

对巴里克贝拉德罗金矿的并购为山东黄金带来了约141吨的黄金资源增量，更为关键的是，这次并购为双方达成进一步的战略合作埋下伏笔。2018年7月，双方达成深入合作意向，巴里克通过分享采矿技术、信息技术、信息管理及数字创新等方面的经验和做法，协助山东黄金建设国际一流示范矿山。这次历史性的并购助力山东黄金正式开启了通往"世界黄金"的大门。

对资源的争夺从远古时代的部落冲突就从未停止，谁掌握了优质资源，谁便掌握了发展的主导权。面对自然资源日渐枯竭的状况以及国际领先矿业企业的资源行动，山东黄金通过内外兼修的模式加速迈入"国际一流"的行列，成功拿到了海外扩张的入场券。但是，中国企业的国际化之路并非一路坦途，尽管我国企业进入国际市场时始终秉持开放、合作、共赢的态度，但是依然可能面临当地政府不合理的政治干预。山东黄金收购加拿大特麦克资源公司时便受到了加拿大政府以国家安全为由的政治阻挠，导致即将达成的收购计划被迫停止。然而，一切以政治威胁为由的恶意制裁都无法阻碍山东黄金国际化发展的必然趋势。2021年3月，在与俄罗斯诺德黄金、加纳矿业公司等四大竞争对手的交锋中，山东黄金成功收购澳大利亚卡蒂诺资源有限公司 100% 的股权，实施全资控股。此次收购活动顺势推动山东黄金完成了从合资共同开发向独资收购运营的跨越式转变。山东黄金将通过管理理念、矿山技术和公司文化等要素全面赋能卡蒂诺资源有限公司下属矿山的建设，最大限度地释放矿山潜力。

随着全球矿业并购步入常态化发展阶段，对于优质矿产资源的争夺必定会加速推动山东黄金未来的国际化进程，倒逼山东黄金聚焦于勘探技术的提升与现有资源的充分挖潜。从跻身世界前十到勇闯世界前五将是从量变到质变的跃迁。"十四五"时期的黄金企业将延续资源整合的宗旨，不断学习和积累国际经验，加速融入国内国外双循环的新发展格局。坚持内外兼修将是推动黄金企业从"走出去"到"走进去"再到"走上去"的筑基之本。立足全球视野整合高品位矿产资源的同时，兼顾现有矿产资源结构的调整与优化，稳步提升企业国际化运营能力，才是赢得这场"黄金资源争夺战"的决胜锋刃。

02
第 2 章

人才的个性和差异性

人才是推动企业发展的第一生产力。新一轮科技革命、产业革命、认知革命的到来不仅重塑了世界人才劳动力结构,也深刻影响着企业传统的人力资源管理模式。伴随着不断升级的网络基础设施和移动智能终端,推动企业发展的人才标准已经发生根本性的改变。与此同时,新时代的发展红利赋予了人才更加多元化的价值理念,"个性化"被提升到一个前所未有的高度,追求安逸舒适的办公环境、渴望量身定制的职业规划等成为新时代多数人才的本质需求。然而,对矿业这一传统行业而言,条件艰苦、工作环境差、待遇低等似乎已成为代名词,高端人才难引进、内部人才向外流的现象较为普遍,存在严重的人才供需失衡。人才供需矛盾长期制约着矿业企业的发展,加之新一轮的人才争夺,矿业企业必须从根本上重新审视人力资源的变化,重构人力资源管理体系。那么,如何调整人力资源管理体系,在自身业务发展需求和人才成长诉求中寻求平衡点,从而行之有效地应对人才发展的挑战呢?

本章围绕世界人力资源的根本性变化刻画当今社会人才发展的挑战。首先,本章通过聚焦黄金矿业行业人才的供需特征,把握人才供需的主要矛盾。其次,本章进一步围绕国外领先矿业企业的人力资源战略,定性描述国际领先矿企人力资源管理的主要构成要素。最后，本章以山东黄金的人力资源管理适应性为切入点，回归人的本性特质，绘制引领未来矿山人力资源管理的激励图式。

2.1 世界人力资源的变化

1. 工作性质从执行标准化流程向解决不确定问题转变

面对人工智能、认知科学和自动化技术的不断发展，传统人力资源岗位受到极大的冲击，组织中的岗位正在面临新一轮的重置。一个明显的趋势是未来的工作性质将充满更多的不确定性，"岗位"本身的含义将被削弱，取而代之的是遵循问题导向来划定岗位的职责，进而导致岗位边界的模糊，对员工系统解决实际问题的能力提出更高要求。公司已不再单纯地要求员工围绕重复性任务和标准化流程开展工作，他们需要具备多元化的技能，更多从事为公司带来长期收益的工作。尤其是数字技术在组织中的广泛应用使公司愈发依赖数据分析、数据处理和机器学习，数字技能正逐渐成为公司雇用人员的一项基本标准。善于从数据中发现和解决现实问题，同时能运用智能设备、数据、算法撬动生产力和工作效率的提升，此类人才将成为各大公司竞相争夺的战略性资产。

2. 管理机制从强调管控向强调赋能转变

全球人力资源持续变革的一个重要原因在于组织结构日趋扁平化，众多企业管理者认为传统层级制组织架构将在未来的商业竞争中渐渐失去竞争力。数字化时代要求员工能及时地应对突发的诉求，即便是在诸如采矿、石化等传统行业中，企业也需要打造具有灵活性的组织架构和包容性的文化,以重塑员工的工作行为。组织架构调整触发了管控机制的同步改变,组织鼓励更多的跨职能、跨部门的团队协作,让员工以非正式的网络型组织完成既定的任务,这意味着组织将更需要人才具备成人达己、主动协作等一系列以信任共建和知识交互为核心的价值创造的意识和能力。与此同时,领导者的职责也发生了根本性的改变,包容性的文化建立在削弱领导者权力的基础上,领导者将从"命令的发布者"转向"资源的提供者"。因此,组织员工的权力被放大,他们需要具备超越以往的责任意识和组织能力,激发内在的领导者潜能,以求在思想和行动上达成与组织目标的共鸣。简言之,组织环境的改变深刻影响着现有员工的工作习性及对新晋成员的能力评判,员工必须接受并主动拥抱这种正在到来的时代变化,以获得更为强大的职场适应能力。

3. 学习模式从标准化向定制化转变

不断演变的工作需求与新的技能需求使学习和工作的联系空前的密切,建立终身学习的渠道已经成为企业和员工共同发展的原动力。组织中的学习是相互的。一方面,员工意识到掌握与时代相契合的多元化技能对职业发展的重要性,积极培养持续学习、自主更新知识体系的意识和能力,从传统的被动接受培训向主动寻求新知识转变。另一方面,组织需要为员工设计可持续发展的学习机制,降低员工获取知识的成本,唤醒员工的学习动力。据有关调查,56%的人希望公司根据他们的技能水平和职业规划提供学习机会,44%的人要求根据自己的意愿来制订学习计划。很多求职者甚至将学习机会视为首要的考量因素。因此,结合员工职业发展与个人意愿的定制化学习方案将成为未来企业内部培训的焦点,这要求人力资源部门借助各种数字技术精准定位员工的职业规划、技能短板和兴趣等信息,从而细致入微地描摹每一位员工的需求画像,保证每一位员工的学习都符合自己的需求和特点。除此之外,数字技术为企业提供了诸多获取知识的便利渠道，企业可以通过信息集成、个性化推送等方式来降低员工获取知识的搜索成本，也可以引入虚拟技术等革新员工的学习模式。简言之，实时学习和终身学习已经成为员工职业发展和组织效能提升的驱动力，组织需要创造益于学习的氛围和环境，积极构建持续学习型组织。

4. 激励机制从单一向多元转变

激励早已经不是"薪酬"的代名词，单纯的升职加薪已经无法满足员工对于组织激励的期望。企业已经意识到员工激励机制的设计应该融入更多多元化、个性化的因素。一方面，劳动力结构和员工需求的变化使得员工不再仅仅追求基本工资、基本保险的保障，免费餐饮、休假计划、健康福利、股权等都应被纳入激励计划。与此同时，"90 后"和"00 后"员工的期望更多在于获得能帮助自身持续发展的机会，这要求企业为之量身定制成长路径，提供与之成长相适应的学习资源以及构筑开放化的晋升通道，从多个维度为员工营造出绝佳的工作体验，将幸福感、获得感、成就感作为衡量激励效果的反馈。另一方面，部分企业为员工提供了动态且个性化的激励方案，从而借助激励机制的设计，塑造并获得与竞争对手相比呈现差异化的竞争优势。例如，一些公司加强了对"员工想要什么"的调查，并允许员工对自己的奖励提出个性化的诉求，无论是现金、旅行、住房、健康服务等都可以通过与团队和公司进行协商而获得。人才激励机制的变化表明激励绝不是一个"数字"或是一笔费用的支出，它的根本是对员工的一种长期投资，企业不仅应该重视员工的基本保障，更为关键的是设计符合员工个性化偏好且与公司可持续发展目标保持一致的激励机制，为员工创造更加适合个体成长的工作体验，实现员工幸福感与公司效益的同步提升。

2.2 矿山人才的供需特征

2.2.1 矿山人才供需的矛盾

1. 矿山复合型人才稀缺

人才毋庸置疑是推动矿山变革的关键因素。随着采矿技术由机械化向智能化的流变，诸多以劳动密集型为主的传统岗位将被智能化技术替代甚至消失。与此同时，矿山涌现出大量以知识密集型为主的"超级岗位"。随着柴油卡车逐渐从井下退伍以及 5G 网络等电子通信设备的引入，采矿工作者甚至能在千里以外的办公室吹着空调操控最先进的采矿设备，这一系列的变化表明矿山人才的需求和培养模式已经发生了根本性转变。数字矿山、智慧矿山的建设需要大数据、物联网、云计算、人工智能、环境科学等多学科领域与传统采矿学科的融合，只有复合型的人才方能真正满足矿山所需，为矿山变革注入"强心剂"。然而，滞后的课程体系和培养模式导致社会输出的人才与矿山需求发生供需错位。力拓集团（Rio Tinto Group）的前任 CEO 认为："数字化矿山技能上的差距凸显了矿业传统课程的弊端，一些课程已经 20 年没有更新过，这也间接导致了市场波动、成本增加、资源匮乏，进而影响了整个澳大利亚矿业。"与此同时，国际领先的矿山近年来纷纷加强 ESG（environmental，social and governance）体系建设，随着国内建设现代化矿山号角的吹响，以及"碳达峰、碳中和"等环境治理要求的提高，要求新时代的矿山人才具有更加强烈的社会责任意识和社会沟通技能。而矿业企业必须深刻意识到人力资本投资对未来矿山可持续发展目标的不可替代的作用，只有积极制定应对未来发展的人力资源发展战略，改善人力资源管理体系，才能更好地吸引和留住人才，为智能、高效、绿色的转型之路提供源源不断的发展活力。

2. 矿山职工老龄化，新生代力量不足

从供需角度看，传统矿山的本质属性、刻板印象以及新时代人才的从业价值需求致使矿业行业难以招收到新生代员工，行业人才流失与老龄化的现象严重。数据显示，矿业行业的平均职工年龄在 40 岁左右，而互联网行业则在 27 岁左右，老龄化的劳动力结构直接导致组织持续变革的动力不足，难以紧跟数字化、智能化矿山的发展趋势，固化的"社交圈"和繁多的管理层级使得传统矿业行业缺乏新鲜的工作体验，员工的幸福感和获得感普遍较低。人们不愿意从事井下的作业活动，甚至不惜放弃专业导向的职业发展，最终使得矿业行业陷入"外部人才招不到，内部人才往外流"的人力资本"陷阱"。尽管近些年来，智能智慧矿山建设逐渐强调"以人为本"的人文关怀，许多矿业企业通过自动化、智能化设备的引入改善了作业环境，大幅度降低安全事故发生的风险，提升了采矿过程的安全性，使得人们对矿山的刻板印象渐有改观，但是数字技术在改善矿山作业环境的同时，也让人才获得了能适应不同行业的数字技能，人才竞争的边界日趋模糊。更多新生代复合型人才仍倾向于选择互联网、管理咨询等行业，所以黄金矿业企业的人才争夺不再局限于传统的矿业行业内，它们甚至需要跨界与诸多国内外领先的其他行业的巨头展开人才竞争，如华为、阿里巴巴、腾讯和亚马逊等。

矿业企业一方面需要加大对数字矿山、智能矿山建设的宣传，传播现代化矿山的新发展理念，弘扬企业的社会责任，渐进式地改变人们的认知；另一方面，需要拥有全局视野，改善人才作业的流程体验，重塑人才发展的激励机制，坚持以人为本的重心不偏移，突出现代化矿业企业的差异化竞争优势，不断积蓄新生代员工，以图在未来矿山的竞逐中立于不败之地。

2.2.2 国际领先矿企的人才发展战略

1. 纽蒙特的全球人才战略

人才是纽蒙特战略发展的第一支柱，更是业务领先的根基。纽蒙特致力于为每一位员工提供安全健康的工作条件和持续成长的学习机会。截至 2020 年 12 月 31 日，纽蒙特雇用了约 1.43 万名员工，约 1.35 万名短期合同员工（contractor）。

公司强调将人才战略与业务战略紧密结合，以包容性的文化吸引和留住多样化的人才：

- 通过增强员工的工作体验增强员工的黏附力；
- 加强新型领导力的培育；
- 发展有效的劳资关系，使利益相关者拥有共同的愿景和未来；
- 重新配置男性女性同等比例的董事会结构。

随着 ESG 被广泛关注，公司进一步加强了"社会责任绩效"在员工的培训计划和薪酬设计中的体现。据公司 2020 年财务报告显示，ESG 相关支出占据了 2020 年公司短期激励计划（一项针对高级管理人员的激励政策）支出的 30%，其中 20% 分配给健康和安全指标，10% 分配给基于关键公共指数的可持续性绩效。与此同时，纽蒙特设定了全面奖励计划为员工提供发展计划、职业机会以及有吸引力的薪酬和福利：

- 通过考虑办公场所、所在区域以及文化期望等因素形成差异化的薪酬体系；
- 鼓励员工获取福利资源，不仅包括医疗、人寿保险和残疾保险以及退休、假期和带薪休假，同时还为员工提供心理健康支持、体育活动和娱乐计划。

纽蒙特还为员工提供适用于个人生涯发展与职业规划的学习机会。公司鼓励员工与管理者分享职业目标和抱负，管理者通过确定员工的个人优势为员工量身定制职业行动计划，以加速他们理想的实现。公司通过开展国际合作为员工提供学习和均衡发展的机会，不断培育员工的全球化视野和战略领导力。为了激励员工的晋升，纽蒙特不仅设置了多元化的人才晋升通道，同时还为员工向领导者的角色转变打造了完备的培训体系，包括安全培训、技术培训、领导力发展计划、跨职能项目和执行特殊任务的在职培训、毕业生发展计划等。

在 2020 年新冠肺炎疫情期间，纽蒙特发起了名为"Together While Apart"的具有包容性的社区活动，这一活动的主旨在于激发员工通过创造性的方式创建联系、分享彼此的经验，获得彼此的共鸣，以使得为疫情所迫远程居家工作的员工感受到组织和同事的关怀，减少因缺乏交流互动或处于封闭的工作状态而导致的孤独感。

2. 巴里克的全球人才战略

巴里克在全球 13 个国家拥有 2 万多名员工和 2.3 万多名短期合同员工。公司旨在培养能秉承共同愿景和价值观、具有企业家精神、以盈利为导向、对技术和社会进步充满热情的人才队伍。

巴里克通过强调人权的重要性来建立牢固的劳资关系，公司认为良好的沟通机制是发展稳固劳资关系的关键，鼓励员工和管理层之间透明的双向沟通，并通过数字平台、数字热线等数字技术促进员工之间更为广泛的互动。公司坚持提供公平的工资和福利以及设置合理的日常工作时间以提高员工的主动性与敬业度。根据地区差异、地方工资薪酬和福利范围制定激励政策，确保高于所在国家或地区的国家最低标准。巴里克的福利待遇丰富，包括养老计划、员工的持股计划、退休计划、固定养老金计划、医疗计划和银行贷款计划等。例如，公司的某些高级职员和关键员工可以以等于授予期权前一天收盘价的行权价购买普通股。

从人才引进来看，巴里克以利益相关者为导向，格外注重对公司所在地运营和管理人员的雇用，巴里克东道国员工的雇用比例在 2020 年高达 97%。公司为员工提供了多元化的学习机会，以支持员工实现职业抱负。这包括：

- 在世界各地的工作场所工作，并承诺帮助旅行或迁移住所；
- 与非洲、欧洲和美国领先大学合作设计量身定制的高管和管理项目，以指导员工的职业发展；
- 顶级商学院的深造机会；
- 广泛的培训和发展机会，包括行业会议和研讨会，以及领导力和技术培训计划；
- 访问由高素质专业人士组成的全球网络，以交流知识和想法、培养技能和分享经验；
- 以模块化的形式在线设计技术技能学习机制和学徒培训机制。

3. 盎格鲁阿散蒂的全球人才战略

人是盎格鲁阿散蒂业务开展的核心，尽管科技和社会不断发生演变，但是公司坚持唯一不变的就是对员工的重视和关怀。盎格鲁阿散蒂拥有 2 万名左右的员工和 1.6 万名左右的短期合同员工。2020 年公司董事会和执行领导层决定，任何盎格鲁阿散蒂的员工都不会因疫情而受到就业的负面影响。为了顺利推进疫情期间的工作，公司通过开发在线平台、配置数字基础设施减少了员工前往办公场所和在密闭办公空间工作的需要。

针对员工的长期发展，盎格鲁阿散蒂提供了多元化的学习机会和晋升途径，通过建立扁平化管理的工作环境，让员工拥有自主学习、自主选择的权利，不断发展员工的业务执行能力。公司界定了严格的学习标准体系

（见表 2-1），包括在工作中和通过实践学习（70%）、通过与他人交流和非正式的学习（20%）和通过结构化的培训计划的学习（10%）。

表 2-1 盎格鲁阿散蒂为员工提供的学习标准体系

学习方式	经验学习	拓展学习	教育学习
学习焦点	在工作中和通过实践学习	通过与他人交流和非正式的方式学习	通过结构化的培训计划学习
学习占比	70%	20%	10%
学习内容	・工作轮值 ・项目工作 ・延伸任务 ・操作、现场访问 ・跨职能培训	・执行训练 ・导师制 ・高层领导指导 ・专业、外部论坛	・专业资格、研讨会 ・执行发展计划 ・管理和领导力发展计划 ・在线学习

资料来源：盎格鲁阿散蒂 2018～2020 年财务报告。

盎格鲁阿散蒂设置首席青年领袖计划和未来领袖导师计划。其中首席青年领袖计划旨在挖掘青年人才的领导潜能，以为公司未来的战略发展提供人才储备；未来领袖导师计划旨在为员工打造良好的人际关系，通过建立 12～18 个月的师生关系，加速经验性知识的传承和传递，促进职业的持续发展。

4. 世界三大黄金公司人才发展要素解析

利用公开信息，针对世界三大黄金公司的人才发展战略，提炼出这些公司在面对人力资源挑战时，在理念、薪酬、福利、晋升、环境和无边界的成长空间等方面的突出表现（见表 2-2）。国际领先公司的劳动力结构都由正式员工与短期合同员工共同组成，且两类员工的比例接近，短期合同员工的加入使得公司具备了更强的应对不确定性的能力。在理念方面，倡导包容性、多元化和公平性的人才理念被广泛提及，为员工打造量身定制的成长方案成为吸引高端人才加入的重要筹码。随着国际社会对公司 ESG 体系要求的不断提高，公司逐渐将社会责任纳入员工绩效的考核标准中，并在年度报告中加强了对公司履行社会责任的相关性披露。在薪酬方面，动态化的薪酬和基于区域差异的薪资标准是各大黄金矿业企业必须考虑的因素，这意味着更多个性化因素应该被纳入薪资标准的范畴。在福利方面，医疗保险、带薪休假、退休计划是国外领先黄金矿业企业为员工提供的基本福利保障，与此同时，股权激励以及一些大多存在于互联网等企业的娱乐计划、健身计划、旅游计划等也成为当前矿企吸引和留住人才的重要福利手段。在晋升方面，多元化的晋升通道为员工提供更多晋升的选择，有助于建立员工对组织的承诺，实现员工与公司的共同成长。在环境方面，工作环境的改善需要黄金矿业企业加倍重视，创造流畅、体验性极佳的职场工作氛围对吸引新时代的年轻员工至关重要。工作环境能显著激发组织成员的工作积极性。工作环境需要在开放性制度与包容性文化的影响下才能实现蜕变，重塑工作环境的方式包括简化业务流程、建立互信互惠的人际关系以及创造灵活的办公条件等。最后，无边界的成长空间是众多头部矿业企业人才发展战略的核心。除了设计导师培训制度和提供与员工实际和业务发展需求相契合的技能培训，有针对性的领导力培训也成为人才培养的必备内容。随着数字技术在组织中的广泛应用，建立全球化的专家网络、通过数字技术降低人才获取知识的成本、提供国际化的交流学习机会也成为黄金矿业企业吸引人才的重要筹码。

表 2-2　世界三大黄金公司人才发展战略涉及的要素

公司		纽蒙特	巴里克	盎格鲁阿散蒂
隶属国家		美国	加拿大	南非
员工总人数		27 800	43 000	36 952
正式员工人数		14 300	20 000	20 730
短期员工人数		13 500	23 000	16 222
理念	量身定制	•	•	
	社会责任纳入绩效	•		•
	包容性	•	•	

(续)

公司		纽蒙特	巴里克	盎格鲁阿散蒂
理念	多元化	•	•	•
	公平性			•
薪酬	动态薪酬	•	•	•
	区域差异			•
福利	股权激励	•	•	
	多元化的福利计划	•	•	•
晋升	多元化的晋升通道	•	•	•
环境	工作体验重塑	•	•	•
	互信互惠的人际关系	•	•	•
	灵活的办公条件	•	•	•
无边界的成长空间	数字赋能交互学习	•	•	•
	全球性专家网络		•	
	适应性技能培训	•	•	•
	领导力培训	•	•	•
	导师制培训	•	•	•
	外部拓展学习	•	•	

注：表中人数为大概的数据。

2.3 山东黄金的人才现实

山东黄金以三山岛矿山为起点，建设"国际一流示范矿山"，坚信人才队伍始终是集团创新动力的源泉。截至2020年12月31日，集团共有15 770名全职员工。员工的受教育程度如图2-1所示。其中，山东黄金三山岛金矿2819名全职员工中，具有高级专业技术职称者98人，具有中级专业技术职称者148人，高级技师177人，技师274人；获得研究生学历者58人，获得本科学历者513人，获得大专学历者492人。

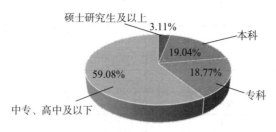

图 2-1 山东黄金集团员工受教育程度

资料来源：山东黄金集团。

从组成结构来看，山东黄金的高端人才比例虽然在确立"国际一流"的发展目标后有所提升，但是整体上与国际顶尖矿业企业仍存在差距。此外，企业的一线作业人员平均年龄较大，后备力量紧缺。高端人才缺失与人员老龄化是当前企业人才发展的关键问题，进一步影响着山东黄金"国际一流"建设的进程。山东黄金通过适应人才发展需求的理念，构建回归人本的激励体系，以实现"国际一流示范矿山"人才队伍的建设。

2.3.1 人才管理的适应性

人是推动组织持续创新的主体，其动力来源于对信息、知识、技能整合后的创造性投入，企业一切利益都是借助人的创造力而获得的。因此，人力资源管理的根本目的便是要激发人的潜能，使其为企业的目标而服务，不断贡献智慧与创造力。从关系的角度进一步解读，人力资源管理需要适应性，企业需要先满足人才的诉求，才能让人才将其拥有的知识贡献给企业，进而完成劳动力向产出价值的转化。为此，企业需要理解需求的唯一性与复杂性。首先，需求的唯一性是任何外界因素都无法影响的，它代表着人类对美好生活的向往，包括对健康、生活和情感的本能追求。山东黄金坚持生命至上，坚持"发展为了员工，发展依靠员工，发展成果与员工共享"来满足员工对美好生活的追求。其次，需求的复杂性体现了环境对个体的深远影响。随着周围环境的改变，员工可能同时存在多种不同的需求，且在不同的时间段，需求也会发生变化。比如，未入职的实习生希望得到组织的认可，在职的员工渴求组织的尊重。因此，想要完全地激发员工的潜能，需要尽可能地甄别和满足员工的复杂性需求，使员工感受到更多的组织关怀。山东黄金树立了"开放、包容、忠诚、责任"的企业文化，积极帮扶困难员工，关怀女性员工，创造多元化、自主选择的员工晋升通道，既满足了员工必要性的物质需要，也为每一名员工的职业规划量身定制了发展路线。坚持以满足唯一性需求为底线宗旨，不断适应个体需求的动态变化，实现标准化与个性化诉求的统一，将为组织输入源源不断的人才动力。

2.3.2 回归人本的激励体系

西方人力资源管理根植于控制论和结构论，强调通过规范化制度约束个体员工的行为，获得组织效益的提升。在此背景下，员工更像是一台机器，在人为设定的框架原则内永无休止地运作。即便进入人机交互时代，管理者也倾向于利用技术手段对员工进行360°的洞察与评价。亚马逊就曾借用AI监控员工工作效率并自动下达裁员指令，两年时间内，人工智能自动解雇了近900名员工。尽管公司在试图利用AI来提升员工的作业效率，但事实上很多员工甚至放弃了自己休息的时间以防被"机器"解雇。不可否认，AI已经能从"上帝视角"来决定人在组织中的去留，但关键的问题是机器能实现对人的监督，但无法实现对人性的激励。因此，为了更好地推进人力资源管理，既需要机器提供规范化的监控，也需要人来进行人性化的设计，激励需要人机协作。确切地说，一切技术都应该服从使用者的意志，是人的意志决定了能否让技术实现对人的关怀，如果企业不存在"以人为本"的基因，那么一切先进技术手段的应用都将背离人性，错误地引导企业走向消亡。

山东黄金在建设"国际一流示范矿山"的过程中坚持对人才的多元化激励手段，更为关键的是集团围绕"回归人本"确定的核心激励宗旨：激励向阳。向阳性体现了矿业人对美好生活的追求，企业需要通过激励矿业人向善、向学、向心来实现矿业人向阳性的涌现。向善指通过党的引领、核心价值观、共同愿景进行潜移默化的渗透、影响，激发矿业人人性的善念，达到企业即育人、做事先做人的目的。向学是通过提供多元化的学习机会让员工获得持续成长的动力。山东黄金从经验、能力、专业教育等多个方面激励矿业人的集体向学；通过成立技师工作站加强技术人才的技术交流，使得独特的工艺得以沉淀和传承；为员工提供国际化的发展机会，赋予年轻的员工自主选择工作场所的权利。山东黄金还成立了山东黄金培训中心，形成"管理、技术、技能"分类分层培训体系，为人才的能力养成提供保障。向心是通过提供符合员工预期的个性化激励，使员工获得情感价值的升维。山东黄金通过纵向的职业晋升、横向的职业转换，通过公开竞聘、岗位竞标、职业资格认证等方式，为所有竞聘者提供平等的职业晋升机会。通过机械化换人、自动化减人、智能化无人，设身处地改善一线人员的工作环境。通过数据驱动打通矿石流、业务流各阶段，辅助员工在简化操作流程的同时，提升业务决策的及时性、精准性。只有当企业站在员工的角度规划激励体系时，才有可能让员工产生精神的共鸣，实现员工与企业的共同发展。

2.3.3 未来矿山的激励图式

未来矿山激励体系的设计需要进一步围绕"人本性"展开，矿山需要利用数字激励和自我激励等多种手段的协调配合才能达到预期的目的。山东黄金的数字激励实质上位于一个初阶层级，该层级通过增强新一代数字技术来达成激励的效果，涉及增强决策、简化流程、优化环境等，是从人机交互的角度考虑如何为员工创造更加便利的工作条件。数字激励的第二层级是过程导向，即通过对业务流程的模块化设计和分解，实现对员工工作绩效的颗粒化评估，是从市场化的角度根据员工的行为数据重新设计绩效考核的标准。数字激励的第三层级是全景导向，即对员工全生命周期的激励机制设计，对目前绝大多数的企业而言，全生命周期激励似乎尚存在更多的想象空间，但是一个模糊的方向在于公司不仅能通过数字技术来量化每一名员工在特定时空下的工作行为，还能准确地通过算法测算激励的时机、频率和强度，真正达到因人而异、因时而异、因事而异的激励模式。用一个形象的例子来说明似乎能加深理解：厨师在炒菜的过程中，在不同的时机放入不同含量的调味料，菜的味道和质量是大不一样的，也将导致吃菜人的评价和满意度产生巨大的差异。只有把握适合的时机、适合的强度才能最大化地释放激励的效果。最后，在疫情期间，由于封锁导致劳动力供给不足，山东黄金诸多的领导干部发挥干部作风，下沉到一线保障公司生产的正常运作，很多年纪大的干部也都毫无怨言，积极主动地投入复产复工的工作当中，弥补了危机节点的劳动力缺失，这便是一种自我激励机制。它实质上代表一种自我激励行为，即员工通过自我设定更加远大的愿景、不断自我挑战、不断自我施压等方式推动组织、公司层面的可持续发展，其前提是员工思维价值观念的跃迁，需要完全认同甚至超越公司当前的发展理念。我们认为对于未来矿山的激励图式，激励的向阳性既是设计的核心，也是设计的目的，在数字激励和自我激励组成的激励手段配合之下实现员工与企业的共同发展。未来矿山的激励体系如图 2-2 所示。

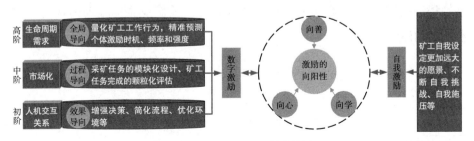

图 2-2　未来矿山的激励体系

03

第3章

矿山企业的技术变革

技术进化论观点认为,新技术是来自已有技术的新组合,最终用以实现人类的某种目的。㊀从人类经济社会的发展来看,每一次工业革命的浪潮都催生了以技术创新为核心的生产力跃迁和生产关系的重塑,并带来相关产业的蓬勃发展。对黄金矿业行业的发展而言,采矿技术的发展无疑标志着行业发展的历史足迹,从机械向智能、从浅位到深部……现在,采矿技术已经围绕"安全、高效、绿色"的根本目的,形成了以地、测、采、选、冶为核心的一套较为成熟的技术体系。

本章着眼于矿业技术演变轨迹,为读者剖析采矿技术的流变趋势,帮助管理者直面矿山数字化、智能化转型的种种挑战。进而,本章立足国际领先矿业企业的转型和山东黄金技术运用的现实,结合矿业技术流变的整体趋势,指明未来采矿技术发展的具体方向以及矿业企业如何适应这场技术革命的浪潮。

㊀ 阿瑟. 技术的本质 [M]. 曹东溟,王健,译. 杭州:浙江人民出版社,2014.

3.1 采矿技术的发展演化

3.1.1 采矿技术的整体流变趋势

1. 从手工化向智能化的流变

人类采矿已有 7000 多年历史,采矿方法和采矿手段经历了手工化—机械化—自动化—智能化的演变。石器时代主要以手工化开采为主,由于开采工具和方法的制约,无法开采金属矿产资源。青铜器时代已经可以开采铁、铜等金属。随着开采技术的不断进步,斧、钺、凿等采矿工具的稳步发展使得人类可以触及地下数十米左右的富矿带,矿车、钻孔机、抓岩机等设备的出现保证了采矿活动的顺利开展。同时,地下采矿活动的实现标志着与其相关的通风、排水、安全、提升等一系列技术的同步发展。总体来看,工业革命发生之前人类的采矿活动依赖于纯粹的原始劳动力,由于采矿方法和工具的限制导致采矿效率和采矿规模极度有限。

第一次工业革命带来了采矿设备的跨越式变革,蒸汽泵、运载车、挖掘机等机械化设备的投用将采矿活动从繁重的手工作业推向高效的机械作业,大幅度提升采矿效率和运输能力。与此同时,火药的发明和使用带来了采矿工艺的巨大变革,爆破破岩技术的诞生推动了采矿作业活动的规模化发展,尽管其在解放生产力、改善作业效率方面发挥了不可磨灭的作用,但造成的风险和损失也激发了人类采矿安全意识的觉醒。第二次工业革命带来了矿业生产力的跃迁,采矿动力基础由机械化向自动化转移,球磨机、牙轮钻机、竖井钻机、电提升机等采矿设备的发明与应用全面优化了采矿流程,推动了采矿活动向大规模开采发展。第三次工业革命以电子计算机、传感器技术的深入发展为标志,加速了信息技术与传统采矿技术的结合,尤其是系统控制理论的成熟推动了采矿工艺和采矿模式的颠覆性变化,在工业自动控制系统的支持下，矿山企业能对采矿过程实现精细化管理，科学合理地设计各个环节的生产计划，矿山生产管理得到前所未有的发展。随着矿山企业对矿山产能需求的不断提高，触发了采矿设备生产商向服务商转型，它们从最初只提供采矿设备到逐渐开始提供"个性化的采矿解决方案"。设备服务商通过倾听用户的产能需求，调查矿山的环境特征和采矿工艺，为矿产商提供设备维护保养、采矿计划等集成的解决方案，这反过来促进了矿产商生产效率的提升，奠定了诸多设备服务商和矿企的行业地位。

第四次工业革命的到来颠覆了矿山企业的运营模式、采矿工艺和治理理念，实现了矿山全要素生产效率的提升（见表3-1）。大数据、云计算、工业互联网等技术与传统采矿技术的融合，使数据资源成为矿山企业的另一个"富矿"，数据治理正在成为矿山企业持续发展的关键。通过打通不同生产管理系统之间、不同生产装备之间的数据壁垒，实现全业务流程数据化和数据网络化的全域覆盖。通过数字孪生技术构建实体矿山的三维图景，实现对各个现实场景数据、规划设计数据和设备设施运行数据的实时更新，各个生产环节的运作状态能被实时监测，在交互式智能管控平台的驱动下，矿山管理决策由经验驱动向数据驱动转变。一方面，管理者能根据采矿流程的实时数据及时调整生产计划，减少非必要资源损耗，优化全局资源配置，实现全流程的协同作业；另一方面，矿山云平台能根据汇集的大数据开发适应不同采矿场景的应用，不断创造场景附加价值。除此之外，人工智能的应用加速实现"智慧矿山"和"无人矿山"，在自动化系统、无人驾驶技术和远程遥感技术的支持下，传统的凿岩、装药、爆破、运输等诸多采矿工艺环节正在向少人化甚至无人化作业转变。随着5G技术拥抱矿山，5G网络的高可靠、大带宽和低延时的特性将进一步提升信息的传输效率，通过井下生产全过程可视化监控、井下作业状态的实时感知、人员车辆精确定位，促进矿山安全生产效率的再度飞跃。

表 3-1 采矿技术从手工化向智能化的流变

历史阶段	工业革命之前	第一次工业革命	第二次工业革命	第三次工业革命	第四次工业革命
主要变革	采矿工具变革	采矿设备变革	采矿方法和采矿设备、流程优化	采矿流程、生产模式、采矿理念变革	采矿工艺、运营模式、治理理念变革
核心生产要素	斧、钺、凿、钻孔机、抓岩机、绞车、矿车等	蒸汽泵、运载车、挖掘机、爆破破岩技术	球磨机、竖井钻机、电提升机等	工业自动化系统、服务解决方案	大数据、云计算、人工智能、5G、工业互联网等
作业方式	手工作业	机械化作业	自动化作业	自动化、信息化融合作业	智能化作业
生产关系	分工	分工	分工	局部协同	整体协同
采矿模式	小批量开采	规模化开采	大规模开采	大规模与局部精益化开采	大规模与全局精益化开采

2. 从浅部向深部开采技术流变

金属矿山开采技术的创新轨迹显示了采矿技术正逐渐从浅部开采向深部开采发生流变。事实上，世界上大部分露天矿藏在未来或许会被开采殆尽。为了提升黄金储量，战略性扩充黄金矿产资源，加强深部矿藏采掘技术的探索不仅成为企业构筑未来技术壁垒的着眼点，更是被提升到国家战略的高度，成为国家战略技术攻坚的重点领域。我国"十三五"规划纲要中强调加强深地、深海、深空等领域战略高技术部署，"十四五"规划纲要进一步将深地、深海等视为科技创新的前沿领域，拟实施一批具有前瞻性、战略性的国家重大科技项目。然而，金属矿山的深部开采由于技术难度的限制，诸多关键核心技术尚处于探索阶段。中国工程院院士蔡美峰指出："为了解决深部开采一系列关键技术难题，必须广泛吸收各学科的高新技术，开拓先进的非传统的采矿工艺和技术，创造更高效率、更低成本、最少环境污染和最好安全条件的采矿模式。"因此，深部开采技术的探索绝不能仅仅局限于单一技术领域的点式突破，而是需要多学科领域技术的齐头并进。在国家宏观发展战略的指引下,深地、深海和深空将是黄金矿业发展的未来。

深地采矿是一场"地心"之旅,是在原有采矿技术基础上的不断延续和创新,底层理论和技术基础较为成熟。国外深井采矿技术研究起步较早,20世纪60年代末,美国爱达荷州便有三座矿井深达1650米;1983年苏联岩石力学专家开展了1600米深矿井专题研究;1989年各国采矿专家齐聚法国召开"深部岩石力学国际会议",针对深部岩石力学问题展开深入讨论;南非于1998年7月启动了深井研究计划,旨在解决3000~5000米深井金矿开采技术难题。据不完全统计(见表3-2),目前国外开采深度超过千米的地下金属深井矿山有112座,其中开采深度1000~1500米的58座,1500~2000米的25座,2000~2500米的13座,3000米及以上的16座(12座位于南非)。⊖

表3-2 全球开采深度3 000米以上的地下金属矿山

序号	矿山名称	开采深度(米)	矿石类型	所在国家
1	姆波尼格金矿(Mponeng Gold Mine)	4 350	金	南非
2	萨武卡金矿(Savuka Gold Mine)	4 000	金	南非
3	陶托那盎格鲁金矿(TauTona Anglo Gold)	3 900	金	南非
4	卡里顿维尔金矿(Caritonville)	3 800	金	南非
5	东兰德专有金矿(East Rand Proprietary Mines)	3 585	金	南非
6	南深部金矿(South Deep Gold Mine)	3 500	金	南非
7	克卢夫金矿(Kloof Gold Mine)	3 500	金	南非
8	德里霍特恩矿(Driefontein Mine)	3 400	金	南非
9	远西兰德库萨萨力图矿(Kusasalethu Mine Project, Far West Rand)	3 276	金	南非
10	钱皮恩里夫矿(Champion Reef)	3 260	金	印度
11	斯坦总统金矿(President Steyn Gold Mine)	3 200	金	南非
12	博克斯堡金矿(Boksburg)	3 150	金	南非

⊖ 蔡美峰,薛鼎龙,任奋华.金属矿深部开采现状与发展战略[J].工程科学学报,2019,41(4): 417-426.

（续）

序号	矿山名称	开采深度（米）	矿石类型	所在国家
13	拉罗德金矿（LaRonde-Mine）	3 120	金	加拿大
14	安迪娜铜矿（Andina Copper Mine）	3 070	铜	智利
15	摩押金矿（Moab Khotsong）	3 054	金	南非
16	幸运周五矿（Lucky Friday Mine）	3 000	银、铅	美国

资料来源：蔡美峰，薛鼎龙，任奋华. 金属矿深部开采现状与发展战略 [J]. 工程科学学报，2019，41（4）：417-426.

位于南非的姆波尼格金矿拥有全球最深的矿井，深度达 4350 米。我国占据着世界最多的超 1000 米深的金属矿山，开采深度最深达到 1600 米，是位于河南省灵宝市朱阳镇的釜鑫金矿。从各国深井采矿技术的发展进程来看，我国虽起步较晚，却发展迅速，但也应该意识到我国与先进国家仍存在不小的差距，目前世界先进水平深井开采深度已达 2500～4000 米，而我国普遍位于 800 米。专家指出，当矿产勘查深度达到 2000 米时，探明的矿产资源储量将有望实现重大突破。然而，深地采矿技术难度会随着矿井深度的增加呈现指数级的增长，原因在于随着矿井深度的加大，地压增大，温度增高，矿山在提升、排水、通风、充填等方面的一系列困难便会接踵而至，由高地应力引发的开采动力灾害、深井开采中的高温环境治理、提升能力和安全性等成为制约深井开采技术发展的关键技术难题。"十四五"时期，面向深地战略的深井采矿技术变革将迈入全新的发展阶段，我国地下金属矿山开采深度正式向 2000 米以上进军。

深海采矿是一场"海底"之旅，海洋中蕴藏着大量的稀有金属资源。20 世纪 50 年代末，美国、日本等国家已经开始了针对深海矿产资源开发系统的研究，而我国深海采矿技术的研究起步于 80 年代，这导致我国深海采矿系统、采矿装备的自主开发能力严重落后于发达国家。深海采矿涉及诸多复杂技术，尤其需要考虑海洋环境的独特性，关键核心技术的突破离不开采矿、海洋能源利用、深海农牧渔业、海洋环境科学等诸多学科领域知识的交叉运用。尽管已有不少国家掌握了深海采矿技术,并陆续进行了深海矿藏的联合海试和商业化开采,但是仍存在诸多尚未解决的难题。实际上,深海采矿可能远远比深地采矿要更为容易,但亟待解决的问题是如何降低由深海采矿装备运作引发的海底沉积物的重新分布对海洋生态系统的扰动和污染,围绕环境评估进行的深海采矿技术创新极其重要。总而言之,海底矿产资源的争夺战已然打响,我国海洋强国战略也已启动,在未来,谁突破了深海采矿技术,谁便掌握了海洋的"制霸权"。

深空采矿充满了无限可能。对传统的金属采矿技术发展而言,深空采矿无疑开辟了一个全新的赛道,这可能为后来者带来更多颠覆性创新的契机。近些年来,太空探测和运载技术发展迅速,但是人类想要实现从"可探察"到"可开采"宇宙矿产资源的过渡,会面临更多的技术挑战。与此同时,深空采矿也面临着远超过深地和深海采矿的人、财、物投入,采矿成本尚无法控制在可接受的范围之内。虽然深空采矿技术尚处于初期的探索阶段,但是相信在不远的未来,宇宙空间一定会成为各个国家争夺金属矿产资源的另一个"战场"。深地、深海与深空采矿的核心技术与难点如表 3-3 所示。

表 3-3 深部采矿核心技术与难点

	深地采矿	深海采矿	深空采矿
所处阶段	成熟发展期	实践探索期	起步试验期
领先国家	美国、南非和加拿大等	美国、加拿大、日本	美国、中国
核心技术	深部岩体力学、深部金属矿建井与提升关键技术、地下金属矿山智能化开采技术等	连续的线性桶装开采系统、液压汲取开采系统、高精度集矿技术等	太空资源探索、太空采矿智能机器人平台设计与制造等
突破难点	深部高应力、岩性恶化、深井高温环境及相伴产生的排水、提升、通风、安全等问题	关键核心装备缺失、重金属离子污染、海洋温度变化、海洋生物灭亡等	宇宙射线对人类和采矿设备的影响、无重力阻碍、采矿成本控制等

资料来源:中国矿业报。

3.1.2 数据生产要素的崛起

新一代数字技术为传统矿业企业的发展带来了新的生命力。数据资源已经成为企业创造价值所依赖的关键生产要素，数据将成为与黄金矿石同等重要的矿业企业的标志性资产。面对数字化浪潮的来临，所有矿业企业都被推向生存挑战的边缘，任何战略决策的失误都会让矿业企业付出惨痛的代价。面对数据资源的崛起，矿业企业如何在数字化浪潮中抢占先机？

1. 在数字化浪潮中抢占数据"富矿"

每一轮科技革命都对经济社会产生颠覆性的影响，即便世界上最古老的行业也绝无例外。大数据、人工智能、云计算、工业互联网等新一代数字技术正加速为传统生产加工模式的矿业企业注入新的发展动能，数字技术与传统矿业的融合恰逢其时。实际上，数字化对黄金矿业发展的影响并非一时，早在 2007 年山东黄金集团下属焦家金矿便开始了一系列的数字化转型试点建设，将建设数字化矿山作为战略目标。2008 年，我国正式将数字矿山建设列入国家"863"计划，着重围绕矿井信息获取、信息传输和信息处理等三个环节开展关键技术攻坚。埃森哲也曾就数字矿山建设采访了来自世界 151 家矿业企业的高层管理者，调查结果显示，高管团队中 85%的人员表示企业正在积极计划和开展数字化建设，88% 的人员表示企业已经利用数字技术挖掘出利益增长的机会，90% 的人员表示企业已将数字化发展视为一种战略层面的指引并纳入高层决策中。

当多数矿企在数字化转型的投入与产出之间犹豫不决时，国际领先的矿业企业早已加入了数字化转型的第一批"淘金者"行列。从长远来看，第一时间直面行业发展的不确定性，积极抢占数字化转型的战略制高点，通过运用数字技术降本增效已经成为新一轮产业变革下矿业企业竞争力的主要来源。这批"淘金者"率先感知到数字技术对未来矿业行业发展的颠覆性影响，将数字化矿山建设提升至公司发展的战略层面。先行者之一的力拓集团于2008年启动了"未来矿山"计划（见图3-1），该计划旨在探索一种能从地球深度采集矿石，并同时降低采矿对自然环境的影响、提高安全性的先进方式。重点攻坚的四大领域分别是自动卡车运输系统、自动钻掘系统、从矿山到港口的自动铁路运输系统以及远程遥控系统。目前，力拓集团已经将数字孪生技术引入管理决策环节，试图通过矿山设备智能化管理系统构建矿山三维地理信息，实时掌控设备与系统中的数据，通过数据的集中分析提升决策的精准性与实效性。先行者之二的纽蒙特公司于2018年开启了对创新性技术的探索。它聚焦于利用数字技术促进可靠采矿的实践，以使企业可持续价值最大化。为加速公司的数字化转型进程，纽蒙特制定了为期5年的数字化发展战略，在公司层面成立了专业的跨部门数字化攻坚团队，旨在通过加快部署组织中的数字化基础设施，建立信息化与业务化相互集成的系统架构，实现全流程的数据化管理。除此之外，在一线生产层面成立了矿山监测控制团队，主要专注于采矿效率提升与安全的可穿戴

图 3-1 力拓集团"未来矿山"计划

资料来源：山东黄金集团三山岛金矿"国际一流示范矿山"规划方案。

设备的引入,而机器控制和自动化团队则主要关注如何通过人工智能等新一代数字技术提升设备的性能、可靠性、安全性和兼容性。简言之,通过数字化转型,传统矿山可以实现五个方面的提升:一是推动矿山的持续机械化;二是有助于建立维护、管理和供应的一体化系统;三是为矿山的地质与工程技术提供可优化的软件;四是矿山和矿物加工厂规模的扩大;五是加强信息技术在矿山全生命周期过程中的控制,从而打通采矿、选矿、矿物加工等不同工序间的数据壁垒。

面对资源稀缺的状况,数字化、智能化成为未来矿山发展的大势所趋,一场群雄逐鹿的矿山数字化革命已经打响。这场革命对中国绝大多数的传统矿业企业而言将是一次史无前例的蜕变,更是一次无"样板"可依的孤独探索。一方面,任何企业的数字化转型都必须培育与之对应的数字化能力,这种能力的培育关键在于对数据资源的掌控,谁掌握了数据,谁就掌握了时代的主导权。这对具备市场灵活性的企业而言相对容易,因为它们能以较低的成本获得并积累大量的终端用户数据,但矿业企业相对传统,起关键性作用的数据资源并不来源于人们日常熟知的"客户",而是在于对以采掘、充填、选矿等生产工艺为主线的全生命周期矿石流的数据采集,其中每一个环节的数据获取都面临着极度复杂多变的环境约束以及采集设备数字化关联程度的客观限制。想要重构矿山的核心能力体系不仅需要拥抱全新的数字理念和数字文化,更为重要的是将数字化、机械化和自动化有机地融为一体,这对传统矿业企业而言可谓困难重重、举步维艰。我国矿山的实际情况比想象的更为复杂,这决定了我国矿山的数字化不能完全照搬国外模式,更多的应该是采用兼收并蓄的整合方法,通过持续的技术创新实现"量身定制",这一建设绝非易事。

2. 数字未来已来

数字化时代的到来让数据资源成为矿业企业另一处亟待开采的"富矿",

它是矿山数字化转型的密钥，更是撬动矿山数字经济崛起的支点。但是，数字矿山建设仅是矿业行业焕发生机的开端，想要激活整个黄金矿业的生机与活力，还需要借助工业互联网等数字技术构筑数字矿业生态系统。这是因为数字矿山往往致力于单体矿山的数字化部署，重点在于矿山内部生产环节与业务流程的管理提升，而数字矿业则需要将数据资源的运用全域覆盖企业下属的所有矿山，通过打通不同矿山之间的数据壁垒，实现对矿山集群的协同式管理，从而达到全要素生产率的提升，以此带来管理效能与经济效益从量变到质变的跃迁。

自然资源日益稀缺，时代发展风云莫测，矿业行业面临的资源挑战愈演愈烈。倘若将矿产资源视为一扇门，那么在这扇门尚未关闭之时，时代已然为我们开启了一扇窗，一扇数字化的"机会之窗"。数字技术与采矿技术的深度融合将赋予矿业行业无限的可能，在不远的未来，以最低的成本、最安全的方式开采最宝贵的资源终将会成为现实。

3.2 山东黄金的技术现实

3.2.1 "三流合一"激活数据价值

1. 数据流

数据广泛地存在于企业每一个角落，这些数据虽然规模大、种类多，但难以为企业带来预期价值。想要充分地利用数据，关键在于认识到数据价值生成的前提，即便组织拥有再庞大的数据基础，倘若不能畅通无阻地流动，也难以激发效用。数据流通遵循既定的规则，只有在正确的时间流向正确的节点，才能激活企业的整体效能。想要建立起数据流通的规则，首要任务便是建立起畅通无阻的环境，打通不同系统之间的数据壁垒。德勤澳大利亚咨询服务合伙人保罗·克莱恩说："迄今为止，采矿业的数字投资已经显示出其潜力，但受到传统系统和数据挑战的制约，不实现数字核心的现代化，企业就无法实现智能采矿的全部潜力。"矿业企业数字化转型困难的原因在于企业内部存在大量的排水、通风、供电等工业自动化系统，这一类系统通常采用工业级标准协议，不同系统之间的语言难以互通，因此建立自动化系统与 IT 系统之间的数据关联异常艰难。山东黄金在打造"数据流"的过程中的第一件事便是解决 IT 系统与自动化系统间的语言障碍。那如何提供有助于数据流动的环境呢？山东黄金与华为合作，利用华为的 ROMA 集成平台解决不同系统之间难以相互沟通的阻碍，通过转化工业协议实现 IT 系统与自动化系统之间的互联互通、平滑交换，从而为数据的流动、采集和整合提供基础的操作环境。数据产生价值的前提便是让不同属性的系统读懂彼此的语言，让数据能在特定的操作环境下实现自由平滑的流动。解决了语言一致性的问题后，如果数据的存储与应用仍沿用多元化技术、局部化应用，那么投入大量资金和精力建设的自动控制系统和业务管理系统只能在局部范围内发挥作用，不能彼此协同，因此需要制定全矿数据标准，以便在杂乱无序的数据中梳理和筛选出系统真正需要的有效数据，保证数据的质量。山东黄金以华为大数据平台为依托，携手华为共同建立数据标准，针对全矿地质、生产、安全、装备、人力、财务六大主题域开展全面的数据治理，围绕数据采集、维护和应用等生命周期提升集成数据的有效性，完成 676 条管理信息数据标准、600 个逻辑属性的数据治理量，在奠定数据管理和应用基础的同时也为其他矿山提供了一套可复制、可输出的标准体系。在 ROMA 集成平台、智能边缘平台（IEF）、IoT 网关的支持下，矿山打通了内部生产系统、管理系统、安防系统等，实现不同系统间的数据连接与集成，通过云端对各类生产安防数据、应用经营管理数据进行清洗、转换、分析，实现统一存储、统一标准，保证了数据的有效性。"数据流"的建立在于解决数据与系统环境之间的关系。

2. 矿石流

数字技术与传统采矿技术的深度融合有助于降低经营成本、提升生产效率和巩固矿山安全水平。大多数企业中，业务数据的数据规模占比极大，然而如何通过数字技术的嵌入，实现业务流程数据的全局治理，以实现上述治理效果，才是矿山企业业务数字化的关键。

山东黄金创新地提出以"矿石流"为主线建设全流程生产运行智能化系统，以"矿石流"为主线的数据治理是对矿山生产运营全生命周期的全景监控。一方面，对矿石的数量与质量的监测能直观且实时地反映出矿山的生产效率，实时掌控矿山的地质储量、生产矿量、采矿量和出矿量等数据。另一方面，"矿石流"是围绕地质勘探、掘进、采矿、运输、选矿、尾矿处理直至最终形成金精矿的矿石资源的消耗过程。聚焦矿石的流动可以整合一系列与矿石生产紧密相关环节的动态数据，包括物料资源的损耗、设备运转的状态等，从而建立不同环节、不同系统间的数据关联性。"矿石流"不单单意味着对结果数据的掌控，更为关键的是它能盘活一切与之相关的动态数据，其背后体现了全生命周期治理的整体思维。这同时要求企业必须由传统的静态数据管理向动态数据整合转变，因为只有厘清矿石与各个生产工艺流程之间的关系才能有效地实现对矿石流的管控。

3. 业务流

实现全业务流程的价值提升是矿山数字化转型的归宿。传统矿山管理过程中，业务流程通常是割裂的，企业可以轻松做到各个环节的局部优化，但是局部优化并不意味整体效益的提升。以"矿石流"为主线的根本目标在于建立连续性、系统性的脉络，实现对全业务流程的动态可视化管控。矿石流转的整个过程中,各个环节需要科学设置并严格实施统一的计划、执行和验收等管理环节,"业务流"通过对矿山的人、财、物等资源进行合理化的配置,增强采、选、冶、产、供、销等生产管理活动的协同化实施,实现矿山成本管理、效益管理和效率管理的统一。

在业务流程的智能化建设支持下,矿山能从全局掌控各个业务流程的运作状态,动态且实时地监测和更新各个环节的数据,及时对管理经营过程中产生的漏洞和问题进行修复和解决,同时也能实现中长期及年度生产计划的智能化编制,显著增强矿山应对突发危机的预警能力和决策响应能力。同时,围绕"业务流"的特定业务场景,矿山开发了智慧安全、智慧物资管理、智慧溜井等主题应用,不断深化、拓展企业运营决策的智能化水平。随着业务数据规模的不断增大,矿山场景应用开发的能力也会不断提升,进而再次扩大和增强智能决策的覆盖范围和水平,实现矿山智能决策系统的自我进化。

3.2.2 创新海底深井开采技术,打造海底深井第一矿山

为响应国家深部战略,加强深部开采前沿技术攻坚,全面推动矿产增储,山东黄金围绕海底深井采矿,牵头承担"十三五"国家重点研发计划项目"深部金属矿绿色开采关键技术研发与示范",将绿色创新理念融入深部开采技术的探索中,重点开展深部岩石力学、绿色开采技术、深部高效采矿工艺及配套技术装备、深井智能通风降温措施、海底开采技术等内容建设(具体内容见表3-4),全面确保对深部资源的高效、安全、低成本开采,实现对深部资源的高效精确探察,保障矿山探采平衡,确保矿山生产能力、储量升级、地质探矿等达到国际领先水平,建成1000米以下330万吨/年特大型深部金属矿绿色开采示范矿山。

表 3-4 "国际一流示范矿山"海底深井绿色矿山规划建设内容

海底深井绿色矿山	深井采矿	深部高效采矿方法变革试验研究
		深井开采技术专题研究及应用(建井、支护、岩爆控制等)
		深井通风与降温系统研究及应用
		深部开采岩石力学调查、监测以及数值模拟集成化分析与评价系统
		深部资源精确探察与控制技术研究
	绿色采矿	井下废石就地高效充填技术
		尾砂膏体自流充填技术
		尾矿制备新型建筑材料资源化利用技术
		井下充填体强度研究及充填系统优化改造

资料来源：山东黄金集团。

在深井开采关键技术的突破过程中，山东黄金遵循问题导向与合作导向并重的原则。问题导向强调从矿山的周期性角度对深井采矿的实际问题和关键核心技术的突破难点进行分级和系统攻坚。针对深部金属矿山规模大、开采难度高、危废产量多等问题，采用生命周期评价法，通过跟踪和定量分析矿山从建设到闭坑的全过程中，资源开采、固废产出与利用和余废处置的能耗、效率以及环境负荷，对企业效益和政府监管的相关影响展开分析，从而识别出矿山企业和政府的决策倾向，构建基于矿山规模的全生命周期绿色开采模式，创新开采工艺流程(见图 3-2)，为金属矿业企业开展深部绿色开采工艺技术的集成革新提供了基本路线和指导方案；针对金矿极破碎矿体开采遇到的成本高、效率低、安全风险大等问题，山东黄金采用悬臂式掘进机落矿代替了传统钻爆法落矿，建立深部资源与极破碎矿体机械落矿采矿方法与工艺体系，大幅提高极破碎矿体开采安全性，大幅提高深部资源开采效率；针对全尾砂浓密工艺流程繁复、能耗高等问题，山东黄金创新多区域叠层导流浓密技术，大幅提高沉降效率，有效降低能耗 42%。

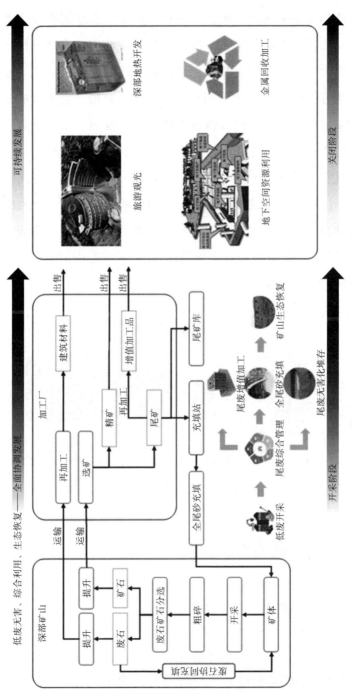

图 3-2 深部金属矿山绿色开采模式基本框架

此外，从合作导向来看，矿业关键核心技术的突破离不开产学研的协同创新。为引领矿业发展的未来，在山东省委省政府的高度支持下，山东黄金联合东北大学成立了矿业技术创新研究院。研究院以突破关键核心技术为目标，培育高端矿业人才为引导，围绕4个原则，力求建成2个专业库。以"高端定位、问题导向、协同创新、引领发展"为总原则，由山东黄金发挥问题牵引、应用情境、资本规模等优势，东北大学发挥基础研究、专业研究等优势，打通产业链和创新链，形成"技术研发、协同创新、工程示范、推广应用"的系统链条式科研创新模式，不断促进前沿成果的快速转化，推动自主创新、联合创新和应用创新的协同发展，建成"矿业高端人才培育库"和"矿业核心技术储备库"，不断提升中国黄金矿业产业的全球核心竞争力（见图3-3）。

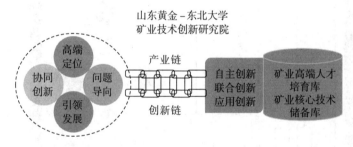

图3-3　山东黄金–东北大学矿业技术创新研究院运行机制示意图

3.3　太空采矿的技术幻想

3.3.1　从"地心"到宇宙

人类总是对"上天入地"充满着无限幻想，但是与普通人追求猎奇和刺激的心理不同，科学家们对于"天地"的探索源自对未知空间的着迷和对生命存在根本意义的追溯。通过科学的观测和实验不断接近事件背后的真理，从而为人类描绘出一幅幅波澜壮阔的宇宙图景，激励有志者不断探索和追寻那潜藏在图景中的"宝藏"。据预测，地球的黄金储量约为60万亿吨，尽管这一数据十分可观，可实际上99%的黄金资源均分布在地幔和地核中，这无疑存在着极大的开采难度，凭借人类现有的勘探技术根本无法实现对地球核心部位矿产的挖掘。但这并不能阻挡人类持续探索黄金资源的脚步，历史上曾有无数人试图触及那蕴藏在地球深处的矿藏。苏联1970年的"科拉深井"钻探计划中，钻井深度达到12 262米，科学家发现当钻探深度达到9500米时便有机会接触到高达80克/吨黄金含量的地层。虽然迫于开采技术与成本的限制，人类至今还无法完成如此之深的矿产资源采掘，但是蕴含大量黄金的地球深部却让所有矿业工作者心驰神往，迄今为止深部勘探技术仍是最有望带来新增资源储量的手段。

除了地球，还有别的地方存在黄金吗？著名天体物理学家尼尔·德格拉斯·泰森表示："未来世界中的第一个亿万富翁，将是通过太空开采发家致富的"。有资料显示，宇宙中含有大量的稀有金属元素，据科学家统计估算，黄金储量最高的星球，其黄金资源能达到千亿吨，是地球黄金资源的百余倍，更令人震惊的是，很多星球的稀有金属都分布在表面而非地表之下。虽然这些黄金究竟是如何形成的仍是未解之谜，但是远超地球黄金储量的事实却永远让人类心驰神往。面对地球资源的局限性，随着人类太空探测技术的不断突破，对茫茫宇宙黄金资源的探索和利用将是延续地球资源文明的重要途径。

2015年，美国签署了《美国商业太空发射竞争法案》，该法案开放了美国私人太空采矿的权限。2017年，卢森堡颁布《太空资源勘测与利用法》，宣布太空资源私有化，为积极投身于太空勘探的运营商们提供了充足的法律和金融保障。尽管两国法案都属于联合国《外层空间条约》的升级版，但美国仅赋予了本国公民私有化太空采矿权，而卢森堡强调了只要是许可辖区范围之内的任何机构都可以执行太空采矿权,任何国家的公民都可以在其法律规定的范围内开展太空勘探与采矿项目。在《太空资源勘测与利用法》生效后,便有超过 60 家来自全球各地的太空采矿创业公司在卢森堡境内设立办事处。可见,对于未来太空资源的探索已经成为全球共识,卢森堡提供的快速通道将进一步加速人类对太空资源的探索和太空资源的商业化进程。从短期来看,技术限制导致太空采矿的目标无法实现,但随着太空探矿技术和太空采矿法律的不断突破与完备,太空探矿将成为下半个世纪最具潜力的商业领域。曾经的加州"淘金热"恐再度上演,不一样的是这次是在太空。

3.3.2 "星球大战"

太空采矿的合理性和价值性正在逐步被证实。宇宙中的小行星蕴藏着远超地球的黄金资源储量,据估算,一个直径 10 米的富金属小行星的铂金储量就高达 100 吨,这颗小行星的开采成本在 50 亿美元左右,却能带来近 200 亿美元的经济效益。从成本的角度考量,尽管目前探测仍需要耗费大量费用,但有专家指出,随着太空勘探技术的不断升级,未来勘探器的成本支出可能只需千万美元,而飞船的造价也只需要 26 亿美元,这可能会导致从宇宙中运输回一个小体积富金属行星和在地球上开发出一座新的金属矿山的成本不相上下。从社会效益来看,从太空中开采小行星资源将有助于清理太空中的行星碎片,加速人类对未知宇宙的认知和探索,推动天文学和太空技术的跨越式发展。更关键的是地球资源的枯竭、生态污染现象也可能因此而得到缓和,太空采矿将成为解决地球资源存续问题的重要解决方案。从技术可行性来判断,太空采矿技术并非不可能实现,早在 2010 年日本便已经将丝川(Itokawa)行星的样本带回地球,而且已有很多国家对太空采矿的全流程进行了地面模拟实验。对那些已经实验成功的创业公司而言，不仅要思考提升采矿方案的可行性，同时也需要关注如何设计太空采矿的商业模式以尽快地找到最佳的盈利平衡点，因为只有实现商业化运作，才能加速推动人类采矿史迈上新的台阶。

"太空矿工"或许将成为矿产新时代的一个专属名词。对太空矿产资源的争夺不仅会对整个太空产业提出更大挑战，还可能会挤占更多传统采矿行业的发展空间。目前，国家层面对太空采矿权存在争议，美国并未将太空资源视为全人类共同开发的财产，一系列法案将单边主义行为暴露得淋漓尽致，就美国的综合实力而言，"太空圈地"可能会愈演愈烈。此外，美国在太空采矿领域的资源部署处于全球领先的位置，美国国家航空航天局也与行星资源、深空工业和月球快递等公司建立了长期合作关系，其目的是进一步推动太空采矿的技术创新与商业化进程。美国深空工业已经率先制定出了较为详细的太空采矿规划。它采取卫星探测成像的方式判定行星的矿产资源潜力，进而派遣无人飞船对具有高潜力的富金属行星进行矿产采集，实现就地加工，为日后美国太空制造业的发展奠定基础。我国也存在着"太空逐梦者"，2019年深圳起源太空科技有限公司成立，这也是迄今为止这场"星球大战"中唯一的中国航天公司。该公司致力于通过"找矿—探矿—落矿—采矿—返回"五个阶段，最终开发利用小行星上丰富的太空矿产资源以及水资源，为人类未来在太空的活动提供物质支持，减轻地球资源开采压力，保护人类的生存环境，拓展人类文明的疆界。由该公司研发的NEO-01号商业太空采矿机器人已经搭载长征六号运载火箭成功升空，它的功能便是实现对太空资源的采集以及太空垃圾的清理。此次发射成功进一步验证了太空采矿技术的可行性，随着此次技术原型的检验完毕，中国对太空资源的探索将正式启动。起源太空预计在2022年发射NEO-02号采矿机器人，实现对月球矿产资源的抵近探测。

3.3.3 太空采矿的技术未来

在全球资源趋紧的形势下，所有国家、所有行业都应该提前做好应对危机的准备，方能运筹帷幄、决胜千里。无论是深部采矿的持续推进，还是太空采矿的横空出世，本质上都是对有限资源的争夺和利用。

太空采矿正逐渐走进大众的视野，尚未实现完全商业化的大规模开采，原因不在于技术本身，我们看到马斯克的火星版图已然在建，NEO-01 探测器也已经着陆月球。起源太空科技有限公司 CEO 苏萌认为："小行星采矿已经没有工程上的技术瓶颈……但如何降低过程中的风险和成本，让小行星采矿从科研化走向工业化，实现在轨技术验证直至常态化、规模化开采，是全行业都在努力发展的方向。"所以现阶段需面对的是克服成本与风险的问题。一方面，太空资源的获取仍无法摆脱设备发射成本和发射频次的约束，克服这一阻碍的关键在于能否实现对太空资源的原位利用，以摆脱从地球汲取采矿原料的限制；另一方面，太空探矿由商业化向规模化的发展必将面临市场运作的挑战，对于一个商业化行为，市场断然不会留给一个发展中的公司或技术太多的时间，市场遵循的是收益为王，尤其是对具有较长技术实验周期的太空产业而言，行星资源被收购便是最现实的案例。因此，这需要太空采矿精确业务领域，提供能应对巨额短期投资风险的业务模型。除此之外，一个新兴的市场从起步到逐渐成熟必然需要相关法律赋予其合法性，对太空采矿而言，相关法律制度的空白也使得这一产业的发展面临着法律风险或道德伦理的约束，这包括谁才拥有开采太空资源的权利以及对太空采矿活动失败导致的宇宙空间环境损害等问题。解决这些问题的关键在于界定究竟什么是太空采矿权，人类采掘太空资源的目的是什么，太空资源的获取究竟最终服务于谁。无论是深部采矿还是太空采矿，其本质都是服务于人类文明的延续与人类社会的可持续发展，这背后与习近平总书记所提及的人类命运共同体理念如出一辙。因此，矿业未来的发展有必要回归人的本质，即人类生存延续并不是某一个国家独行其是能解决的问题，太空资源的探索需要全球所有国家的一致努力和全球人类命运共同体智慧的支持。

太空采矿对今天的矿业而言将意味着什么？厄休拉·M.富兰克林在《技术的真相》中强调技术引入社会历经从特定技术的发展带来技术的增长、生产过程及产品的标准化过程。这意味着新技术的实现通常会带来经济效应的巩固。当太空采矿得以实现时，矿产资源的供给量将会大幅度提升，这无疑会对黄金这一类具有多重属性的金属产生巨大冲击，进而重塑整个采矿行业。面对太空采矿技术的不断完善，传统矿业是否已经做好了准备，可能需要全体矿业人在忧患意识下开辟新路。通过观察太空采矿新创企业的创始团队结构，可以了解到太空采矿涉及的学科领域十分广泛，包括航天工程、人工智能、大数据、地质学、矿物学、陨石行星等科学领域，美国行星资源公司甚至请来了科幻电影《阿凡达》的导演当投资人。应该明确的是，太空采矿的目的并不是发射多少探测器去太空，而是实现太空中的矿产资源的最大化利用，以采矿为目的必然会涉及矿冶技术的相关专业。因此，我们也可以认为技术发展的逻辑不在于单一特定技术的突飞猛进，而在于与其相关的多种技术实现共同发展，技术发展本身具有整体性和延续性，可以预见传统行业中所积累和固化的采矿技术经验仍适用于未来太空采矿行业的发展，未来进行太空采矿的人仍是那一批人，只是操作着不同的机器，在不同的星球从事着矿产资源的采掘活动。所以，当矿业行业在深部采矿遇到瓶颈时，主动拥抱太空采矿很可能成为扭转局势的契机。通过组建未来矿业发展联盟，或者合资设立探索最前沿采矿技术的组织机构，提前布局未来矿业行业的整体发展，应该被更多的传统矿业公司纳入战略规划之中。

04

第4章

矿山企业的生态治理

本章通过辨析管理、经营和治理的定义及讨论公司治理的演变，阐明治理在中国发展情境下的独特内涵和重要地位。在此基础上，本章把重点锁定在矿山治理挑战的议题上，通过介绍全球自然环境的概况，回顾矿山生态治理的现状、世界脱碳议程等，揭示高质量发展阶段下的矿山治理诉求。最后，本章阐述山东黄金在"国际一流示范矿山"的建设过程中是如何结合中国独特的治理理念应对治理挑战的，通过总结山东黄金的治理要领及其对矿山治理所做的巨大贡献，进而为从治理的认知、方法和本质层面构建未来矿山治理之道奠定基础。

4.1 传统治理的局限

4.1.1 管理、经营和治理的定义与比较

"管理"概念的发展反映了西方文明主导的特点。西方是现代管理学的摇篮，古希腊哲学点燃了政治学与管理学间的引线，法约尔造就了宏观

视角下管理学的萌芽。随着工业革命的到来，弗雷德里克·泰勒提出科学管理原理，正式将传统的个人管理经验通过科学的实验呈现为科学的方法，管理学以一门科学的姿态进入大众视野。但是，弗雷德里克·泰勒是实践主义者，他的理论更加注重车间工作效率的提升与同时实现雇主和工人财富的最大化。法约尔则更加强调以一般组织为基准，从宏观角度切入管理的本质，强调管理的职能和原则。他认为管理是所有人类组织都有的一种活动，这种活动由五项要素组成：计划、组织、指挥、协调和控制。马克斯·韦伯奠定了组织管理理论的发展基础，他强调管理就是协调活动。他提出的层级制至今仍是许多大型企业组织形态的缩影。玛丽·帕克·福列特开启了人本主义管理的先河，她提出群体是个体的整合。相比于马克斯·韦伯提出的层级制，福列特的思想将人道主义情怀引入组织理论当中，从而弥补了传统管理理论对人性这一关键要素的忽视。她建设性地认为组织理论是现代管理学理论的核心，并由此开创了系统组织理论研究的先河。

20世纪20年代，乔治·埃尔顿·梅奥通过霍桑实验开启了对于人类本性和社会动机的管理学探索，他将管理研究的焦点从关注物质和工作的问题转移到人的因素上，从而建立了管理研究与社会科学沟通的桥梁，自此人性与激励成为管理研究不可忽视的议题。随着科学技术的飞速发展与企业组织的不断变革，管理研究迎来了野蛮生长的黄金时期，管理学流派林立、观点各异，这被孔茨称为"管理理论丛林"。孔茨继承了法约尔的观点，将管理的职能重新划分为计划、组织、人事、领导和控制，将协调视为管理的本质。虽然他认识到管理学理论发展已经到了一个收敛和整合的关键时期，并且试图通过确立管理过程学派来完成整合性的工作，但管理学研究并未向孔茨期望的趋势发展。其中关键原因在于，管理理论的研究无可避免地与企业实践有着千丝万缕的联系，然而实践情境从来都不曾静止，管理实践者所处的情境时刻跟随着社会、技术的变革而不断演变，这导致即便是最经典的管理理论，也会因为时代发展引发的管理情境的变化而不断丰富其原有的思想。21世纪以来，中国作为新兴市场经济体的飞速发展引起了世界管理学者的广泛关注，也由此引发了关于中国管理现象和管理问题的深入探索。这无疑推动了中国管理理论的发展。一方面，现有的西方管理学理论在应用到中国独特的管理情境中时，通常出现"水土不服""解释力度不够"等问题，由此引发研究者去解决西方管理理论的适用性问题，以借助中国独特的管理情境实现对西方管理理论的再拓展。另一方面，立足于情境的本质，一批具有引领性的研究者通过汲取中国古代哲学思想，建设性地提出一系列原创性的管理理论，这为中国管理理论的发展做出了巨大的贡献。这些理论包括东方管理、和谐管理、势科学管理和反管理等。

回顾百年管理学发展，大致经历了科学管理驱动的物本管理时代、以人为本的人本管理时代、以知识和能力为载体的能本管理时代。正是因为时代的发展，才赋予管理学理论持续发展的空间。管理理论纷繁复杂，诸多观点交叉相容，对于管理本质的整合仍道阻且长。笔者认为管理的本质在于指导管理者如何正确地做事，是追求相对理性下的规则设计，以获得企业效能的持续提升，这种理解建立在对管理中的主体"人"的理解之上，即人的复杂性逐渐被广泛地认知和接受，具体体现在人与人、人与组织的关系的辨析中。组织若要获得成功，必须要考虑到组织中的非正式群体的结构和关系以及这些结构和关系对组织产出造成的影响。因此，管理者渐渐地意识到没有真正完美的对策，只有相对满意的标准。在这样一个框架下，西方管理学者开始思考如何在有限理性的条件下寻找可以管理复杂组织活动的规则，这背后的逻辑源自科学理性的导引。一个体现是，无论是西方的管理研究者还是管理实践者都迷恋于对"标准"的追求，即通过标准化、规范化的机制设计来实现对组织活动的全面控制，从而获得投入与产出的平衡，达到管理效能提升的目的。虽然"标准"所提供的可复制能力可以迅速造就辉煌的成就，抢占产业的"制高点"，但是过度强调标准化却忽视了人对环境不确定性的主导作用。

经营在更多情况下被理解为一种市场行为，从本质上讲，经营是描述企业如何"赚钱"的过程。"经营"与"管理"实际上存在不可分割的关系，体现在如下几个方面：

- 管理是对内部组织如何运作的设计，经营是对外部影响如何建立的筹划；
- 管理更多强调处理微观的组织活动，而经营重在寻找宏观的发展方向；
- 管理在于提升组织的运作效率，经营在于提升企业的效益；
- 管理以制度、规则、机制为载体，经营以理念、文化、服务为载体。

经营是指导管理者如何做正确的事，方向在哪，如何设计战略。它决定了企业的生死存亡，而管理则决定了企业的好坏优劣。因此，管理为经营服务。总结起来，"管理是正确地做事，经营是做正确的事"，管理更多是关注企业里人、机、物、料的关系，是看得见、摸得着的，要求聚焦于内；经营是面对市场的不确定性，需聚焦于外，做出选择。企业家首先是经营者，其次才是管理者。值得一提的是，"经营"一词在日本企业中被广泛提及，最为知名的是阿米巴经营，其核心是企业的经营哲学和经营理念，通过哲学观念的深入影响、理念的集体认同和机制的全方位设计，让全员参与到企业的经营活动中来，进而明确细化各自的目标，通过核算的方式反映所有员工为公司持续创造的价值。

经营是指通过激发企业发展的活力来实现对市场机遇的快速转化，从而实现可持续发展的目的。首先，经营需要面对未来市场的不确定性，寻求机会的转化。挑战与机遇总是并存的，危险与机会总是相伴相生的，同样的情境在不同经营者的眼中可能是天差地别的。经营便是强调经营者要认识到机会是价值的来源，价值是利润的来源，不断思考市场的机会隐匿在何处，尤其要考虑如何在危机之中发现生机，只有洞察和抓住潜在的机会，才能更好地指引企业未来的发展。其次，经营者需要激发组织活力，因为组织活力是创新的来源。企业经营发展的关键在于将员工的利益反映为企业创造的实际价值。只有通过激发员工的创造力，让每一个个体都能成为独当一面的经营者，才能撬动持续创新的杠杆。这种激发员工活力，让员工成为经营者的理念便是海尔所提出的"人人都是CEO"，也是张瑞敏提倡的"企业家的使命就是创造出更多的企业家"。最后，经营者要将眼光放得更高、更远一些。更高强调企业要聚焦到高质量发展上来，高质量发展应聚焦到打造享誉世界的品牌、提供体验极佳的产品或服务和创造强国利民的效益等方面。更远则强调经营者要有洞察未来的发展眼光，即一切经营都服务于企业的可持续发展。英国管理哲学家查尔斯·汉迪提出基于"S形曲线"的第二曲线，认为优秀的经营者应当在拐点出现之时便找到破局点的位置，这要求经营者必须具备居安思危的忧患意识，时刻思考如何为下一轮的发展创造生机。

"治理"意为控制、引导或操纵，是指在特定范围内行使权威。"治理"的目的在于面对不同的利益，建立一致性的认同，以实施某项计划。20世纪，由于西方发达国家市场经济与国家福利政策的效用渐失，社会各界开始广泛寻找新的发展模式，由此引发了对"治理"概念的关注。20世纪90年代，随着治理理论在政治学领域的不断发展，西方学者揭示了"治理"与"统治"间的本质区别，即"治理"并非属于国家或政府垄断的合法权力，更为广泛的社会范围中也存在一些机构或单位负责维持社会发展秩序，促进社会经济活动的开展。所以，"治理"的概念更为丰富，它既包括由政府主导的正式机制，也包括由非政府参与主体主导的非正式机制。关于"治理"，权威性的解释来自全球治理委员会1995年的定义，他们认为"治理"是各种公共的或私人的个人和机构管理其共同事物的诸多方式的总和。治理是相互冲突的或不同的利益相互调和，从而采取联合行动的持续过程。

治理的过程基础是协调而非控制。随着西方公司制主体的形成，治理理论才被引入其中并引申为公司治理，成为经济与管理研究重点关注的问题。公司治理所要解决的关键问题在于当所有权和经营权分离时，失去控制权的所有者如何使拥有控制权的经营者为其创造最大化的利益与价值，由此展开公司治理实践中对治理结构和治理机制的持续探索。随着互联网信息技术的发展，平台经济和共享经济等新型市场经济逐渐形成，扁平化、自组织逐渐取代传统层级制的结构与组织形式。

我国"治理"概念的发展与国家的长治久安密切相关，代表着治世之学。"治理"一词最早可以追溯到春秋战国时期。相关的文字将"治理"描述为国家发展的秩序、稳态、才能、政务、方略等。例如，《汉书》《文帝纪第四》的注疏中写道："师古曰：'治安，言治理而且安宁也。'"此处治理释为一种稳定的状态。道家讲"无为而治"，其是洞察天地万物客观规律后赋予国家治理的一种方法论。这种理念对国家治理体系的形成产生了极为深远的影响。我国提出的"国家治理体系和治理能力现代化"蕴含着丰富的历史智慧和实践经验的积淀。随着"治理"的概念不断发展并与我国国情融合，更多地衍生为多元化的主体共同参与的一种民主式、互动式的形式。

4.1.2 从层级治理向数据治理的演变

1. 第一代治理：层级治理

层级治理理论的出现要追溯到 20 世纪初期马克斯·韦伯对于层级制组织的探索。基于对纯粹理性的研究，马克斯·韦伯认为层级制组织是管理大规模社会群体的最佳组织形态，正是由于其权力控制导向下的效率改观，使得层级制组织成为推动现代社会实施合法性统治的行政管理制度。

马克斯·韦伯认为组织合法权利的权威存在三种类型：传统权威型、

法理权威型和魅力权威型，其中只有法理权威型才具备足够的稳定发展潜力，这是因为法理权威型将权威具象化到规章制度中，而与之对应的最佳组织形态便是层级制。层级制强调以权力关系决定治理的结构，权力表明了主体对资源支配的范围和能力，也正是由于权力差异的存在，层级结构才得以形成。因此，层级制的关键特征便是在组织中实现权力等级的分化，整个组织是层级分明的权力体系，形成金字塔式的等级序列，下级与上级通过权力基础形成的"命令－服从"关系维持。这种服从遵循的并不是来自传统社会阶级的身份差异所导致的特权，而是完全依赖于制度所建立的人人平等的契约关系，在各自权力基础范围内，通过在组织中严格地划分出每个主体的职责边界，并以规制章程的形式将其固化。层级制是完美的工具理性组织形态，组织所有的运作都将受到法理规章的约束，从组织的形成、分工、职责边界、成员晋升，到薪酬奖励的发放等都需要法律制度的明确规定，这些规定由组织成员共同商议或上层做出决定，任何成员都需要根据规定行事。

层级制打破了封建特权的约束，使得公司治理趋向规范化、专业化和制度化，大幅度提升公司的实际运作效率，在确定性相对较高的环境中推动了工业化的发展进程。随着组织数字化、网络化、智能化程度的提高，层级治理面临着极大挑战，这源于过分强调等级制度的作用，而忽略了"人治"能起到的作用，从而导致组织成员难以形成民主精神，尤其是规章的限制导致层级制的组织难以响应社会多样化需求的发展，面对环境的不确定性，确定性逻辑下的层级治理逐渐被扁平化、网络化的治理模式取代。

2. 第二代治理：市场治理

普遍认为简单的市场交易行为可以在市场中自由达成，但是一旦市场的复杂性或动荡性程度提高，组织就需要通过各种外部控制或内部的监督机制帮助市场交换行为的产生，这时将产生"交易成本"。传统认为市场交易是信息非对称关系下的交易，即所有的交易主体之间实质上会更加在意自身利益，从而可能隐瞒重要的信息。赫伯特·西蒙强调人的有限理性、机会主义等客观前提，认为它们的存在更加导致了市场的交易秩序和交易风险问题的发生。在此基础上，奥利弗·威廉姆森认为资产专用性、交易频率和不确定性影响了市场交易价格的形成。当资产专用性低、交易频率低时，采取完全化市场治理的机制是可取的。当资产专用性高且交易频率较高时，双方通常面临着较高的交易成本，此时需要考虑借助层级治理的手段来降低长期存在的高额交易成本。

交易成本理论实质上被用于解释什么情境下需要采取完全化的市场治理，什么情境下需要采取层级治理，以及什么情境下采取两者混合形式治理机制，它的出现将不同治理机制的互补性发挥得淋漓尽致。当经济组织活动成为为了达成某种特定目的而签署的契约时，管理者便可以根据契约的最优交易成本来选择经济组织形式。市场治理中的一切交易活动的产生完全以价格为中介实现对彼此资源禀赋的重新配置，强调通过价格竞争的方式降低不确定性，同时通过签订契约来控制双方的机会主义行为，维持交易主体间良好的合作关系，通过不断地降低交易成本，实现治理最优化设计。交易成本理论虽然提供了最优化市场治理解决方案，但也面临适用性的挑战，鲍威尔曾发现存在着与市场和层级治理不同的第三种治理模式，格兰诺维特指出交易成本理论忽略了关系、信任和复杂网络在交易治理中的关键性作用。

3. 第三代治理：网络治理

网络治理机制源自网络组织的兴起，互联网信息技术的发展带来了广泛的社会技术系统变革，从而对社会经济、社会技术和社会主体关系产生深刻影响，具体表现在三个方面：一是由于网络嵌入而触发人类经济活动思维方式的变化，人们必须用更为系统化、网络化的方式来开展经济活动；

二是互联网技术的发展触发了以交易型网络为主的网络经济的蓬勃发展，为网络组织的诞生提供了充足的条件；三是随着 ICT 技术的发展，企业组织结构向扁平化演变，以提升运营效率为目的，ERP、SCM、CRM 等组织管理技术的出现加速推动了公司内外部网络化建设的进程，增强了网络内外部主体治理的协同度。在社会环境、技术环境和经济环境的同频变动中，网络组织应运而生。网络组织形态的出现也带来经济主体间的网络关系由零和博弈竞争观向多赢共生合作观转变。

网络治理被界定为一个有选择、持续、结构化的自治企业集合，企业之间围绕暗含或开放性的契约开展生产与服务，以此适应多边的环境，协调和维护交易活动。[一]网络组织之间没有等级观念或绝对的网络主导者，公司之间的交易活动完全依赖于特定信任关系和主体间的共同协商。由于网络组织通常来源于不同的地域，组织间存在文化理念和预期目标的差异，因此，网络治理的成功关键取决于多个组织间的沟通与协调。传统层级治理中公司通过严格的规章制度实施对治理主体的控制，而网络组织中的主体通常是独立的法人，因此，基于命令和控制的治理方式已不再适用于网络环境，取而代之的是基于不同主体自主意愿的自组织治理模式。自组织要求网络组织中的主体基于价值观念、公司声誉、创新能力的彼此一致性认同建立相互信任的合作关系并确定共同的预期目标，通过建立统一的行为规范、激励机制，赋予主体之间彼此的期望来指导网络主体的价值创造活动。所以，网络治理是一种弱化权力机制的，由网络主体基于信任关系和不断协商而共同形成的，通过主体间的自组织行为而实现的共同治理模式。

4. 第四代治理：数据治理

人类已经从 IT 时代逐步进入 DT 时代，在这一时代背景下，数据将是

[一] JONES, HESTERLY, BORGATTI. A general theory of network governance: exchange conditions and social mechanisms[J]. Academy of management review, 1997, 22(4): 911-945.

最为宝贵的生产资源。市场治理的目的在于降低交易成本，数据治理的目的便是利用数据为企业价值创造活动赋能，以达到全要素生产效率的提升。企业从原材料的采购到研发设计，再到生产加工的各个环节都需要"数据"的改造，通过对相关价值链环节进行数据建模，联结数据孤岛，能更加清晰地了解企业内部的经营活动和经营状态，从而优化资源配置的效率。"数据"实质上为管理者提供了一个观察世界的窗口，使他们能更加清楚地意识到环境的变化，识别客户市场偏好的变化趋势，捕捉竞争对手的经营活动和行为模式，从而对内做出精准的决策，减少决策偏差或失误。同时，数据资源的合理配置有助于提升组织运营效率，激活人力资源的效能。

数据治理是围绕数据关系进行的治理活动（见图4-1）。它强调企业必须处理好人与数据以及数据与数据的关系。首先，从认识层面应该弄清数据的来龙去脉，数据的产生源自人类的行为活动，也应该作用于人类的行为活动。数据是一种能力，但向善是一种选择，数据治理必须向对人类友善的方向发展，这是数据治理的核心宗旨。其次，就操作层面而言，数据和数据之间本身没有联系，需要人为地通过索引的方式将数据间的关系构建起来，静态数据依赖于在资源之间确立关系。例如，一台设备可以与供应商、车间、车间操作人员等进行关联。动态数据依赖于全面的记录。例如，某台设备的生命周期运转数据，通过数据关系的构建实现对全流程数据的追溯与并联工作模式的重塑。最后，从价值层面，数据治理需要关注数字信任与数据安全、数据规模与数据有效性、数据赋能与数据公平等问题。数字技术的深入发展使得建立在人际交往基础上的传统信任关系演变为新型数字信任关系。有研究显示，10%的信任提升，将带来36%的经济效益提升。数字信任是维护网络空间秩序、保证数据治理质量和社会稳定的基础性、关键性环节。充分的数字信任源于有效避免数据使用者隐私泄露、数据滥用和数据丢失等现象，因此，数字信任需要以数据安全为门槛，既不能因为数据安全风险阻碍数据的共享，也不能肆意妄为、毫无保留地共享使用。通过区块链、密码算法等技术来提升数据透明度、与数据所有者共享数据使用权，数据使用者可以这类方式来建立数字信任；数据规模越大，越能做出更为精准的预测，但是随着数据规模的增大，垃圾数据、伪造数据、重复数据等也随之增多，数据使用的关键不在于追求数据规模的增长，而是释放数据的价值潜力，应尽可能地保障数据的有效性，从有效的数据中挖掘无限的价值；最后，对于数据使用与数据伦理的问题，数据的主导权目前仍掌握在科技公司手中，很多情况下数据的使用并未受到足够的限制，公司通过大数据的分析定向推荐用户喜爱的内容，尽管加强了个性化的引导，但也人为造成了信息的不对称。

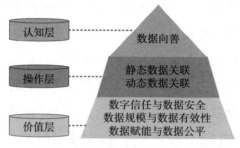

图 4-1 基于数据关系的数据治理

数据治理将治理的层级从网络进一步推向生态。第一，所有人类、机器参与者都将参与到数据治理的活动中，他们（它们）或承担着数据收集者的角色，或承担着数据贡献者的角色，这导致企业内外部环境中大量数据的涌现，包括生产设备数据、组织运营数据、供应商数据等。数据网络中的每一个主体都各司其职，让数据在正确的时间流向正确的节点，组合成正确的关联形态，进而从错综复杂的数据关系中挖掘潜在的价值，实现全要素的生态联动。第二，企业的交互网络更加复杂，诸多企业突破了传统的业务壁垒，开辟了新的业务模式，逐渐向新的生态系统延伸，这使得企业之间传统竞争或合作关系向竞合关系转化。竞合关系的形成促进了企业间和行业间数据的共享，形成了更加多维的生态系统架构。第三，数据治理的价值不仅需要企业具有大数据的处理分析能力，还在于企业能否为数据资源向资产的转化提供适宜的环境基础。实践表明，外部环境的多样性迫使企业需要缩减管理层级，提供扁平化的环境，这需要通过灵活的前端完成市场信息、客户需求偏好变化的及时捕捉，以不断满足数据储备的基本需求。另外，需要通过管理层的力量主动打破部门、层级之间的"隔热墙"，为数据的传输创造绝佳的空间，打通数据壁垒。与此同时，数据治理还要求企业尽可能地将标准化的数据资源转化成为固定的数据资产储存于企业的内部数字平台中，达到随需随取的灵活配置的目的。

虽然治理经历了层级治理、市场治理、网络治理和数据治理，但是治理机制的演变并非意味着对前一阶段治理机制的摒弃，相反，实践中通常需要混合运用不同的治理机制来实现治理的目的，四个阶段的差异见表4-1。

表 4-1 四代治理机制的比较

治理机制	层级治理	市场治理	网络治理	数据治理
治理主体	公司	市场	网络	生态
治理基础	规章制度	市场价格	信任关系	数据关系
核心内容	命令	竞争	合作	信任
治理特征	控制主导	竞争主导	自组织	开放系统
治理分布	纵向	横向	横向	纵横向

4.2 矿山治理的挑战

社会发展与自然环境的关系是关乎人类长久生存的永恒话题，工业科技的飞速发展持续影响着人类赖以生存的自然环境。全球气候变暖、水资源日益稀缺、臭氧层破坏等一系列的环境损害接踵而来，21世纪任何经济体都不得不面对人类生存发展所带来的可持续性挑战。

4.2.1　全球自然环境预警

2019 年，联合国发布的《现在就是未来：科学实现可持续发展目标》研究报告中指出，目前的人类发展模式已无法持续，社会不平等加剧，以及维持人类生存的自然环境可能出现不可逆转的衰退等现象，正在使过去 20 年间所取得的成就面临倒退的风险，只有通过大幅度变革发展政策、激励和行动，才能实现一个更加乐观的未来。报告立足于人类发展的角度评估目前人类经济发展活动对自然的影响，并针对能源、消费、生产以及城市建设等领域的发展提出若干建议。人类依靠创造物质资产推动经济社会进入快速发展的轨道，在人类生活不断繁荣的同时，大量经济活动对自然生态环境造成了不可逆转的严重破坏。

损害自然环境的行为来源于传统环境治理理念的弊端。传统环境治理沿袭"先发展、再治理"的串行模式，通常以经济发展为前提、环境治理为辅助，这导致企业虽然通过经济活动获得了经济收益，但对环境造成了永久性的侵害。数据显示，2017～2060 年，全球物质材料的使用量约将翻一倍，从 890 亿吨上升至 1670 亿吨，温室气体排放水平，以及采矿量和其他污染也将相应提升。在人类命运共同体理念下，生态环境治理将是可持续发展的常态化目标，任何国家、企业和个体都无法独善其身，尤为关键的是企业作为创造经济价值和社会效益的主体，理应承担环境与社会治理的重任。2019 年 8 月 29 日，美国首都华盛顿聚集了美国 181 位顶尖企业 CEO，共同签署了《企业宗旨宣言》。此次宣言一改"股东至上"的公司治理原则，格外强调企业社会责任的重要性，公司的管理者团队必须从战略层面始终坚守向客户传递企业价值，通过雇用不同群体并提供公平的待遇来投资员工，与供应商交易时遵守商业道德，积极投身社会事业，注重可持续发展，为股东创造长期价值。随着投资者、社区、监管者、员工、客户等利益相关者对公司环境治理、能源效率、伦理安全等主题的不断关注，各大公司也将 ESG 视为可持续发展战略的考虑范畴。

近年来，矿业领域环境污染事件频发，2015 年力拓集团位于巴西米纳斯吉拉斯州马里亚纳市附近的一个尾矿发生矿坝崩塌。事故共造成 19 人遇难，导致多西河沿途村镇被淹，大量淡水河鱼类死亡，有毒废料最终流入距离事发地 650 千米的大西洋，这被认为是巴西历史上最严重的环境灾难。2020 年 7 月，必和必拓旗下埃斯孔迪达铜矿被发现长达 15 年从智利已经干旱的沙漠中抽取水源，超过许可的用水量，这使得该矿山所处地区的地下水位严重下降，必和必拓可能因此事件被吊销环境许可并面临违禁用水的行政处罚。矿企污染事件不仅对环境造成了永久性的损害，也激化了地方政府、社区居民与企业间的矛盾。应该意识到，矿业企业隶属于资源型领域，日常性生产经营活动与生态环境发展休戚相关，矿业企业的未来治理或将面临全球环境政策、地方政府监管部门、利益相关者意愿等多方面的严峻挑战。

4.2.2 矿山环境、社会、治理（ESG）原则

ESG 的起源可以追溯到"伦理投资"，是一种投资者避免与积极发展社会价值相背离的投资对象的理念和行为。其实质产生的背景是投资者对经济快速增长带来的负面环境影响的意识觉醒。全球气候、环境、资源挑战日益严峻，人类的生存发展受到了严重威胁，社会各界开始反思经济发展与生态环境之间的本质问题，两者并非矛盾的对立，恰恰是悖论的统一。随着人们生活水平的不断提升，人们对环境保护的要求越来越高，投资者渐渐意识到对环境因素的重视不仅能塑造良好的企业社会形象，还会直接影响财务绩效的最终表现。

矿产作为自然赋予人类的宝贵资源，是推动社会经济发展的原材料。长期以来，人类的过度开采对自然环境造成了不可磨灭的损害，国际大型

矿山安全事故的频发严重威胁到矿工的生命安全。围绕环保整治、绿色能源、包容性与多样性、健康和安全的承诺等一系列与社会责任相匹配的ESG原则被纳入矿山治理中，投资者认为企业没有社会责任意识将会造成财务和声誉方面的严重后果。现如今，ESG原则已经成为矿业公司必须遵守的义务，2019年9月世界黄金协会发布了《负责任黄金开采原则》，明确了矿业主体在环境、社会和治理方面的责任行为，如表4-2所示。

表 4-2　ESG 原则

涉及维度	主要内容
环境	• 环境管理：明确环保责任在公司运营中处于核心地位 • 生物多样性、土地利用和矿区关闭：尽力确保不损害脆弱的生态系统、栖息地和濒危物种，并为矿区关闭制订负责任的计划 • 水资源、能源和气候变化：提高水资源和能源的使用效率，认识到气候变化和水资源约束的影响可能逐渐威胁公司业务地点，对公司获取运营许可构成风险
社会	• 安全与健康：将全体员工（员工和承包商）的安全和职业发展视为头等大事，允许对所遇到的不安全的工作条件进行举报 • 人权与冲突：尊重全体员工、受影响社区以及与公司有业务往来的所有各方的人权 • 劳动权益：确保在公司经营场所中，尊重员工和承包商，无歧视或虐待行为 • 与社区合作：促进与公司运营相关的社区的社会经济发展
治理	• 道德行为：诚信经营，坚决反对腐败 • 利益相关方管理：与利益相关方合作实施管理系统，确保能了解和管理自身影响，发现机会并根据需要采取补救措施 • 供应链：要求供应商以符合商业道德的方式负责任地开展业务

资料来源：世界黄金协会。

《负责任黄金开采原则》的颁布为矿业企业践行 ESG 原则提供了清晰的框架。它从矿山生命周期的视角衡量矿业企业的社会责任行为，让 ESG 原则成为矿业企业在每一个阶段都需要遵守和践行的治理准则。在世界排名前 40 的矿业企业中，11 家企业（27.5%）在 2020 年制定了公开的 ESG 承诺和目标，并按目标和承诺执行，这一比例将会在今后进一步提升。随着社会各界对矿山 ESG 原则重视程度的提高，基于矿山全生命周期的 ESG 原则将成为整个行业发展的关键治理挑战。

4.3 山东黄金治理的探索

4.3.1 共同体治理理念

西方黄金矿业企业更多地聚焦于安全和效益来强化公司的治理体系，ESG 的提出使得各大矿业企业不得不面对全社会公民的监督。但是，归根结底 ESG 原则是在投资者发觉自身利益受损的情况之下，为降低投资风险，保证获得预期收益而对企业提出的更高要求，真正地实现 ESG 原则需要企业主动地规避传统公司治理的弊端，改变以"利己主义"为核心的治理模式，将"利他主义"的基因嵌入矿山治理的各个方面。

山东黄金突破了西方矿山治理的局限，站在更高的维度审视公司发展的未来，关键的不同在于公司清晰且深刻地认识到发展的根本动力在于人，黄金企业的发展最终要回馈人民、回馈国家、回馈自然。基于对人民、国家和经济社会发展的全局考量，山东黄金形成了以"共同体"为治理内核的山金治理理念（见图 4-2）。

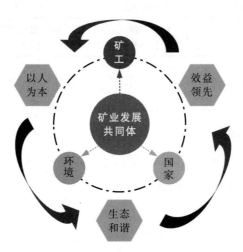

图 4-2　山东黄金的治理理念模型

"让尽可能多的个人和尽可能大的范围因山东黄金集团的存在而受益"成为山东黄金人矢志不渝的建设目标。在共同体理论的指导下,山东黄金聚焦于矿业人、环境和国家的协同发展,通过落实打造宜居的生态矿山、建立和谐的社区关系、创造互惠的矿山氛围,实现了经济效益与社会效益的同步增长。山东黄金的治理内容见表4-3。

表4-3 山东黄金的治理内容

治理层面	主要范畴	具体内容
治理核心	矿业共同体	坚持共同体理论指导,促进矿业人、环境和国家矿业共同体的协同发展
治理行动	员工互惠性	坚持对内以员工为中心的服务宗旨,通过文化赋能、管理赋能与技术赋能,实现发展为了员工、发展依靠员工、发展成果与员工共享
治理行动	社会和谐性	坚持对外为人民服务的思想本位,构筑矿业企业发展与人民幸福美好生活的相辅相成的关系
治理行动	自然宜居性	坚持绿色发展理念,提升绿色生产水平,将生态文明建设贯穿矿产资源开发利用的全周期,打造益于人类生存居住的生态矿区
治理效益	经济效益	以利润最大化为基本目标,通过最大化资源配置效率、创新业务模式、深化国际合作,创造不断增长的利润来源
治理效益	社会效益	以可持续发展为长期目标,通过坚守国企使命、履行社会责任,不断推动社会发展与民生改善

人是企业发展的动力源泉。以人为本,本理则国固,国家治理需要以人为本,公司治理同样要紧密围绕人的切身利益展开。"以人为本"体现着山东黄金对员工追求获得感与幸福感的关注,公司以成就员工的美好生活为宗旨,以助力员工发展为己任,通过引入5G、AR等先进智能技术,建立远程遥感操作系统,彻底改善作业环境。通过为员工提供多元化的发展渠道,设置定制化的岗位培训体系,真正实现员工与公司的共同成长。为深入贯彻"以人为本"的治理理念,公司提出"三让""三不让"承诺,将人文关怀落到实处,让每一名山金人没有后顾之忧,共享发展成果。

社会关系是影响矿山长期发展的关键因素。和谐的社会关系不仅能推动矿山劳动力结构的不断更新，还有助于塑造企业的品牌声誉与社会影响力，推动地方经济的持续增长。建设和谐矿山，不仅要从环境角度减少对周边社区环境的损害，形成矿山对环境的正向促进作用，更为关键的是，要从人文角度形成企业与地方社区之间的长效沟通机制。山东黄金坚持"为人民服务"的核心理念，与地方政府开展多元化的合作，建立了企地和谐共生的发展模式。公司积极支持驻地基础设施建设，加大本地化的用工力度和原材料的采购，深入调研和关注周边地区百姓的生活情况，成立志愿者服务团队，着力解决百姓生产、生活中的实际困难，力求用实际行动回馈社会，将山金的关怀普及社会中的每一个角落。

"天人合一"是中国古代先贤对人类社会与自然世界发展的和谐统一观，生态建设与黄金生产的相辅相成关系是山东黄金可持续发展的永恒话题，正如原董事长陈玉民所言："生态矿业是破解矿企发展难题的关键，更是矿企长远发展的必然选择。"公司的环境发展观在于"取"，更在于"用"。山东黄金坚持绿色发展理念，将生态建设贯穿于矿产资源开发利用的全过程，不断完善环境管理体系，充分体现着对自然的敬畏、对矿产资源的珍惜以及对生态景观的修复与再造。2010年公司提出建设"生态矿业"的发展理念。2019年山东黄金集团根据《中华人民共和国环境保护法》等法律、法规和规章规定，制定《山东黄金生态保护责任制》，使生态领先成为每一名山金人的本职责任。公司全面布局清洁生产，开展生态环境修复工程，投建黄金采选清洁生产示范基地和工业旅游示范基地，通过创新绿色采矿技术积极推动绿色节能型矿山和无尾无废矿山建设。"十四五"期间，山东黄金积极响应国家环保法律政策，推进"碳达峰"和"碳中和"战略部署，组织开展碳排放核查，统筹制订落实碳达峰、碳中和实施方案，加大清洁能源的综合利用，提升全流程绿色生产水平，着力推进减污降碳工作，实现生态环境建设与公司发展的与时俱进。

山东黄金将效益领先作为治理的终极目标。作为国有大型骨干企业，山东黄金以促进国家繁荣富强为使命，积极肩负起推动国家经济高质量发展的政治责任、经济责任和社会责任，将党建引领嵌入公司治理机制的创新中。"矿业发展首先要意识到其对于中国经济社会发展的重要性。"从"十三五"时期的"争做国际一流，勇闯世界前十"到"十四五"规划的"致力全球领先，跻身世界前五"的愿景迭代，山东黄金始终以建设具有全球竞争力的世界一流企业为发展目标，融入国企治理体系和治理能力的现代化建设，在实现经济效益最大化的同时持续创造社会效益的增值。

彼得·德鲁克认为："企业是社会的器官，任何一个组织机构都是为了某种特殊目的、使命和某种特殊的社会职能而存在的；任何企业得以生存，都是因为它满足了社会某一方面的需要，实现了某种特殊的社会目的。"企业无疑是一个创造利润的单元，但是利润早已不再是衡量企业的唯一指标。山东黄金致力于与周边环境、百姓生活、国家经济等诸多领域共同发展，并在此过程中创造巨大的经济和社会效益增值，这意味着山东黄金的治理不再是单纯地对股东负责，同时也体现着对员工、人民和国家等一切矿业命运共同体的担当与责任。

4.3.2 "经营型协调"的扁平化组织结构设计

组织是配置共识性资源和职责的一系列相关制度安排。高效的组织管控体系是生产运营、日常管理、勘探挖潜等业务与管理活动的顺利施行不可或缺的重要保障。矿业企业组织变革的关键是建立适配当前发展阶段需求与能力的组织管控模式，通过建立趋近于扁平化的组织结构支撑公司战略目标的高效实现。2018年山东黄金正式提出建设"国际一流示范矿山"这一概念，在公司战略目标的调整下，公司正式进入规模扩张的关键时期。新的环境、新的发展诉求无疑是对山东黄金传统"生产型管控"的组织结构的巨大挑战，面对规模的不断扩张，国际化业务种类的不断增多，同时还要达到效益增长的目的，山东黄金开启了一场史无前例的深层组织蜕变。

山东黄金重点推进组织结构和业务流程的同步调整，从"生产型管控"向"经营型协调"转型（见图4-3），对集团总部及二级板块总部组织架构进行了全面系统的调整优化。通过精简繁杂的组织层级和冗余的职能部门，突出差异化的定位，发挥中间层级的协调性角色，使生产经营权下沉至一线。山东黄金的原两级总部66个部门被精简为43个，三级管理层级更加清晰明确，形成"总部管方向、事业部管协调、三级企业管落实"的分级式结构，各层级各司其职，形成互补优势。集团总部聚焦于企业中长期的战略洞察与规划、企业文化建设、人才发展、大型项目审批和战略资本投资等治理活动，为事业部和下属矿业企业的实际运营提供全方位的发展保障。在集团授权下，公司形成烟台、青岛、中华、海外、投资发展和黄金建设六大事业部，各事业部主要负责集团战略的统筹与落实以及对下属区域矿业企业生产运营的管控。下属矿业企业拥有较大的自组织运营权限，积极推进企业管理赋能项目，夯实基础管理工作，侧重于对矿山动能、部门效能、员工潜能的激活与提升。矿山以实现"管理增值，提质增效"为目标，采用灵活的市场化运营机制，通过薪酬体系改革、职业规划发展建设等充分为一线作业人员赋能，建立矿山产能与职工薪酬的联系，拓展"管理+专业+支持"的多元化发展通道，充分释放基层员工的生产活力。在组织架构调整优化的基础上，山东黄金扎实开展了业务流程优化，从一级流程到四级流程，每个流程概念准确、目标清晰、要素可行，优化各级业务流程920个，突破了原有企业管理的对象范畴，提出了"大管理"的新时代课题，即企业管理无处不在，管理思想延伸到企业的每个部门、每个角落、每个环节，每一名员工都成为管理效能提升的践行者，真正从"要我管理"变为"我要管理"，使管理从一个部门的职责拓展成为整个企业关注的焦点。

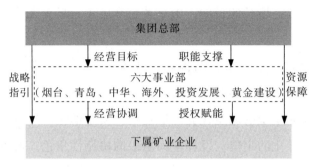

图 4-3　山东黄金组织架构及管控模式示意

"十四五"新发展阶段已经到来，通过组织变革来提升公司的适应能力将成为推动山东黄金高质量发展的永恒话题。面对全球化的矿山资源布局，激发矿山企业的生产运营效能，发挥矿山集群的协同运作优势，提升集团整体的精益管理水平，都需要在组织结构持续变革的基础上才能实现。未来山东黄金将会朝着更加先进、敏捷、精益的组织结构的方向不断调整。

4.3.3　数据驱动的运营结构优化

集团基于华为在数字化转型领域的长期实践经验，构建出基于工业互联网的矿业企业数据治理平台，打造全数据驱动的运营管理体系。矿业企业的运营结构优化的关键在于打通矿山生产经营各个环节之间的数据壁垒，实现全业务系统间的数据集成，从而对各个生产环节作业状态进行集中化的管控与实时性的反馈。在华为的鼎力协助下，山东黄金三山岛金矿打造出"一云一湖一平台"的大数据平台，有效实现了金矿内部生产系统、管理系统、安防系统等各个信息化系统之间的数据连接。通过实时采集、海量存储、数据治理形成三山岛金矿高质量、高标准的数据湖，为进一步地深入挖掘基于场景的智慧管控应用提供了基础。

在大数据平台的支持下，矿工们告别了井下黑暗、潮湿的作业环境，他们可以通过远程可视化面板来实时观测三山岛金矿能耗综合状况、重点设备能耗、用电峰平谷、大宗物资消耗、设备单耗等信息，从而实现24小时全天候的远程运维管理。通过数据驱动的运营结构优化，无论是信息反馈的及时性还是运营决策的精准性都得到了前所未有的提升。

创新"矿石流""业务流"协同运营管理模式。围绕数据驱动的全生命周期治理，山东黄金以数据为中心，打通了以采掘、选矿、充填等生产工艺为主线的矿石流，以安全、生产、经营等管理系统为主线的业务流，构建起面向"矿山规划—采矿设计—排产计划—单体设计—爆破作业—采场出矿—溜井放矿—机车运矿—卸载放矿—提升运矿—选矿回收—尾矿充填—尾矿排放—生态治理"全流程的、以"矿石流"为主线的高度集成化、智能化、扁平化的矿山生产经营管理模式。

黄金矿业发展面临着资源、人才、技术和治理的多重挑战，然而挑战与机遇并存，矿业革命的新时代已然到来，中国黄金矿业进入了高质量发展的全新阶段。尽管我国矿业发展水平与世界领先水平仍存在差距，但是山东黄金"国际一流示范矿山"建设无疑走在了时代的最前列。无论是对国际优势资源的逆势整合，还是瞄准国家重大需求的深部采矿关键技术创新，抑或是5G、人工智能等领先数字技术在矿山治理场景中的应用，山东黄金都始终坚持人民至上、国家至上，不断为国家发展和人民幸福广谋福祉，这背后不仅是技术之"术"的创新，更是治理之"道"的引领。"国际一流示范矿山"承载了高层管理者的远大洞见，谱写出千万矿业人的共同奋斗史，企业用集体智慧诠释了如何才能走出国门，迈入世界前列，为培育世界一流企业、推动矿业行业的高质量发展贡献"山金方案"。第2篇将深入解析未来矿山治理的认知革命，为探索者开启通向未来矿山治理的第一道大门。

第2篇

未来矿山治理的认知革命

  本篇共4章,从"总体论、系统性、整体观"的视角解析未来矿山治理的认知革命,在山东黄金"国际一流示范矿山"建设过程中的认知变化的基础上,介绍了山东黄金在实践过程中形成的认识论域。

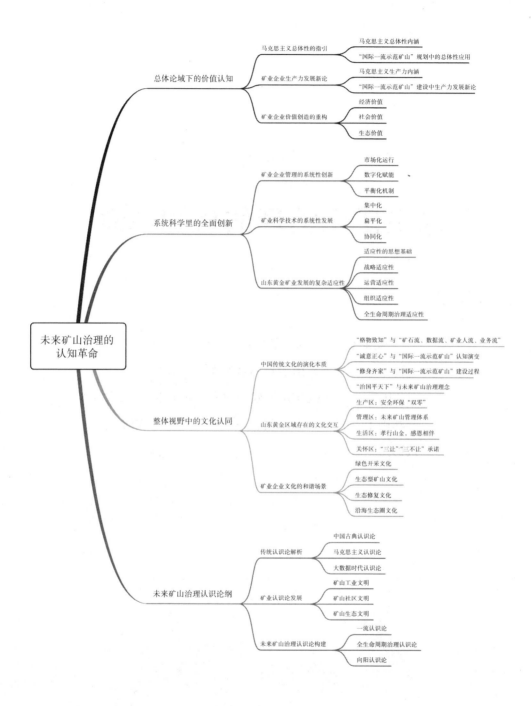

第5章 总体论域下的价值认知

数字时代，山东黄金根据对行业趋势的研判、未来发展方向的把握决定建设"国际一流示范矿山"。作为中国共产党领导的大型国企，在规划"国际一流示范矿山"建设方案的过程中，如何将马克思主义思想融入其中？怎样看待数字技术与矿业人之间的关系？对矿业企业价值创造进行重构后又指向什么方向？在回答这些问题的过程中，山东黄金"国际一流示范矿山"的总体论域下的价值认知已呼之欲出。

5.1 马克思主义总体性的指引

山东黄金在制定"十三五"规划、迈向世界一流企业的建设征程中，始终以马克思主义总体性思想为指引，历史地、能动地、整体地看待世界一流企业的建设问题。从世界一流企业的核心要素、建设原则到建设重点，山东黄金逐步明确世界一流企业的真谛。

总体性是马克思主义哲学内隐性的概念，也是马克思从黑格尔处汲取灵感后形成的思想"潜流"。总体性在西方哲学史中源远流长，从最早的古希腊哲学认为万物由"水""火""气"等组成,到亚里士多德提出"一个完整的总体,其中细节是如此机密地互相联系着,以致任何一部分的移动或取消都会肢解和破坏了总体",再到德国古典哲学所提出的"同一哲学",其本质上都是对总体性不同方面的阐释。黑格尔在历代哲学家的基础上最早对总体性做出了哲学层面的阐述,其内容包含逻辑学、自然科学与精神科学三个部分,并强调"绝对精神"在自身所构成的逻辑中衍生出万物,再回归自身以实现主客体的统一。黑格尔客观唯心主义的总体论,是纯粹意义上的范畴演绎,忽略了个体主观能动性在此过程中的积极作用;马克思主义将总体性视为辩证性的方法论,在实践的基础上完成主体与客体的统一,而且必须借助实践才能达到人与自然、人与社会、主体与客体的统一。

卢卡奇把总体性作为检验"正统马克思主义"的标准后,总体性成为马克思主义哲学研究的主体与核心之一。㊀他还指出"正统马克思主义并不意味着无批判地接受马克思的各种研究成果,它不是对这个或那个命题的信仰,也不是对'圣书'的注释,恰恰相反,正统仅仅是指方法。"㊁这个方法要求历史地、能动地、整体地,而不是机械式、片面化、静止性地看待问题;要求把组成事物的各个要素视为处于运动中的、相互作用的、差异化的、具有联系的整体,而不是将它们简单地归于没有差异性的诸多要素。可见,马克思主义总体性是一个历史性、生成性的概念,其中也隐含着历史的未来向度。

"西方马克思主义者"从总体性出发揭示了西方资本主义的"总体专政",他们认为资本主义的发展助推并造就了社会的全面异化,而这种异化不仅体现在经济方面,也表现在政治、文化、心理方面,进而影响生产方式、分配机制、劳动方式、消费方式、思维方式等,故而要实现社会主义不可能仅仅依靠经济变革与政治变革,必须在社会生活的全领域、个体层

㊀ 崔丽华. 论西方马克思主义哲学的总体性思想[J]. 延安大学学报:社会科学版, 2010, 32(5): 34-38.

㊁ 徐崇温. 西方马克思主义[M]. 天津: 天津人民出版社, 1982.

次掀起广泛而深刻的变革，进行"总体性革命"，以达到"总体社会主义"。但"西方马克思主义者"所认为的总体性将人的主体性置于理论和实践的首位，过分关注主观世界而忽略了客观世界，很难把握历史的未来向度。

中国在继承马克思主义哲学的基础上，结合自身实践走出一条中国特色社会主义道路，批判性继承和发扬了马克思主义关于总体性的论述，特别强调主体与客体在历史性的进程中发生联系并构建统一性，其包含社会时间与社会空间两个维度。前者将"此时""现在"作为发展过程中承上启下的一环或中间衔接部分，故而体现出历史总体观；后者则认为社会现象、社会问题、社会矛盾的出现、调和与解决并不能只关注其本身、个体与局部，而应该从社会的整体架构出发来理解其中的本质。中国的马克思主义者在工作中充分继承和发扬了马克思主义总体性的实践性、整体性和动态性，而山东黄金作为中国共产党领导的大型国企，在建设"国际一流示范矿山"的过程中以点带面，推进企业转型升级，彻底变革传统的生产运营模式，建设国际一流的本质安全、智能智慧、绿色生态、社区和谐、效益领先的现代化矿山，全面提升集团综合实力和国际化运营水平，打造全球领先的矿业集团公司，引领未来矿业发展，充分发挥了总体性的指引作用。

围绕如何打造世界一流企业、建设"国际一流示范矿山"，山东黄金进行了广泛而积极的探索，形成了包含世界一流企业的核心要素、建设原则、建设重点、实践路径在内的探索过程。

"世界一流企业"在发展过程中应具备"引领行业趋势、管理科学、突出的核心竞争力、受到社会广泛尊重、独特的管理思想与优秀的企业文化、超强的执行力"6个核心要素；建设过程还要符合"三三原则"，具体包括："三个领军"，在国际资源配置中占主导地位的领军企业、引领全球行业技术发展的领军企业、在全球产业发展中具有话语权和影响力的领军企业；"三个领先"，效率领先、效益领先、品质领先；"三个典范"，践行绿色发展理念的典范、履行社会责任的典范、全球知名品牌形象的典范。从山东黄金的解读中可以看出，打造世界一流企业是一项全面创新的系统性工作，在企业具体的建设过程中，应把握企业、行业发展的历史向度，将哲学层面的总体性落地到实践中。

在知道何为一流企业后，山东黄金提出在建设世界一流企业的过程中需要注重以下5点：

- 做实对标，先自上而下地明确差距，再自下而上地承诺业绩；
- 领导践行亲自带头变革、亲自参与方案制订、亲自参与建设调度的三个"亲自"，以实际行动推动运营转型；
- 重点突破，建立"模范工厂"，快速复制最佳做法，带动整体提升；
- 借助成熟的数字化技术，带动企业文化转型；
- 重视长期系统的建设。

据此，山东黄金确立了打造国际一流企业的具体内容（见图5-1），先打造示范矿山模板，再在集团层面推广将是最有效的方式。

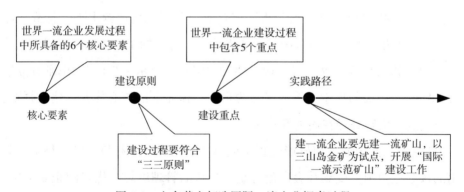

图 5-1　山东黄金打造国际一流企业探索过程

目前，矿山企业普遍面临着开采深度和经营成本逐年增加、矿业服务专业技术人才匮乏等问题，如何通过数字化、信息化、智能化建设来实现矿业的精细化管理、革新矿山生产运营模式成为亟待解决的问题。山东黄金原董事长陈玉民提出："对矿业企业而言，过去许多惯性思维和行之有效的做法已经不再适应时代和行业发展的需要。如何有效把握新时代的发展机遇，探寻更加有利于矿业振兴、实现矿业转型升级的新途径、新模式，是摆在矿业企业面前的一项重要课题"。山东黄金在实践的过程中始终贯彻"以点带面"的总体性思想，为了实现"争做国际一流，勇闯世界前十"的"十三五"战略目标，2017 年 8 月决定以三山岛金矿为试点，开展"国际一流示范矿山"建设工作，全面打造大型现代化黄金矿山。

根据山东黄金 2021 年发布的《国际一流示范矿山建设总结报告》，在山东黄金"本质安全、智能智慧、绿色生态、社区和谐、效益领先"五大发展理念的指引下，三山岛金矿结合自身的实际情况将此进一步细化为"123589"实施战略（见图 5-2）。在明确实施战略的基础上，三山岛金矿将"国际一流示范矿山"的建设工作进一步分解为三个实施步骤，包括：2018 年启动建设，开建首批项目；2019 年夯实基础，建设初见成效；2020 年全面推进，确保成效显著。

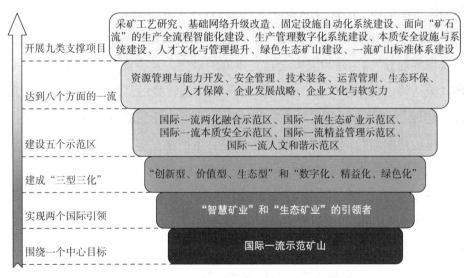

图 5-2 "123589"实施战略结构图

三年的建设过程中，三山岛金矿秉承"本质安全、智能智慧、绿色生态、社区和谐、效益领先"的五大总体性发展理念,做到经济效益与社会效益并举,每年产生的直接经济效益为 8327.92 万元;建成我国首个具有国际一流水平的金属矿山,摸索出一条以国产化技术为核心、以进口装备引进消化吸收再创新为助推的战略性产业价值重构新路径,为推动人工智能、5G、大数据等新一代信息技术与行业的深度融合发展起到良好的社会示范效应。

2021 年 3 月 19 日,在"山东黄金'国际一流示范矿山'建设成果验收评价会"上,专家组成员围绕《山东黄金"国际一流示范矿山"建设总结报告》进行了专业质询。在集团党委的领导下,高管层高屋建瓴、中层事业部积极协调、三山岛金矿一线积极推进、国际一流推广中心具体落实和执行,形成了智能矿山建设通用要求、一流示范矿山数据标准、生态矿山建设通用要求、生态矿山建设评价标准、"118N"标准化管理体系等一批可复制、可推广的建设标准,为"国际一流示范矿山"的建设开了先河,为后续建设提供了参考样板与可复制的模式。与会专家一致认为,山东黄金"国际一流示范矿山"的建设成果整体上达到国际领先水平。

山东黄金乘势而上,提出"十四五"建设目标——"致力全球领先,跻身世界前五",为建设具有全球竞争力的世界一流企业进行战略布局,并将"碳达峰、碳中和"作为黄金产业新旧动能转换的新发展契机,在山东黄金建设"国际一流示范矿山"的过程中,组织开展碳排放核查,全面摸清碳排放"家底",进一步提高矿山开采、生产加工等重要环节的绿色技术水平,确保在行业低碳发展的赛跑中抢占身位、赢得先机。

山东黄金在"国际一流示范矿山"的建设过程中以马克思主义的总体性思想为指引,抓住黄金矿山企业发展的根本——矿业为根,黄金是本,要想做成世界一流企业,必须先建世界一流矿山,并在山东黄金五大总体性发展理念——"本质安全、智能智慧、绿色生态、社区和谐、效益领先"的引导下,重点突破,全面推进,塑造中国共产党领导的大型国企中成功进行数字化转型的典范。

5.2 矿业企业生产力发展新论

生产力作为主导社会发展的根本力量，折射出科学技术在社会发展中的重要作用。人类从刀耕火种的原始社会、运用简单农耕工具的奴隶社会、以农耕工具为主的封建社会、资本推动科技发展的资本主义社会到共产主义社会的初级阶段社会主义社会，每一次社会的变革都伴随着科学技术的发展，尤其从近代英国的蒸汽机革命开始，历经电气革命、半导体革命、信息化革命的发展，5G、工业互联网、数字孪生、智能制造等科学技术的飞速发展使生产力呈几何级数增长。中国共产党人也深刻认识到新一代数字化技术的巨大潜力，以及在世界竞争格局中所发挥的作用。

马克思在《资本论》中认为生产力由多种情况决定，包括工人的平均熟练程度、科学的发展水平和它在工艺上应用的程度、生产过程的社会结合、生产资料的规模和效能以及自然条件。[一] 目前大多数中国学者认为生产力包括劳动者、劳动资料、劳动对象三个基本要素，其中劳动者处于核心位置并把劳动对象和劳动资料结合起来，而劳动工具又是劳动资料的典型代表。

在马克思、恩格斯创立唯物史观前，多数人认为由神、杰出英雄人物等主导着人类的发展与生存，伴随着科学技术的革命性发展，工业化时代随之而来，恩格斯在马克思对生产力的论述的基础上创造性提出："生产以及随生产而来的产品交换是一切社会制度的基础；在每个历史地出现的社会中，产品分配以及和它相伴随的社会之划分为阶级或等级，是由生产什么、怎样生产以及怎样交换产品来决定的。所以，一切社会变迁和政治变革的终极原因，不应当到人们的头脑中，到人们对永恒的真理和正义的日益增进的认识中去寻找，而应当到生产方式和交换方式的变更中去寻找；不应

[一] 马克思，恩格斯. 马克思恩格斯选集：第 2 卷 [M]. 中共中央马克思恩格斯列宁斯大林著作编译局，编译. 北京：人民出版社，1995.

当到有关时代的哲学中去寻找,而应当到有关时代的经济中去寻找。"[一]主宰人类社会发展的力量应在生产力与生产关系的矛盾运动中寻找答案,而生产关系也是一种客观的物质关系,且由生产力所决定。

山东黄金前瞻性地预见了数字化技术对生产力的提升作用,以矿业企业发展的根本——安全为基础推进"国际一流示范矿山"建设。在建设过程中坚持"人民至上,生命至上"的安全发展理念,让矿业人更加体面、生产更有效率,积极推进安全高效采矿工艺变革,持续推进"安全标准化",扎实推进"双重预防体系",优化应急管理机制,有效实施"机械化换人,自动化减人,智能化无人",提高本质安全水平和生产效率,从而极大地释放山东黄金的生产力,使其成为行业内的中国第一。

在以本质安全为基础的"国际一流示范矿山"建设过程中形成了智慧安全体系,对安全管理所覆盖的"人–机–环–管"等诸领域进行智能化、集成化管理体系建模与系统研发,在此基础上,以大数据平台数据治理体系为基础,深度利用大数据平台的数据集成、跨域融合等优势,通过数据深化应用、多维分析,将智慧管控融入安全管理日常业务,达到安全管控从事后分析到事前预防、从被动应对到主动防控、从单一要素到精细协同的安全管理智能化,实现"安全第一,预防为主,综合治理"的智慧安全体系目标。

智慧安全体系平台包括安全智能化应用体系、智慧安全分析与预警体系、安全大数据分析的实体化应用要求、BI 可视化开发应用及安全管控平台,投入运行后强化了安全生产责任落地,全面降低各类隐患事故,带来"国际一流示范矿山"的安全管控效能提升和管控成本下降,打造了集成化的本质安全管理,推动了矿山安全管理向信息化、数字化、智能化发展的转型。

[一] 马克思,恩格斯. 马克思恩格斯选集:第3卷 [M]. 中共中央马克思恩格斯列宁斯大林著作编译局,编译. 北京:人民出版社,1995.

依托大数据平台，山东黄金在"国际一流示范矿山"的建设过程中建立并形成了安全智能化应用体系，部署安全隐患大数据的清洗、转换、抽取等数据结构化操作，最后汇入数据湖，对安全隐患大数据分析系统进行框架、存储、模型以及功能设计，研发实现基于大数据平台的安全知识发现与智能化集成化展示体系，实现大数据分析功能的实体化与系统化，利用数据资产服务安全管理。

在具体的智慧管控应用场景中，实现人与数字化技术、大数据分析技术、数据的完美融合，以提升各方面的实力，具体如下：①人的不安全行为分析——在线考试应用及身份智能验证模型，结合矿山目前安全考试的管理难点和应用需求，基于在线考试应用和视觉识别核心技术，利用大数据平台优势，通过"人员"主数据串联，实现教育培训-在线考试-绩效考核多业务联动。②物的不安全状态分析——下井人车安全状态智能识别模型。以"车辆识别码"为中心点，建立基于西山分矿斜坡道闸机系统，面向下井人车安全状态的智能识别模型，强化下井人车安全管理，多角度综合分析下井人车安全状态，提高数据利用效率，针对问题车辆进行放行控制，在第一时间将信息推送给安全管理人员，杜绝车辆"带病作业"现象的发生。③环境的不安全因素分析——作业环境安全状况智能识别模型。利用大数据平台，打通智慧安全平台与自动化系统之间的信息壁垒，以"作业地点"主数据串联，通过大数据多维分析优势，综合分析作业环境的不安全因素，将可能存在风险隐患的作业地点信息及时推送给安全管理人员和带班长。

建成面向大数据分析的智慧安全分析与预警体系。以完成规范化、标准化入湖工作的安全大数据为基础，以数据跨域整合与集成应用的思路进行大数据分析建模，完成安全信息的规则挖掘与知识发现的建设任务。从面向不同维度的安全管理主题挖掘、安全风险的智能辨识、安全隐患的产生与分布规律、安全事件产生机理的知识挖掘等入手，形成以矿山安全管理的智能分析、辨识、挖掘以及知识发现为核心内容的智慧安全分析与预警体系，为安全风险识别、危险源分级、安全防控策略以及安全应急处置提供支持。

规范安全大数据分析的实体化应用要求。对安全主题大数据分析系统进行框架、存储、模型以及功能设计，利用系统工程思维和软件工程技术完成智慧安全分析与预警系统的原型研发，实现大数据分析功能的实体化与系统化。将安全大数据分析的实体化应用形成的各种分析图表和模型进行集成化展示，保证所建立的算法与模型可以提供实时化的分析服务，为矿山不同层级的安全管理提供有力的数据支撑。

建立矿山安全管理数据可视化界面，将数据分析模型引入BI可视化平台，形成以"业务主导"的自助服务分析模式和"业务用户为中心"的自助服务数据分析平台，保证所建立的算法与模型可以提供实时化的分析服务。数据可视化应用场景将海量数据抽取、组合，打造安全管理重点数据分析模型，并通过智慧安全大屏直观展示，为动态监管企业安全现状提供数据看板。

形成面向"人–机–环–管"集成的智慧安全管控平台。构建横向跨主题域和纵向跨安全业务对象的数据汇聚模式，充分发挥数据价值，利用数据为管理赋能，实现安全管理工作创新，将安全管理由"事后处理"前移为"事前预警"，有效降低了事故发生概率，为三山岛金矿安全管理提供更多数据感知维度和分析模型，实现了矿山全生产价值链的安全管控与方向指导，形成有管控、有考核、有落实的智慧安全管控平台。

以本质安全为基础的良好的发展态势让山东黄金具有获得公众信任的实力，在改善作业环境并推动机械化、智能化、智慧化的过程中践行让矿业人更加体面工作的长期承诺，充分体现出国企的担当与使命，彰显以安全为基础的矿业企业生产力发展新论。在建设"国际一流示范矿山"的过程中，以数字技术为支撑，全面落实"全安全管理–无缝式涵盖–问责式机制"，做到风险预测可视化、安全管理可控化、生产流程全涵盖、作业过程规范化、后续改进体系化。每一个流程的数字化转型都以"人民至上,生命至上"为前提,以矿业人的安全生产为保证,再凭借大型机械装备、数字化技术等生产工具进一步释放矿业人的生产力,始终保持对安全、对矿山、对生命的敬畏之心。

山东黄金以安全为核心的生产力提升过程也表明新时代企业管理的核心必将是人,数字化技术对生产力的巨大提升也必将与人结合才能发挥作用,而这一理解将随着建设"国际一流示范矿山"这一目标的深入推广焕发新的活力,也将推动山东黄金的发展迈向更高层次、更高水平。但对非矿业企业来说,它们的生产过程中安全隐患很小,或者并不涉及安全隐患,这样就应该从另一个角度去审视安全,即安全是矿业生产的核心与基础,而无论是什么行业、什么企业都应该有其生产的核心与基础。因此,面对数字化技术,企业应该把握生产运营过程中的核心,以实现数字化技术与人的完美融合,充分释放数据的价值,以提高生产力,这就是数字时代的生产力发展新论。

5.3 矿业企业价值创造的重构

山东黄金在"国际一流示范矿山"的建设过程中始终强调矿工要成为一种体面的工作,在实践中也率先将数字化技术用于建设安全智能化应用体系,预测、监控、解决生产过程中的风险与安全隐患。改变矿山企业的传统开采方式,逐步推进机械化换人、自动化减人、智能化无人,改变传统印象中对矿工"傻大黑粗"的认知,将矿工这种为了生存、生活不得不从事的工作转变为体面、有社会地位、有技术含量、高收入的工作,最终实现由"矿工"到"矿业人"的跨越。以"矿石流"为核心解构黄金开采过程中"地、测、采、选、冶"等关键环节中的核心步骤,以"数据流"打通生产过程中各个关键环节间的边界，实现数据在平台中的集成，从而形成"国际一流示范矿山"的开采过程中的"业务流"，逐步明确"国际一流示范矿山"的价值创造过程，总结成可推广、可复制的模式。

在三山岛金矿"国际一流示范矿山"的实践建设过程中，山东黄金充分发挥共产党人理论与实践相结合的传统，将马克思主义总体性思想创造性地与"国际一流示范矿山"建设的实际情况相结合，逐步形成总体论域下的价值创造同心圆（见图5-3），致力于将三山岛金矿打造成绿色生态型矿山、智慧创新型矿山、价值引领型矿山，并在建设过程中体现了显著的经济价值、社会价值与生态价值。

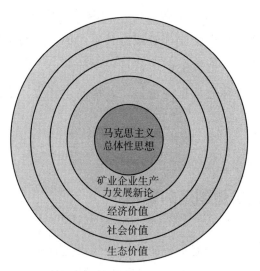

图 5-3　总体论域下的价值创造同心圆

5.3.1　经济价值

在推动"国际一流示范矿山"建设过程中，三山岛金矿通过"减人增效"和"提质增效"两个方面优化经济价值的创造过程，具体包括采矿新工艺推广、提升集控、排水自动化、变配电自动化、充填自动化、智能选厂、井下电机车无人驾驶系统与碎石机远程控制 8 大项目。2020 年，三山岛金矿在数字化转型过程中实现减少现场工作人员 334 人，直接产生 3800 万元的经济价值（见表 5-1）。

表 5-1　2020 年度三山岛金矿经济价值计算（减人增效）

序号	项目名称	减少人数	经济价值（万元）
1	采矿新工艺推广	80	880
2	提升集控	20	220
3	排水自动化	12	144
4	变配电自动化	70	840
5	充填自动化	4	48
6	智能选厂	54	540
7	井下电机车无人驾驶系统	68	816
8	碎石机远程控制	26	312
	合计	334	3 800

资料来源：山东黄金集团。

数字化技术的应用优化了黄金开采过程中的工艺、效率和方式，从而使每道工艺都比之前更加节省成本，效率和返金率（山东黄金在进行"国际一流示范矿山"建设时提出的概念，旨在测量"国际一流示范矿山"建设带来的效率改善）更高，从采矿流程方面优化经济价值创造过程。值得注意的是，变配电自动化不能直接对黄金生产过程的效率产生影响，以及碎石机远程控制项目在提质增效方面主要体现为节能减排工程，因而在此部分将"碎石机远程控制"改为"节能减排工程"。由此，2020 年度 7 大项目通过"提质增效"为三山岛金矿带来直接经济效益 15 404.68 万元（见表 5-2）。

表 5-2　2020 年度三山岛金矿经济价值计算（提质增效）

序号	项目名称	经济价值（万元）
1	采矿新工艺推广	6 381.96
2	提升集控	1 021.97
3	排水自动化	600.00
4	充填自动化	1 440.00
5	智能选厂	3 375.75
6	井下电机车无人驾驶系统	2 180.00
7	节能减排工程	405.00
	合计	15 404.68

资料来源：山东黄金集团。

围绕"减人增效"和"提质增效"，2020 年三山岛金矿在"国际一流示范矿山"建设过程中产生直接经济价值 19 204.68 万元，迈出建设价值引领型矿山的第一步。除直接经济价值外，三山岛金矿作为"国际一流示范矿山"试点建设单位也产生了巨大的间接经济价值。其所形成的关键技术、建设经验都将形成示范性成果，通过技术移植、方案复用等方式应用于其他矿山，尤其是大数据平台建成后，可为兄弟矿山、事业部和集团公司提供服务，降低了其他矿山的建设成本，同时也总结了一套可复制、可推广的建设标准和经验。其建设内容、研究思路、模型与方法等，在集团的成员矿山间乃至矿山行业具有良好的推广应用价值。

5.3.2　社会价值

山东黄金在"国际一流示范矿山"建设过程中，始终不忘作为一个国企的担当与社会责任，在总体论域下价值认知的指导下，也注重社会价值的释放。

安全生产方面，山东黄金建设了以地压监测系统为代表的安全生产支撑系统，开展了"双重预防体系"建设，实现了井下少人化甚至局部无人化作业，并系统性提升了三山岛金矿体系化采选装备的安全管理水平，大幅降低了人员、设备的安全事故风险，为构建安全矿山和和谐矿山奠定了基础。

人才培养方面，山东黄金形成了一支集滨海深部采矿工艺创新、矿山信息化技术攻关、作业智能化系统应用、极端工况下设备运行维护等专业人才于一体的协同创新团队，为三山岛金矿持续推进"国际一流示范矿山"建设提供结构合理的人才队伍，为山东黄金持续推动企业数字化转型和高质量发展注入新动能，也为有色金属行业实现与5G、大数据、工业互联网的深度融合培养复合型人才。

品牌打造方面，山东黄金提前一年实现市值过千亿、超预期完成利润指标、进入世界前十的战略目标，完成了A+H股上市，从资本市场和社会各界的反应来看，"国际一流示范矿山"建设不断释放潜在效益，发挥蝴蝶效应。

示范引领方面，三山岛金矿"国际一流示范矿山"建设为山东黄金集团下属矿业企业开展本质安全、智能智慧、绿色生态、社区和谐及效益领先的矿山建设积累了宝贵的经验，在规划设计、架构优化、装备选型、系统建设等方面给予集团内部企业重要支撑，尤其在生产数据贯通、技术资源共享和协同创新方面起到核心引领作用。

推动行业发展方面，三山岛金矿项目建成了我国首个具有国际一流水平的金属矿山，摸索出一条以国产化技术为核心、以进口装备引进、消化、吸收、再创新为助推的战略性产业价值重构新路径，为推动人工智能、5G、大数据等新一代信息技术与矿业行业的深度融合发展起到了良好的示范作用。

依托三山岛金矿"国际一流示范矿山"建设实践，工业和信息化部、国家发展和改革委员会及自然资源部三部委联合制定了智能矿山领域的首个建设指南《有色金属行业智能矿山建设指南（试行）》，该指南已于 2020 年 4 月正式印发实施，成为引领行业智能矿山建设的"方向盘""参考书"，为我国矿业行业的转型升级做出了卓越贡献。此外，"国际一流示范矿山"的建设实践和成果还支撑了多项国家标准、行业标准、团体标准的制定（见表 5-3）。

表 5-3　依托"国际一流示范矿山"建设实践所制定的标准概况

序号	标准性质	标准名称
1	国家标准	《信息化和工业化融合管理体系生产设备管理能力成熟度评价》
2	行业标准	《面向矿山领域的"5G+工业互联网"应用场景及技术要求》
3		《有色金属行业智能矿山通用技术要求》
4		《黄金生产行业的数字化车间通用要求》
5		《黄金生产行业的数字化车间互联互通要求》
6		《黄金生产行业的数字化车间采矿车间通用要求》
7		《黄金生产行业的数字化车间选矿车间通用要求》
8	团体标准	《金属非金属智能矿山建设标准》露天开采部分
9		《金属非金属智能矿山建设标准》地下开采部分
10		《金属非金属智能矿山建设标准》选矿部分

资料来源：三山岛金矿"国际一流示范矿山"建设总结。

5.3.3　生态价值

山东黄金在 2010 年就率先确定了"山东黄金，生态矿业"的发展定位，后续逐步树立"用心守护绿水青山，用爱造福地球家园"的环保理念，践行"绿水青山就是金山银山"的科学论断，其所属 30 座在产矿山全部进入国家级（25 座）或省级（5 座）绿色矿山名录；山东黄金在发展过程中特别注意与地方利益相关者的关系，如其所属的海南矿山是海南省唯一还在运营的金矿，这座矿山在建设的过程中严格遵守绿色矿山的建设标准，准确把握海南省国际旅游消费中心的定位，实现山东黄金与地方的和谐发展，共同进步。

山东黄金在三山岛金矿"国际一流示范矿山"的建设过程中，始终坚持经济价值、社会价值与生态价值并举，总结出一套基于数字化转型的生态矿山建设成果与经验，更加具体化、条目化地界定生态矿山建设规范、建设目标、建设内容，综合考虑矿区环境、资源开发方式、资源综合利用、节能减排、科技创新、企业管理与企业形象等生态矿山涵盖的范围与不同层面，形成了一套可以量化评价生态矿山建设水平的评价标准和评价方法，有效推进山东黄金生态矿山建设的高效性、全面性与一致性。其制定的生态矿山建设规范与要求可供其他矿山借鉴或直接推广应用，形成的评价标准可作为生态矿山建设完整性评价的参考依据。

总之，山东黄金以马克思主义总体性思想为指导，从集团建设世界一流企业、一流矿山的核心诉求出发，逐步明确何为一流企业、何为一流矿山，最终选择三山岛金矿作为"国际一流示范矿山"建设试点单位，以点带面，向整个集团推广。山东黄金在以"数据流"为核心、打通"矿石流"、实现"业务流"的过程中，逐渐实现生产数据标准化、业务数据系统化、数字孪生同步化、专业模型成长化，从而推动矿业的生产、运营、管理由传统的管理模式转向以数据为核心的治理模式。这种治理理念以矿业人的向阳性为核心，逐渐形成山东黄金渐成一体的未来矿山治理理念。

06
第6章

系统科学里的全面创新

传统管理将人物化为机器的一部分，在生产活动中将机器作为主体，而人需要配合机器进行劳动与生产。马克思曾明确提到科学技术可以大幅提升生产力，但只有与人结合才能创造价值。山东黄金在建设"国际一流示范矿山"的过程中，明确将"智能智慧"定义为一种手段，以矿业人为主体提升企业在数字时代的生产力。这种转变对企业管理造成了哪些冲击？形成了怎样的模式？所依托的实践基础是什么？同时，在利用数据的共性打破业务流程差异性的过程中，如何使企业适应数字时代复杂多变的环境？在回答上述问题的过程中，本文从系统科学的视角勾勒出山东黄金的全面创新图景。

6.1 矿业企业管理的系统性创新

弗雷德里克·泰勒提出的"管理科学"开启了一条通往管理的确定性、线性和简单系统性之路，并在管理研究的后续发展中衍生出较纯粹的物化、较不纯粹的物化及较纯粹的非物化三种类型的管理过程。[一]同时受西方原子还原思想的影响，对管理中的人在合理假定的情境下也做了简化处理，如工具人、经济人、社会人、理性人等假设，实现在复杂环境中的确定性管理。

在新一轮数字化浪潮的冲击下，企业已经不能与 VUCA 时代保持简单的确定性关系；随着管理者与被管理者综合素质的提升，已经不能将管理中的人视为简单的工具、只具有单一性追求的"简单人"，而应视为动态变化的"复杂人"。孙新波提出的人性善、人性恶、工具人、社会人等假设均是结果性假设，人性的根本假设是人性素假设，其为过程性假设。[二][三]过程性的人性素假设体现出人在管理中的动态权变，并根据不同的情境、工作、职位等表现出差异性，这也更加符合数字时代的企业管理特征。

数字时代的特征就是数据资产化，伴随着数字化技术与日常管理的深度融合，企业可时时扫描环境的动态变化并及时做出应对，故而以控制、线性、量化等为目标的传统管理已不再适合当前的管理情境。企业需要数据在其内部流转起来，增强自身的灵活性、敏捷性与韧性，充分释放数据创造价值的潜力，并与不确定性保持确定性关系，故而以共生、非线性、可视化等为核心的治理逐渐在数字时代受到众多企业的青睐。

山东黄金在"国际一流示范矿山"的建设过程中顺应数字时代要求，不断进行自我变革，依托工业互联网构建企业数据治理平台，以"数据集成总线、大数据和云计算"为基础，建成了金属矿山第一个私有云大数据中心，打造"一云一湖一平台"的大数据平台。通过使用边云协同解决方案，基于 ROMA 集成平台、智能边缘平台（IEF）、IoT 网关实现金矿内部

[一] 席酉民，韩巍. 管理研究的系统性再剖析 [J]. 管理科学学报，2002，5(6)：1-8.
[二] 孙新波. 基于东西方协同共在视角的人性素假设的建构及解析（上）[J]. 清华管理评论，2018(10)：38-42，44-46.
[三] 孙新波. 基于东西方协同共在视角的人性素假设的建构及解析（下）[J]. 清华管理评论，2018(11)：64-72.

生产系统、管理系统、安防系统等众多衍生的应用和数据全连接，并汇总到统一的大数据平台，将 IT 与 OT 充分融合，在云端通过大数据平台对各类生产安防数据、应用经营管理数据，进行数据清洗、转换、分析，并统一存储，通过一流矿山运营中心可视化运营展现。

在传统情境下，矿业人通常在地下几百乃至上千米的深处采矿，井下环境相对阴暗、潮湿，大多数时候还伴随着高温。在这样的劳动场景下，人自然而然地产生了对光和阳光的向往，这种向往是一种基于劳动基本属性而生成的内在需求，甚至可以用追求一词来描述。数字时代，新技术（AI、5G、数字化技术等）场景下的矿业人的内涵已经发生了翻天覆地的变化，矿业人不仅作为生产过程的主体参与价值创造的全过程，还作为治理的基础参与底层数据收集、分类与应用，如山东黄金在"国际一流示范矿山"建设中力求机械化换人、自动化减人、智能化无人，所建成的"一云一湖一平台"实现以"数据流"为核心对"矿石流"的全生命周期治理，打破传统业务间的壁垒，实现"业务流"在数据平台中的集控。

山东黄金依托数字化技术实现让矿业人尽可能在地面工作，建成安全智能化应用体系以充分保证井下作业人员的安全，并极大地改善了作业环境。而这一切背后的实践逻辑是组织中的所有人都应该得到认可和尊敬，都会追求向阳而生，都在追求阳光中平等存在，这种情况类似于向日葵的向阳性。国外一些一流矿业企业，如纽蒙特、巴里克等提出"让矿工晒半天太阳"，它们将交接班的时间设置在白天的中午 12 点，这是通过管理机制实现矿业人的向阳性；山东黄金则是利用数字化技术让矿工尽可能地在地面工作，这是通过科技的力量满足矿业人的向阳性。

在这种理念的指引下，三山岛金矿在"国际一流示范矿山"的建设过程中依托"一云一湖一平台"，围绕市场化运行、数字化赋能与平衡化机制，形成山东黄金独有的未来矿山治理理念（future mine governance idea，FMGI）（见图 6-1），进一步依托数字化技术推进"矿业人的工作是一种体面的劳动"这一目标的实现。

图 6-1　未来矿山治理理念

6.1.1　市场化运行

矿业人劳作的井下场景具有阴暗、潮湿的一面，恶劣的环境更容易引发对工作的不喜欢、厌恶等情绪，如何将恶性转化为善性和善行，如何持续向善是未来矿山治理理念必须直面的运行机制问题。丹娜·左哈尔在《量子领导者》一书中提到："VUCA 时代……企业需要新的量子管理思维，将每个员工看作特殊的能量球，放手让员工集体发挥创意，由下而上地为公司注入源源不断的动力。"

在"国际一流示范矿山"的建设过程中，山东黄金以市场化运行为核心，在智能制造设备、大数据分析技术、远程集控操作设备等的保障下，通过作业环境改善、安全有效保障、工资持续提升等方式，激发员工作为能量球的持续向善。在实践过程中也涌现出许多市场化运行案例。比如每年 9 月 9 日，山东黄金会给矿业人的父母发放 500 元左右的慰问金，以落实"孝道山金"这一理念。这种做法一是激发了矿业人关心父母、关爱家庭、关照工作的情怀；二是逐渐构建起"员工－家庭－企业"三方的共同体格局，进一步弘扬了优秀传统文化；三是正如三山岛金矿矿长所言，"子女不孝是父母昨日样子的今日再现"，这句话一语中的地指出问题所在，积极引导向善，这才是一家企业承担的促进社会和谐的大责任。

每个矿长的年薪与矿山的效益相联系，在合理的范围内给予效益好的矿山一定奖励。在访谈时山东黄金原董事长陈玉民谈道："矿长领导矿山干得多，矿山效益好，这座矿山整体也就挣得多。有人说矿长（的年薪）不能超过高层，这也没有错，我们要遵守规则，但在实践管理时我们不能被这些条条框框束缚。"

在市场化运行机制推动下，每个人的工资都不是一成不变的，这恰恰是"发展为了矿业人"的体现，其背后正是发展为了人民的战略。这跟"造物即造人""企业即育人"如出一辙，它已经超越了企业的经济属性，而上升为人类社会属性，激发了量子能量球的实践，这正是"国际一流示范矿山"建设给矿业人带来的成长和实惠。

6.1.2　数字化赋能

员工作为能量球，在市场化运行机制的激励下持续向善，但是如何能使之长期有效并形成长期主义呢？可以尝试从另一个角度去思考这一问题，即弗雷德里克·泰勒、爱德华·戴明、彼得·德鲁克等管理大师一直坚守的一个观点——"凡不能测量的皆不能管理"，"测量"在现代管理学的早期很难实现，但在处于数字时代的今天，借助大数据与数字化技术则完全可以实现，而"国际一流示范矿山"建设就正在实践着这一观点。

"国际一流示范矿山"试点单位三山岛金矿矿长也提到，"凡是不能被量化的皆不可被考核""一切指标，皆可量化"。在建设过程中，三山岛金矿非常重视底层数据的采集与标准化，所有机械化设备都可以进行数据采集，所有的数据都要汇集到大数据平台并进行清洗、转换、分析，以实现对"矿石流"的全生命周期可视化治理，实现对"业务流"中所有关键环节的目标化、指标化，从而以数据赋能激活矿业人在作业过程中的主观能动性。

三山岛金矿已经实现了远程集控采矿，矿业人在操作室里通过智能制造设备控制采矿机械作业，大数据平台上能实时显示凿岩台车的各项工作数据，如油耗、机械臂损耗、工作效率、设备运行的健康状况等，这些均会被记录在数据库中，通过分析还可以优化矿业人的操作流程，提升效率。

远程集控操作系统应用初期，多数矿业人操作不熟练，需要花费大量时间进行练习，共产党员发挥模范带头作用，主动承担操作机器的重任，根据系统的反馈不断修正自己的操作方式，并向其他员工传授经验，逐渐使所有矿业人认识到远程操控的好处，从而增强了内部凝聚力。

这样的做法开创了员工忠诚于党和人民的事业的局面，其中还有将党建与企业业务高度合一式运作的做法，逐渐达成了构建和谐社区和和谐社会的目标。利用数字化赋能将复杂人的管理转变成简单的数字化管理，正如太阳每天都普照大地和人类一样，阳光之下，每一个人都能公平地受到阳光的照耀，而是否选择接受阳光，怎样接受阳光，能接受多少阳光，则由自身决定，如海尔提出的"人人都是 CEO"，人人皆可成为 CEO，但是每个人首先要成为自己的 CEO。

6.1.3 平衡化机制

井下是偏阴性的，地上是偏阳性的，这两者的结合就是典型的"阴阳组合"，关键在于平衡，矿业人以长期的适应性劳作获得自身的平衡性存在感，在互联网时代之前始终如此。今天，这种局面发生了变化，"90 后""00 后"的年轻人大多数不再愿意主动选择和接受这种日复一日的井下劳动方式，不管他们的选择是正确还是错误，这是企业面临的现实，企业如何平衡并适应这种现实进而长期存在成了一个绕不过去的话题。

"国际一流示范矿山"试点单位已经部分实现了井下无人采矿，也实现了矿区大数据的可视化应用，矿业人可以在地表通过智能化手段操控地下的装备实现原来必须在井下才能完成的劳动作业，这既满足了未来矿业人的现实需求，也实现了"矿业人的工作是一种体面的劳动"的梦想。这是让梦想照进现实的法则，这种法则遵循的是"人干更有创意的事情，AI和机器干可控制的事情"，这是 AI 时代人机的一种互补。

山东黄金在"国际一流示范矿山"的建设中不断进行自我革新，摒弃传统的以采矿关键性流程为核心的管理过程，在探索中形成以"市场化运行（market operation，MO）、数字化赋能（digital empowerment，DE）、平衡化机制（balancing mechanism，BM）"为核心的未来矿山治理理念。这一理念用数学公式表达，可写成 FMGI 关于 MO、DE 和 BM 的函数：

$$FMGI = f(MO, DE, BM)$$

以公式的形式表示就可以将治理理念更加具象化，形成相应的指标，以促进未来矿山治理理念与大数据平台的充分融合，实现对传统管理的系统性创新。

全优生产保障管理体系（TOPS）就是山东黄金以 FMGI 函数为基础，在矿山现场管理中应用未来矿山治理理念的表现形式之一，以人 – 机精细化管理（设备管理）为主线，持续改进为常态的管理和技术有机融合的管理体系，分为基础模块、专业模块和精益提升模块三个方面。

基础模块包括通过定置化、可视化实现现场管理，通过员工能力提升、工匠导师机制实现矿业人综合素质提升，通过执行力、创造力、学习力、组织力、文化力、生产力建设国际通行的 TWI 六力班组。比如，在提升场景中，老员工与年轻员工两人为一组，老员工有丰富的经验，可以在现场指导年轻员工，帮助年轻员工快速成长；而年轻员工则对新事物接受较快，具有较强的创造力，能快速适应数字化设备对其工作变化所带来的冲击。两者组合不仅能相互弥补劣势，而且在操作数字化设备的过程中，能将老员工的经验逐渐数字化，通过大数据分析可反哺操作过程，提升员工的综合素质。

专业模块包括通过岗位自主保全、检修规范与故障管理实现岗位自主维护与三道防线建设机制；通过标准作业三票（标准作业组合票、标准作业票、工序能力表）制定、作业分解与标准作业工作指导实现作业标准制定与标准作业执行；通过选型优化、进油把关、储油规范、用油六定二洁三过滤一密封与污染控制、废油回收与康复实现科学润滑；通过点检八定一成管理、定点维修工作时间序列表的制定实现点检定修；通过ABC管理与相应对策的制定明晰维护和保障策略。

精益提升模块包括现场管理改善提升、标准作业改善提升、安全管理改善提升、设备改善提升、质量管控改善提升与成本控制改善提升6个方面。

山东黄金TOPS的三个模块与未来矿山治理理念的三个维度密切相关。一是基础模块，意在于现场管理中建立起市场化运行机制，充分激发员工的工作潜力；二是专业模块，意在指标化、标准化现在的管理过程，持续保障员工工作的积极性；三是精益提升模块，意在达到现场管理各方面的平衡，不断释放人机协同的潜力。

在山东黄金"国际一流示范矿山"的建设中，未来矿山治理理念与数字化技术总是如影随形，密不可分。蔡静雯等认为新技术的出现必然触发管理创新，管理创新使企业更好地适应新技术，并发掘新技术提升生产力的潜能。○在未来矿山治理理念的指导下，山东黄金形成了矿山大数据平台建设模式、数据资产化理念、数据治理标准体系，同时基于数据提升决策

○ 蔡静雯，赵曙明，赵宜萱. 全球投资、新技术与创新人力资源管理实践——第十届（2020年）企业跨国经营国际研讨会综述[J]. 改革，2021（4）：146-154.

能力，再造管理流程，提升管理水平，建立起全面的企业数字化治理体系。山东黄金依托大数据平台实现了对日常管理的治理化，对环境变化的扫描化，对矿业人追求的尊重化，并实现了对实践中管理场景的目标化、指标化，以大数据平台为核心实现未来矿山治理理念在实践中的全面落地。

实际上，未来矿山治理理念与数字化技术是相辅相成的。前者回答的是"道"层面的内容，即人都具有向阳性，通过市场化运行激发向阳性，通过数字化赋能维持向阳性，通过平衡化机制挖掘向阳性的潜力；后者回答的是"术"层面的内容，即未来矿山治理理念实现的基础就是数字化技术、数据、大数据平台等所构成的数据系统。两者相互促进、共同提升，一起服务于"国际一流示范矿山"建设。

6.2 矿业科学技术的系统性发展

山东黄金在"国际一流示范矿山"建设中始终坚持马克思主义总体性思想，认为智能智慧是手段，矿业人才是提升生产力的主体。在实际建设过程中，山东黄金充分发挥"开放、包容"的企业核心价值观，与华为、中国移动、北京矿冶研究总院等展开深度合作，为机械化矿山设备安上智能的"眼睛"、数据的"神经"、智慧的"大脑"，实现设备操作远程化、数据采集标准化、日常管理治理化，建成"一云一湖一平台"，实现矿业科学技术系统与数据系统的完美融合。

在实践中，以打通"数据流"为核心，实现对"矿石流"的全生命周期治理，对"业务流"的全生命周期协同。依托大数据平台在全矿范围内进行数据治理（见图6-2），对现有数据资产进行全面梳理，针对全矿地质、生产、安全、装备、人力、财务六大主题域开展了全面的数据治理工作，完成三山岛金矿数据湖建湖工作（完成336个核心业务对象、676条管理信息数据标准、24 000 项自动化控制信息数据标准、223 张逻辑实体表、600 个逻辑属性的数据治理），形成了一套完整的可复制、可输出的数据治理体系。

图 6-2 "国际一流示范矿山"三山岛金矿大数据平台

资料来源：山东黄金集团。

将矿山已有的各个业务数据进行横向和纵向打通，通过实时采集、海量存储、数据治理形成高质量、高标准的数据湖。数据湖汇聚了企业核心关键业务数据，形成了宝贵的数据资产，进而围绕数据资产进行广泛的价值挖掘，探索基于大数据平台的智慧应用。将数据湖里跨领域的物资耗用数据、设备管理数据、生产数据、工业自动化控制数据、变配电数据进行整合和汇聚，通过可视化工具，对金矿能耗综合状况、重点设备能耗、用电峰平谷、大宗物资消耗、设备单耗分析进行可视化展示、多维度分析，为运营决策提供数据支撑。自系统建成以来，先后开展了智慧物资管理、智慧党建、智慧安全、基于多网融合的斜坡道综合管理系统、智能应用等主题的数据挖掘与深度应用，实现了运营决策的智能化。

在"一云一湖一平台"的支撑下，山东黄金在"国际一流示范矿山"的建设中深化运营模式改革，在科学技术系统与数据系统深度融合的过程中打造高度集成化与智能化的生产运营模式，建成以"矿石流"为主线，面向"地质勘探—规划设计—生产计划—采矿设计—爆破作业—采场出矿—溜井放矿—机车运矿—卸载放矿—提升运矿—选矿回收—尾矿充填—尾矿排放—生态治理"全流程的生产运行智能化与集成化系统，实现了在综合调度中心对矿山生产过程的集中控制与综合实时调度，打造集中化、扁平化与协同化的矿山数据系统（mine data system，MDS）（见图6-3）。

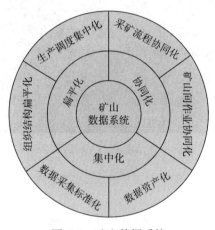

图 6-3　矿山数据系统

6.2.1　集中化（centralization，C）

山东黄金在建设"国际一流示范矿山"的过程中非常注重底层数据的采集、标准化以及各个业务环节之间协议与接口的共通，这样才能保证在矿山生产过程中所采集到的所有数据都可以有效地汇集到大数据平台，并实现清洗、转化、流通、储存，最终实现数据资产化。

数据只有在流动中才能创造价值，数据越多，所能释放出的潜在价值越大，故而企业在建设大数据平台的过程中必须实现数据的集中化。而这种集中化与传统组织结构中的集权化不同，集权化是为了方便管理者更加容易指挥、控制整个组织，集中化则是企业依托海量的数据形成智慧安全系统、智慧物资系统、智慧党建系统、智慧溜井系统、人工智能应用系统等模块，并将这些模块集成于大数据平台，再以数据打通各个模块，实现山东黄金由传统的业务模式向以"矿石流""数据流""业务流"驱动的现代化矿山治理模式转变。

山东黄金不仅打通了各个业务模块，实现了各个关键性业务环节数据在大数据平台上的高度集成，而且在建设"国际一流示范矿山"的过程中形成了可复制、可推广、可执行的数据集中化模式。在未来推广过程中，也可以向旗下其他矿山推广数据集中化模式，从而实现山东黄金所有矿山都在大数据平台上汇集。

山东黄金还计划打造科技示范区，以大数据平台为依托，实现所有矿山数据在示范区汇集，并通过更多数据的收集、清洗、分析与储存，实现跨矿山经验共享、运营优化、采矿流程提升、风险交互监控，从而充分运用"国际一流示范矿山"建设过程中所积累的经验，实现山东黄金所有矿山"全数据流"打通，"全矿石流"分类，"全业务流"优化，助力山东黄金打造"世界一流企业"。

6.2.2 扁平化（delayering，D）

山东黄金所建成的大数据平台推动企业层级组织结构逐渐扁平化，这种扁平化并非人为进行的组织变革，而是大数据平台驱动企业开创的组织变革。建立在数据系统上的组织扁平化并不单单是为了减少信息流通的渠道，增强组织在运行过程中的反应能力，更是为了充分释放数据的价值，增强组织与大数据平台的融合性。

传统的层级制结构为了使企业形成集权型的指挥、控制与协调系统，在组织内人为设计边界，并将同种类型的工作划归到同一部门，部门与部门之间只通过上级进行信息交换，部门间并不能进行信息流通。这种组织结构在企业初创期或外部环境相对稳定的情境下，能使企业快速成长，并给企业带来较好的经济效益。

大数据平台的建设使企业必须打破在组织中人为设计的各种边界，将企业开采、运营、日常管理等环节的所有数据都汇入大数据平台，以实现企业由传统的依据经验、预测等进行决策，向以数据分析为基础的科学决策过渡。

未来山东黄金可以借鉴纽蒙特的模式，将整个生产调度指挥中心都集中在总部，且从总部到每个矿山的时间要控制在一两个小时，矿山现场只管生产，整个治理模式的基础——人、财、物都由总部统一调度；也可以向国内的贵州锦丰矿业、青海大柴旦矿业等公司学习，逐步砍掉中间冗余的管理层，将节约的成本投入矿业人的福利建设中。

山东黄金可以借鉴上述经验，并以"矿石流"为核心，围绕"矿石流"构建"数据流"，以"数据流"打通"业务流"，从而实现山东黄金的扁平化管理。在整个集团内推行以大数据平台为基础的扁平化管理，将山东黄金打造成为真正的世界一流企业。

6.2.3　协同化（synergy，S）

数据平台本身具有开放性，山东黄金所建成的大数据平台已经实现三山岛金矿"数据流""矿石流""业务流"的全生命周期治理，并实现采矿过程中"地、测、采、选、冶"协同化运作，从而将传统的具有"黑箱"性质的采矿流程搬上大数据平台，实现采矿流程可视化、智能化、智慧化。

在"国际一流示范矿山"的建设过程中，协同化划分为两部分：一是以三山岛金矿为试点单位，实现采矿过程中各个业务流程的协同化，并进一步实现标准化，从而以大数据平台为支撑建设现代化智能智慧矿山；二是将"国际一流示范矿山"实现业务流程协同化的经验推广到其他矿山，使其他矿山也接入大数据平台，从而推动矿山与矿山之间实现协同化，为下一步建设综合性矿区奠定基础。

山东黄金所形成的矿山数据系统（MDS），也可以写成 MDS 关于 C、D 与 S 的函数：

$$MDS = f(C, D, S)$$

从而建立起集中化、扁平化、协同化与矿山数据系统间的联系，实现抽象的理念与大数据平台、数字化技术的完美融合。

以 MDS 函数为指导，山东黄金的智慧选矿系统会根据数字化平台实时显示的矿石运输的吨位模拟出生产过程、时间及需要的原材料，经过工程师检查，没有问题后启动选矿作业，选矿过程的动态变化数据会实时显示，并经过后台分析和处理后为管理、冶炼、尾矿回收等环节提供相应的数据，实现生产过程各个环节的实时协同化。

山东黄金在打造"国际一流示范矿山"的过程中，以数据系统为核心打造矿业技术系统，一方面建成"全面数字化管理体系"和"高度集成化的集控运营模式"，代表了国际一流矿业企业的现代化治理水平，在矿业领域向高度数字化、智能化、可视化、扁平化、协同化治理模式转变的进程中树立了典范；另一方面由于数据系统具有强大的数据捕获、清洗、分析和预测能力，故而能使企业及时发现并应对环境、管理、生产等过程中出现的各种变化与危机，逐步塑造适应性。

6.3　山东黄金矿业发展的复杂适应性

数字时代企业外部环境的 VUCA 程度将进一步加剧，传统管理的线性思维、寻求确定性及简化企业外部环境的做法已不再适应数字时代企业的发展。企业必须将自身视为一个复杂的系统，在与外部环境交互的过程中塑造适应性。

霍兰认为"适应性造就了复杂性"[一]，提出了复杂适应系统理论。该理论是一种揭示复杂性产生的机制和复杂系统进化动因的理论，以"复杂性源自适应性"为核心思想，以适应性主体为出发点，落脚于整体涌现，贯穿始终的则是主体聚集性、作用非线性、资源流性和主体多样性。[二]复杂适应系统中的主体能与环境以及其他主体进行交流，在这种交流的过程中学习或积累经验，不断调整自己的行为规则和策略，以求更好地适应环境选择的需要。各个底层主体通过交互交流，可以在整体层次上涌现出新的结构、现象和更复杂的行为特征，进而引起宏观层面的状态变化。

复杂适应系统理论弥补了传统的线性、简单还原的研究范式所造成的局限性，而将研究重点放在非线性、复杂系统的研究范畴。[三]山东黄金在"国际一流示范矿山"的建设过程中以马克思主义总体性思想为指引，创造性地将企业整体视为一个总体，以三山岛金矿为试点，以点带面推动整个企业的国际一流矿山实践。在建设的过程中，山东黄金充分发挥共产党人理论联系实际的优势，塑造适应性的思想基础；以大数据平台为依托，构建战略适应性；以数据为核心，驱动运营适应性；以数字化技术、数据分析与预测为基础，形成组织适应性；最终打造"矿石流""数据流""业务流"三流合一的全生命周期治理适应性（见图6-4）。

[一] 霍兰. 隐秩序：适应性造就复杂性[M]. 周晓牧，韩晖，译. 上海：上海科技教育出版社，2000.

[二] 郭伟，黄敏镁. 基于CAS理论的众筹运行机制分析[J]. 系统科学学报，2018，26（3）：51-55，61.

[三] 吕鸿江，程明，刘洪. 企业复杂适应性影响因素的实证研究：不同环境特征和战略选择的作用[J]. 科学学与科学技术管理，2012，33（5）：130-142.

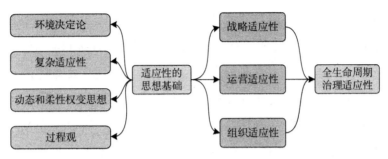

图 6-4　全生命周期治理适应性形成过程

6.3.1　适应性的思想基础

适应性研究的思想基础包括环境决定论、复杂适应性、东方的动态和柔性权变思想，以及东西方结合的过程观等，上述研究均只阐释了适应性的一个方面，而实践情境往往要比研究现象更为复杂，山东黄金在建设"国际一流示范矿山"的过程中，以未来矿山治理理念为核心全面打造适应性的思想基础。

环境决定论认为组织是受环境控制的，个人或机构通过对环境的重新建构、消除和定义来制定自己对组织的衡量标准，从而基于衡量标准进行决策，以此对企业的战略与组织结构进行一定的修正。[1]同时环境中的某些特征是非常重要的，它们中的一些很难被个人或组织控制，因此组织在进行战略决策与组织适应性变革时应该予以考虑。[2]山东黄金在建设"国际一流示范矿山"时，充分剖析和理解矿业行业的特征：本质安全是其最重要的方面，智能智慧可以有效提升企业生产过程中的安全性，绿色生态是企业应当承担的社会责任与历史使命，社区和谐是企业为矿业人创造良好工作环境并与地方共同发展的重要保障，效益领先是企业生存的基础。因此，

---

[1] CHILD. Organizational structure, environment and performance: the role of strategic choice[J]. Sociology, 1972, 6 (1): 1-22.

[2] PORTER. Competitive strategy[M]. New York: Free Press, 1980.

山东黄金在矿业行业环境特征的基础上，塑造"国际一流示范矿山"的适应性发展理念——本质安全、智能智慧、绿色生态、社区和谐与效益领先。

复杂系统认为企业本身就具有复杂性，其复杂性主要体现在丰富的互联性上，而对管理者来说在管理过程中如何有针对性地对不同互联对象采用不同的管理措施，是管理适应性的一个主要方面。[一]Astley 和 Van de Ven 认为，在研究复杂组织问题时应该采用决定论与唯意志论两者相结合的观点，这样可以探究它们之间的关系及关系的演化。[二]霍兰在前人研究的基础上提出复杂系统天生就和适应性有密不可分的联系。黄金开采本身就是一个漫长而复杂的过程，数字化转型涉及"矿山规划—采矿设计—排产计划—单体设计—爆破作业—采场出矿—溜井放矿—机车运矿—卸载放矿—提升运矿—选矿回收—尾矿充填—尾矿排放—生态治理"的全过程，要实现各个流程的数字化，并以"矿石流"为核心打通"数据流"，就必须将黄金开采及其衍生过程视为一个复杂系统。同时要充分理解矿业人在其中所起到的作用，注意到不同时代矿业人的具体诉求。而山东黄金在建设"国际一流示范矿山"的过程中已经找到了这一问题的答案，那就是未来矿山治理理念，即充分理解并尊重矿业人的向阳性。向阳性对复杂适应性产生的影响包含两个方面：一是辅以数字化技术充分激发矿业人的向阳性，让矿业人成为生产过程的主体，激发矿业人的主观能动性，使矿业人有时间、有意愿、有能力去适应变化、拥抱变化；二是推动管理者的认知发生变化，向阳性是矿业人自然而然的追求，充分理解并尊重矿业人的向阳性就可以释放出无穷的潜力，让矿业人认识到适应性的重要作用。

动态和柔性权变思想在《孙子兵法》中有明显的体现，同时《孙子兵法》还认可实力的重要性，"实力"与"兵形"体现以动态和辩证的思维对待实

[一] UHL-BIEN, ARENA. Complexity leadership: enabling people and organizations for adaptability[J]. Organizational Dynamics, 2017, 46（12）: 9-20.

[二] ASTLEY, VAN DE VEN. Central perspectives and debates in organization theory[J]. Administrative Science Quarterly, 1983, 28（2）: 245-273.

力,"形"与"势"体现中国传统文化思维的意向性,"因时而变、因势而变、因敌而变"等无不体现着主动求变。"道""天""地""将""法"五事将影响战略决策的几大重要因素做了归纳,认为应当先研究分析主要的因素,这实际上和战略管理中战略分析所涉及的要素是不谋而合的,而通过对这些因素的分析,企业可以构建更具适应性的战略,来适应内、外部环境的不断变化。㊀同时,《易经》中"变易""简易""不易"的"三易"思想也体现着柔性权变。㊁对企业管理者而言,首先要用"因地制宜、因时而变"的"变易"思维来改善经营管理;接着要用"诞生、发展、衰退、终结"的"不易"的发展规律来审视企业内部管理和外部环境变化;最终要用"化繁为简"的"简易"思维来实现"简单管理",达到优化企业管理的目的,从而抓住企业在数字化转型管理变革中的核心逻辑。㊂山东黄金抓住"国际一流示范矿山"建设的核心"矿石流",并通过打通"数据流"构建黄金生产过程中的"业务流",从而推动黄金生产过程的核心模块与时代发展趋势、社会历史使命、矿业人核心诉求相适应。

过程观研究适应性受东西方过程哲学的影响,怀特海认为"现实世界是一个过程,这个过程就是现实实有的过程",并且在这一个过程中每一个实际存在的事物都有自我造就的能力。怀特海的观点与中国传统文化中关于过程哲学的观点有很多相似之处,但中国传统文化中关于过程哲学的观点更关注整体性、动态性及变化过程中的平衡性。㊃㊄比如《大学》中关于"格物、致知、诚意、正心、修身、齐家、治国、平天下"的论述,阐释了一个人从内在德智修养到外在事业完成是一以贯之、不断发展的过程,而企业的发展也应该是内外相互协调的过程,这种协调性就是企业面对环境

㊀ 孙武.孙子兵法[M].刘智,译注.长春:吉林美术出版社,2015.
㊁ 胡玉奎.社会经济系统的结构变易研究[J].中国软科学,1988(4):13-16.
㊂ 曾庆佳.《易经》三易思维模型在企业管理中的运用[J].东方企业文化,2013(9):80-81.
㊃ 陈英敏,高峰强.过程、整体与和谐:后现代语境中过程哲学与中国传统文化的碰撞及启示[J].华东师范大学学报(教育科学版),2009,27(3):55-61.
㊄ 孙新波.企业实践与管理研究的思维观[J].管理学报,2018,15(8):1130-1132.

的不断变化所表现出的适应性。"国际一流示范矿山"的建设本身就是一个过程，在这个过程中山东黄金需要解决的核心问题有，如何适应员工对阳光的追求并激发其主观能动性，如何适应国家、社会、历史所赋予企业责任的动态性变化，如何适应数字时代对企业生产力提升的要求，解决这些问题是"国际一流示范矿山"建设取得成功的关键。

总之，山东黄金在"国际一流示范矿山"建设过程中，以矿业企业所处的环境为基础塑造山东黄金五大适应性发展理念；将黄金生产过程视为复杂系统以适应矿业人对阳光的追求；依托动态权变的柔性思想抓住一流矿山建设过程中的核心"矿石流"，打通"数据流"和"业务流"以适应数字时代对生产力提升的要求；黄金生产本身就是一个过程，且在这一过程中要充分适应所有参与主体。最后，根据以上思想在实践中的交互性，逐步形成全生命周期治理适应性，这一适应性也是企业对矿石进行全生命周期治理的前提和必要条件。

6.3.2 战略适应性

战略成功在于其适应性，战略的内容包括战略的各项要素以及战略与各要素之间的良好均衡状态的战略适应。战略适应的三个标准：一是以战略要素的现状为前提的适应；二是战略与各要素自身规律相适应，使企业能动地朝所期望的方向变化；三是企业在战略上要紧扣各要素的本质和变化，并使其成为推动企业发展的杠杆。Colins 等提出成功企业的战略在保持核心价值观稳定的前提下，随着环境不断的变化而变化，保持战略与环境相适应。[1]战略是在组织适应过程中与环境互动发展形成的。

山东黄金在"国际一流示范矿山"建设的前期做了充分准备，从集

○ COLINS, JERRY. Building your company's vision[J]. Harverd Business Review, 1996, 74（5）: 65-77.

团建设世界一流企业的最终目标出发,明晰何为世界一流企业;再将这一战略目标进一步定位于建设国际一流矿山,而山东黄金并没有建设国际一流矿山的经验,经过充分的思考和科学的论证后,决定以三山岛金矿为试点,以点带面推动"国际一流示范矿山"的建设,并在建设过程中制定了"123589"实施战略(见第5章)。而山东黄金在规划这一实施战略的过程中,充分体现出对时代、行业、黄金生产过程的适应性,如实施战略中的两个引领——"智慧矿业"和"生态矿业"的引领者,智慧矿业是为了适应科学技术对生产力的提升、矿业人对安全和工作环境的更高要求等;生态矿业则是为了适应采矿过程的无尾化、绿色化、无害化,矿业企业未来发展过程的多元化,矿山与地方相处的和谐化等。

6.3.3 运营适应性

运营适应性具体指借力于先进的技术手段或流程设计,创新运营管理模式,增强企业在价值创造过程中应对复杂冲突的能力,进而适应环境,和其他主体协调发展。㊀围绕着有关运营适应性方面的价值创新,在需求创造方面,企业可以通过大数据手段更加精准地了解需求,从随需而变到主动创造和挖掘需求以适应转变;在业务设计方面,企业不仅要为客户提供产品,更要基于智能设备、互联网、云计算等提供以数据为基础的服务,产品成为实现服务的载体,企业向提供数据、服务、产品包发展以适应转变。㊁在价值创造方面,企业从单一创造模式向多源创造模式发展以适应转变,消费者、供应商、批发商和零售商通过智能终端、在线平台、虚拟设

㊀ LOUKIS, KYRIAKOU. Contractual and relational governance, ICT skills and organization adaptations, and cloud computing benefits[C]. Hawaii International Conference on System Sciences, 2018.

㊁ MATT, HESS, Benlian A, et al. Digital transformation strategies[C]. Web Intelligence, 2015, 57(5): 339-343.

计环境等数字化平台共同参与到产品的设计、生产、仓储和销售等环节。[1] 在这样的背景下，传统的"供应商—生产商—批发商—零售商"垂直供应链的线性结构被颠覆，渠道运营逐渐呈现网络化、动态化、虚拟化的特点。[2] 运营适应性强调传统线性单向、分阶段的运营流程向多元交互、连续、实时、全局决策且允许信息反馈的多向非线性流程模式发展以适应转变。

山东黄金以"一云一湖一平台"为核心，构建其在黄金生产运营过程中的适应性，依托大数据平台中的ERP（企业资源计划）、MES（管控一体化系统）等信息化平台，实现管理的高度集成化、协同化、实时化和统一化，大幅提升决策的高效性和准确性，为生产运营提供可靠的支撑。信息化系统覆盖广，矿山生产各个环节基本实现信息化与自动化，建有统一的数据存储和管理系统，实现数据不落地，基本消除"数据孤岛"，保障数据的一致性和广泛的共享性，从而实现生产运营实时可控、动态可视和适应调整。

6.3.4 组织适应性

组织适应性的概念起源于权变理论，它强调组织通过在外部环境中了解客户、竞争对手和一般状况来捕获信号，进而通过过滤不相关信息做出调整性的决策。Drazin 和 Van De Ven 认为，一个组织要生存下来，其结构和过程应该符合其环境（如文化或技术），进而提出了"环境–结构–绩效"框架。[3] 然而，随着更多地强调动态性的研究视角的出现，基于静态性和反

---

[1] 孙新波，钱雨，张明超，等. 大数据驱动企业供应链敏捷性的实现机理研究 [J]. 管理世界，2019，35（9）：133-151，200.

[2] 陈剑，黄朔，刘运辉. 从赋能到使能—数字化环境下的企业运营管理 [J]. 管理世界，2020，36（2）：117-128.

[3] DRAZIN，VAN DE VEN. Alternative forms of fit in contingency theory[J]. Administrative Science Quarterly，1985，30（4）：514-539.

应性的适应性观点受到了普遍质疑。[1]学界开始关注组织与环境的动态交互作用，以组织学习理论为基础的组织适应能力成为组织适应性变革的关键。Staber 和 Sydow 提出了组织适应能力的三大核心标准：一是在需要废除旧程序并创建新程序的过程中拥有比环境变化更快的学习速度；二是准备尝试新的设计；三是发现并利用新兴市场和技术机会来开发和实施创新思想。[2]适应能力作为一种广义的组织能力，相继衍生出客户偏好响应能力、技术适应能力和管理系统适应能力等研究支流。[3]

山东黄金以大数据平台为依托，逐渐推动组织结构的扁平化，为了避免国企组织结构变革有难度的问题，采取间接性的方式进行组织结构变革，在建设"国际一流示范矿山"的过程中，根据"123589"实施战略的要求进行组织结构优化、流程制度体系梳理，进行岗位设计、任职资格与员工职业生涯规划、岗位评价、人力资源的薪酬体系设计，从而使一些岗位在大数据平台建设的过程中自然淘汰，岗位中的人员可自主选择更具潜力的岗位，减少组织冗余，并依托大数据平台塑造组织适应性。

6.3.5 全生命周期治理适应性

"全生命周期"是现代企业运营中的管理理念，它将管理对象视为一个动态、生长的生命体，力求确保整个体系在前期介入、中期应对、后期总结的过程中形成有机闭环，真正实现环环相扣、协同配合、高效运转，如在黄金开采过程中不仅要注意井下开采、运输提升、选矿研究等过程，还要注重围

---

[1] VENKATRAMAN, CAMILLUS. Exploring the concept of "fit" in strategic management[J]. Academy of Management Review, 1984, 9 (3): 513-525.
[2] STABER, SYDOW. Organizational adaptive capacity: A structuration perspective[J]. Journal of Management Inquiry, 2002, 11 (4): 408-424.
[3] HSU, KOVÁCS, KOCAK, et al. Experientially diverse customers and organizational adaptation in changing demand landscapes: a study of US cannabis markets, 2014–2016[J]. Strategic Management Journal, 2019, 40 (13): 2214-2241.

绕黄金开采所衍生出来的和黄金开采息息相关的一系列管理和服务。

山东黄金以"矿石流"为核心，将矿石视为有生命的个体，并以"数据流"为支点打通人为设计的各个业务环节的边界，畅通企业内的"业务流"，从而依托"一云一湖一平台"实现对黄金开采过程的全生命周期治理。而这种治理在数字化技术、数据分析技术的驱动下，可实现在治理过程中因黄金生产过程的实时动态变化、矿业人操作的差异、管理习惯的不同而进行即时调整，从而塑造全生命周期治理过程中的"矿业人流"。"矿业人流"是指以大数据平台中的数据为线索，在各个矿业人间实现隐性协同以完成黄金生产的全过程。"矿业人流"的形成突破了必须要熟悉的两个人才能进行上下环节对接的传统，实现业务间的有效协同，数据的共性已经突破了个体的差异性，两个环节的任意矿业人都可以进行有效的协同，而大数据平台则能根据不同矿业人的工作特点得出最佳组合的"矿业人流"，从而使以"矿石流"为核心的全生命周期治理过程表现出适应性。"矿业人流"将统领"矿石流""数据流""业务流"，进一步实现数字技术与矿业人的完美融合，在全生命周期治理适应性的基础上持续提升企业生产力。

总之，山东黄金在建设"国际一流示范矿山"的过程中注重理论与实际相结合的思想引领、关注战略执行时的动态变化、重视生产运营过程中的复杂情境、预见组织结构变革中的阻力与适切性，从而全方位地打造山东黄金的适应性，并将这种适应性嵌入全生命周期治理的过程中。

第7章 整体视野中的文化认同

中国传统文化绵延数千年，现在仍可以从中汲取智慧的思想、获得前进的灵感。山东黄金在发展过程中，无意识或有意识地应用了很多古人的智慧，尤其是在"国际一流示范矿山"的建设中，山东黄金始终坚持整体观的思想，而整体观从何而来，山东黄金在发展过程中又如何运用这种思想，并与现代企业管理进行深度融合，本章在尝试回答这些问题的基础上描绘整体视野中的文化认同。

7.1 中国传统文化的演化本质

山东黄金从2006年以来就将文化建设作为企业建设的重点，以集团团歌《不忘大地情》为起点，先后提出安全环保"双零"目标，以及"安全是天、国泰民安""安全是最大的关怀、安全是最大的利益""人人讲安全、处处要安全"等安全文化理念，"十一五"期间用于安全改造的资金达5.1亿元，2011年《求是》第18期更是刊登了《让劳动者体面劳动尊严生活》的文章，全面报道了山东黄金的企业文化、做法和经验。"十二五"期间以

"山东黄金，生态矿山"为核心，提出"每新建一个矿山，新栽一万棵树""把绿色文明种进每一个矿区"等，让绿色成为矿山的未来。山东黄金扎根实践，不断丰富自身的企业文化。"十三五"期间形成了包含企业精神、核心价值观、理想目标、品牌形象、企业宗旨等在内的多维度、立体化的企业文化。

山东黄金在形成自身企业文化的过程中也深受山东省厚重的传统文化的影响，尤其是儒家文化。如山东黄金的企业精神——追求卓越，创新进取，与《周易》中的"天行健，君子以自强不息；地势坤，君子以厚德载物"有异曲同工之妙；山东黄金的理想目标——让尽可能多的个人和尽可能大的范围因山东黄金集团的存在而受益，与《孟子》中的"得志，与民由之"所阐述的意思极其相近。在山东黄金的企业文化中，这样的例子不胜枚举。

在总结山东黄金"国际一流示范矿山"的建设过程时，我们发现山东黄金就像每一个中国人一样，都有着"格物、致知、诚意、正心、修身、齐家、治国、平天下"的情怀。就如《道德经》中所言："治大国，若烹小鲜。"治理国家、治理企业、治理家庭、治理个人均有其相似之处。

《大学》中的八目阐述了个人培养道德和立身治世的八个步骤。其中格物要求人们亲历其事，亲操其物，即物穷理，增长见识；致知是为求真知，从究察事物之理中，探明本心之知；诚意是要意念诚实；正心是要除去各种不安的情绪，不为物欲所蔽，保持心灵的安静；修身是要不断提高自己的品德修养，消除偏见；齐家是要保持家庭氛围的和谐，孝敬父母，举案齐眉，教育子女，整治好自己的家庭；治国是要为政以德，实行德治，布仁政于国中；平天下是要布仁政于天下，使天下太平。

山东黄金以"格物致知"为核心，将生产一线的关键性环节与智能化设备、大数据平台、数据充分融合与抽象，形成"矿石流""数据流""矿业人流""业务流"；在实践过程中以"诚意正心"为核心，尊重客观环境的变化，在持续学习中不断更新自身认知；在建设过程中以"修身齐家"为核心，坚持自身内修，提升"国际一流示范矿山"建设所需要的各种能力；在管理方面以"治国平天下"为核心，边实践边总结，将"国际一流示范矿山"的治理理念总结成未来矿山治理理念，并向其他矿山、领域渗透。最终以传统文化的整体观为基础，形成山东黄金国际一流矿山文化，指导未来从全集团层面推进世界一流矿山、世界一流企业的建设，积极承担起国企的责任与担当，努力向世界贡献中国矿山治理方案，传递中国矿业企业治理的声音。

7.1.1 "格物致知"与"矿石流、数据流、矿业人流、业务流"

格物中的"物"含义非常广泛，至少包括自然物、事物和书本三个方面。无论从事怎样的工作，我们总是身处自然环境之中，只有了解自然、尊重自然、敬畏自然，才能在实践中把握客观自然规律，游刃有余地开展各项工作；事物是人类通过思想认识产生的多种多样的两个对立部分组成的对立统一体，企业实践中的各种生产活动、管理活动等都是事物的子集；读书也是儒家所强调的，读书能在短时间内获取前人用漫长时间积累的大量智慧，迅速领悟深刻的道理，故而读书从某种程度上来说也是认识自然物和事物的过程。

致知包含两点：一是挖掘潜力，人在格物即接触外物时，主体认识能力发挥得如何，对格物的效果有非常大的影响；二是自觉意识到自己的善根，激活善根，一方面需要其他人对自身的不断肯定，另一方面也需要自己的主动性，即在学习的过程中与道德相衔接，正如孔子所言："弟子入则孝，出则弟，谨而信，泛爱众，而亲仁。行有余力，则以学文。"

山东黄金在建设"国际一流示范矿山"时，深入实践，抓住黄金生产过程中的核心——"矿石流"；围绕其深入解读黄金所处的自然环境、生产环境、管理环境等，依托机械化设备、数字化技术、标准化数据采集过程，实现各个生产环节数据的清洗、分析和储存，从而构建"国际一流示范矿山"的"数据流"；利用数据的共性打破传统黄金生产过程中人为设计的边界，塑造关键性业务环节中的任意两个人均可实现有效协同的"矿业人流"；最终构建起黄金生产过程中的"业务流"。"矿石流""数据流""矿业人流"与"业务流"是山东黄金充分发挥格物致知的实践性、学习性精神，推动黄金企业与智能化采矿设备、数字化技术、数据等深度融合的核心要素，也是未来进行"国际一流示范矿山"推广的"牛鼻子"。同时山东黄金"国际一流示范矿山"的实践也告诉人们，丰富的知识必须与实践相结合才能转化为生产力。

7.1.2 "诚意正心"与"国际一流示范矿山"认知演变

诚意是指意念实实在在，无一丝一毫的虚假，无一丝一毫的自欺。诚意的形成和培养分为两个方面：一是个体要充分发挥自身的主观能动性，认识到诚意对自身未来发展的重要性；二是深入实践，在实践中践行诚意，认识到诚意是自身不断前进的持续性动力。诚意的内涵由立身、责己和慎独三部分构成，立身是指自己对自己负责，要从自身寻找原因，并不断提升自己；责己体现为不要急于责怪别人，要严于律己，换位思考，充分理解事情发生的原因；慎独就是保持不自欺，"慎"是严格要求，"独"是针对自己，即自己严格要求自己，不管周围有人与否。

正心就是端正自己的内心，克服情绪对理智的干扰。人是感性与理性相结合的动物，在实践中经常受到情绪的干扰，不能做出正确的判断和选择。正心要求我们在经历每件事时，尽量减少情绪对自身的影响，基于实际情况和自身的知识做出最符合事物发展趋势的决定。

做企业一如做人，山东黄金在建设"国际一流示范矿山"过程中，实实在在评估自身实力，不自欺；努力克服各种干扰，依据山东黄金各个矿山的客观状况，选择最合适的试点建设单位。山东黄金对"国际一流示范矿山"的认知也经历了从最初的国际一流矿山就是世界第一，到国际一流矿山不一定是世界第一，但一定是符合"本质安全、智能智慧、绿色生态、社区和谐与效益领先"理念的矿山。实践证明山东黄金以"诚意正心"为核心，因地、因时、因势制宜地改变对"国际一流示范矿山"的认知，在实践中不断学习、不断成长、不断修正是非常正确的。

7.1.3 "修身齐家"与"国际一流示范矿山"建设过程

修身是不断检验自己的身心，用高尚的道德情操去除掉思想中的杂质，端正自己的道德品质；要消除偏见，全面地看问题；要设身处地地为他人着想，要采用换位的视角，减少偏见。儒家的修身具有实践性，只有自身的道德修养达到一定程度，才能由自身推及家庭，达到家庭的和谐。而这在山东黄金体现为，只有"国际一流示范矿山"建设得足够好、足够优秀，才能走出三山岛金矿推广到整个山东黄金集团；山东黄金的一流矿山建设得足够好，才能走出山东黄金，引领中国有色金属行业迈向国际一流，进而引领世界矿业企业的发展，这就是山东黄金的以点带面推动"国际一流示范矿山"的总体性布局。

齐家就是要保证家庭和谐，树立良好的家风。《孟子》有言："天下之本在国，国之本在家，家之本在身。"这不仅体现修身的重要性，也体现家是修身与治国、平天下间的重要纽带。这是中国人的家国情怀。如果说每个矿山自身的发展是"修身"，那"齐家"就是从自身走向"家庭"，达成山东黄金各个矿山的协同发展，把所有矿山都建成世界一流矿山，要实现整体性的和谐发展，这样才能推动山东黄金成为世界一流企业。

7.1.4 "治国平天下"与未来矿山治理理念

治国平天下是儒家八目中的最高追求与理想，在自身能力与道德水平达到一定高度后，就要承担起一定的社会责任、国家情怀、民族使命，如北宋大儒张载"为天地立心、为生民立命、为往圣继绝学、为万世开太平"的豪言壮语。对山东黄金这样的大型国企来说，不能仅仅聚焦于自身发展，在不断提升自身实力、迈向国际一流的过程中，更应该注重社会效益的辐射。

采矿设备智能化、作业流程数字化、现场管理可视化等使山东黄金"国际一流示范矿山"建设在"硬件"方面达到一流水平，而设备、工艺、流程等方面的改变必然会使企业的管理思想发生变化，山东黄金在边实践边总结的过程中形成了以山东黄金五大发展理念为基础，包含市场化运行、数字化赋能与平衡化机制的未来矿山治理理念。

这一理念的核心是充分尊重矿业人的向阳性。数字化技术只有与人相结合才能发挥其提升生产力的作用，在"国际一流示范矿山"建设中，开采一线的矿业人数量将极大减少，每个矿业人在生产环节所发挥的作用也将至关重要，以"矿业人"为核心的治理理念显然更加符合企业未来的发展趋势，这也与孙新波等所提出的"未来管理必然以人为核心"有异曲同工之妙。

采矿设备、技术应用方面的差距可以通过资金投入快速赶上，但思想观念、治理模式、治理理念等软实力的差距并非一朝一夕可以解决。山东黄金无疑走在了矿业企业的前列、走在了时代的前列，在实践中提炼出数字时代国际一流企业建设和发展的核心是人，只有将每个人视为一个能量球，充分激发其主观能动性，才能使各种智能化设备在生产过程中充分发挥其价值。这就是未来矿山治理理念在生产实践中的作用，是山东黄金在建设"国际一流示范矿山"中所形成的最宝贵的思想财富，也是山东黄金在未来能输出的中国模式、中国理念。

"儒家八目"本身就是一个整体，因为每个个体都存在于客观环境之中、家庭之中、国家之中，其所传达的是应该按照怎样的方式成为一个优秀的人，做企业一如做人，这种客观规律映射到企业中就是如上所述的山东黄金"国际一流示范矿山"建设中的文化演变。这种文化不仅要求企业脚踏实地、深入一线实践，而且提醒企业应该承担起时代、国家所赋予的历史使命。

山东黄金在实践中推动机械化装备、数字化技术与黄金生产过程的全面融合，并形成治理国际一流矿山的理念——未来矿山治理理念。在这种治理理念下，企业创造价值的核心就是矿业人，"国际一流示范矿山"的建设就是要为矿业人创造安全的生产环境、良好的工作体验、个性化的工作流程等，从而使矿业人的工作成为一种体面的工作。

7.2　山东黄金区域存在的文化交互

山东黄金原董事长陈玉民提到："我们也有很多管理体系，比如我们的孝文化，这也是我们山东黄金的典型特点。"20世纪90年代，山东黄金甘肃矿山有一位员工父母双亡，从小与奶奶相依为命，出嫁时有一个要求就是必须带着奶奶，当时企业也帮助这位员工积极协调，最终她嫁给了山东黄金的另一名员工，婚后他们一直与奶奶生活在一起，这只是山东黄金孝文化的一个缩影。山东黄金每年还会派管理层去有相似情况的矿业人家里慰问，这不仅能拉近管理层与员工之间的距离，更可以让员工感受到自己身处在一个有温度的企业，从而激发员工内在的孝心，释放员工的工作积极性。

山东黄金将孝文化写进了自己的企业文化。中国人始终认为孝是做人的基础、道德的根基,也是社会稳定与发展的精神动力。《孝经》中指出:"夫孝,德之本也。"山东黄金充分激发"孝"的潜力,挖掘矿业人在生产过程中人性的向"善"面。孝文化仅是山东黄金企业文化的冰山一角,山东黄金的生产区、管理区、生活区、关怀区都分别凸显出不同方面的企业文化,它们共同构成山东黄金的企业文化,并在不同"区"文化的交互作用下,推动企业文化的成长、矿业人认同感的提升,从而在"国际一流示范矿山"建设的过程中开创未来矿山治理理念。

7.2.1 生产区:安全环保"双零"

矿业企业的生产过程充满着风险性、不确定性,随着采矿设备的机械化、数字化、智能化、智慧化,原本的作业条件已经得到了极大改善。然而当今矿业企业依然面临着井下环境复杂恶劣,生产人员安全意识不足,企业安全管理不到位等诸多实际问题;同时安全形势紧迫,安全环保标准、建设规模和绿色发展要求不断提高。

山东黄金在建设"国际一流示范矿山"时制定了安全环保"双零"指标,包括千人负伤率降低到2‰以下,力争建成安全生产标准化一级企业;从源头减少废水产生,充分利用矿井水、循环利用选矿水,选矿废水重复利用率达到100%,建成"花园式"矿山,矿区绿化覆盖率达到可绿化面积的100%,实现矿区环境天蓝、地绿、水净。

现代矿业的发展,以对历史、国家、社会和生命负责为价值追求,山东黄金的安全环保"双零"目标,彰显了企业对生命、对自然环境、对矿产资源的敬畏之心。矿业企业应始终坚持安全、绿色和科学发展,居安思危,防患未然,全力铸就本质安全,采矿机械设备和数字化技术只有与矿业人相结合才能充分释放生产力,从而推动企业生产力几何倍增。对矿业人来说没有什么比安全更加重要,对企业来说如果发生安全事故,定会影响其采矿和生产过程，甚至面临长时间的停产整顿，难以复工复产。因此，以安全"零"事故目标为核心提升生产力，不仅符合矿业人的根本利益，而且能优化企业的价值创造过程与形式，符合矿业企业未来发展趋势。

随着 2015 年 1 月 1 日新版《中华人民共和国环境保护法》①正式施行，环保在矿业企业发展中的地位更加重要，2020 年提出的"碳达峰、碳中和"又进一步具体化了企业在环保方面的相关指标。山东黄金以环保"零"污染为核心，健全生态环保机制、完善尾矿及工业废水排放指标、提高土地复垦与生态修复水平等。同时山东黄金积极开展环保培训活动，培养员工环保意识和责任；全方位推进绿色办公，及时优化灯具、空调等电器的运行，采购节能、节水、节材产品，鼓励员工绿色出行，并从日常办公入手，全面推广应用"钉钉"办公软件，目前大部分办公流程均已实现无纸化。每年以三月植树节、"六五"世界环境日、节能宣传周、全国低碳日等为契机，广泛开展植树造林、播种草籽、环保宣传等多种多样的环保公益活动，增强员工的环保意识、生态意识。

山东黄金在"国际一流示范矿山"建设过程中，从生产、管理、矿业人素质、办公过程等角度全方位塑造生产区的安全环保"双零"指标，为企业利用智能化设备、数字化技术、大数据平台等提升生产力提供坚实的基础。

7.2.2 管理区：未来矿山管理体系

山东黄金在"国际一流示范矿山"建设中形成了由市场化运行、数字化赋能与平衡化机制构成的未来矿山治理理念，以充分激发和满足矿业人的向阳性为核心。实践中，山东黄金围绕着未来矿山治理理念的三大维度，

---

① 《中华人民共和国环境保护法》由中华人民共和国第十二届全国人民代表大会常务委员会第八次会议于 2014 年 4 月 24 日修订通过。

衍生出未来矿山管理体系，将治理理念具象化为生产、数据管理、安防、运维和数据治理五大系统（见图7-1）。

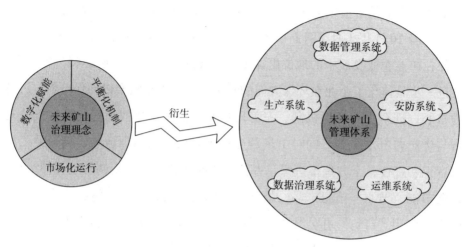

图7-1 未来矿山治理理念与未来矿山管理体系关系解构

山东黄金在矿山感知层面、管控层面、决策层面深度融合物联网、云计算、大数据、人工智能、5G等新一代信息通信技术与先进制造技术，对凿岩、通风、出矿、运输、提升、供配电、选矿、充填等各个矿山生产关键工艺进行技术创新，改善现场作业环境和条件、提高生产效率，建成面向"矿石流"的智能生产系统，初步实现全流程少人、无人化的本质安全管理，推动矿山转变为依托工业大数据进行智能决策的智慧型矿山。

山东黄金以"数据流"和"业务流"为主线，形成了涵盖黄金生产全流程的数据管理系统。数据管理系统主要包括井下作业场景、运输提升场景、智能选矿场景、尾矿修复场景、行政服务场景管理。数据管理系统的上线颠覆了传统的管理模式，逐步形成以生产、安防、运维所产生的数据为基础，经过数据管理系统处理后进行智能化决策与管理，在管理过程中更加强调"在场性"、及时性、可视化与适应性。

安防系统与生产系统、数据管理系统联系密切，生产和数据管理过程中会产生多种类型的安防数据，安防系统要对这些数据进行标准化的处理、清洗和分析，并汇入大数据平台保障生产系统正常运行，优化数据管理系统的不足。安防系统也是矿山正常运行的基础，其不仅可以通过对历史数据的分析，预测不同矿山发生哪种安全事故的概率较高，而且可以对不同矿业人的操作习惯进行分析，优化矿业人的操作流程，减少安全事故发生的概率。

运维系统是一种预警机制，它改变了设备建设、养护和维修的方式。传统情境下，只能对设备进行周期性维护以保障其正常运转，一旦任何一部设备出现问题，只有其罢工了才能知道，这既会危及一线工人的人身安全，也会严重影响工厂的生产效率。运维系统则可以通过设备的运行时长、养护周期、运行效率、内部运行状况等监测设备的健康状况，并在设备出现大故障之前及时预警，通知维修人员及时处理。

生产、数据管理、安防、运维四大系统中的数据反映了企业生产运营过程中的不同方面，虽然都汇入大数据平台，但它们彼此孤立，不能充分挖掘其中所蕴藏的价值。山东黄金将这些数据进行重新清洗，并按照地质、生产、安全、装备、人力、财务六大模块对数据进行分析和储存，形成完备的数据治理底层逻辑，实现对黄金生产全过程在虚拟世界进行数字孪生，充分挖掘数据中所蕴藏的价值。

未来矿山管理体系为传统管理中线性联结的各个职能模块中的每一模块都设置了标准化的接口，以便与其他模块相联结，模块之间的关系也不是人为约束或缔造的，而是以数据治理为核心搭建基础架构并进行联结，从而将人从纷繁复杂的劳动中解放出来，转而关注最核心、最具创造性的工作，从而激发和满足人对向阳性的追求。

7.2.3 生活区：孝行山金，感恩相伴

生活与工作总是密不可分的，正如儒家八目所指出的："欲治其国者，

先齐其家。"同样，企业想要矿业人全身心地投入工作，家庭和睦是非常重要的一环，而孝则是中国人保持家庭和睦的基础，故而山东黄金在发展过程中极力倡导孝文化，大力倡导"行孝道、讲亲情、能包容、知感恩"。

"国际一流示范矿山"的建设也是企业践行孝文化的过程。山东黄金极大地提升了矿业人生产过程的安全性、作业环境的舒适性、安全风险的可控性等，从而减少了矿业人受伤和发生事故的可能性，帮助矿业人来践行其对家中长辈的孝道。

当矿业人、矿业人的家庭对其所从事的工作满意，并认为矿业人的工作会受到尊重时，他们也会积极地支持矿业人的工作，同时也会感恩企业的付出，这就是山东黄金所塑造的孝文化的真正力量，也是企业与矿业人之间所建立的情感纽带。

7.2.4 关怀区："三让""三不让"承诺

山东黄金还创新性地塑造了企业文化中的关怀区，从而在生产区、管理区、生活区三者间进行有效衔接。山东黄金关怀区的文化为"三让""三不让"承诺，其中"三让"是指让员工收入与企业效益同步增长、让员工拥有更加广阔的成长空间以及让员工的工作条件更加安全舒心；"三不让"是指不让员工家庭生活在当地贫困线以下、不让员工看不起病以及不让员工子女上不起学。

山东黄金在构建"三让"承诺的过程中，不断完善激励机制，让员工的创造更有价值，激发正能量；搭建发展平台，让员工的成长得到最大限度提升，实现自己的人生追求；优化工作条件，让员工的身心更安全、更健康，从而使员工在工作中感受到自身价值，在家庭中感受到公司的呵护，激发员工的工作潜力。

"三不让"承诺则是山东黄金注重发展民生、关爱弱势群体的不变誓言与贯彻落实"精准扶贫"政策的生动实践,把关怀理念真正落到实处,让每一名山东黄金人没有后顾之忧,共享发展成果。这体现出山东黄金的责任与担当,不仅要关注自己的员工、自己员工的家庭,同时也要关注山东黄金员工对社会的影响、员工的辐射效应,以及自身所释放的社会效应。在关怀区的作用下,山东黄金与其员工是一个整体,山东黄金、矿业人、矿业人家庭达到和谐统一。

山东黄金在不同区域形成了不同的文化,但它们相互之间的联系非常紧密,并共同指向山东黄金最核心的企业文化,即山东黄金的核心价值观——开放、包容、忠诚、责任。山东黄金的核心价值观就如企业文化的源头,所有的企业文化都以此为根本,"四区"文化就如企业文化的支流,根据企业的不同实践衍生出具体的文化(见图7-2),如"国际一流示范矿山"建设过程中的未来矿山文化,充分尊重矿业人的向阳性;又如山东黄金人才理念中的举贤任能等。

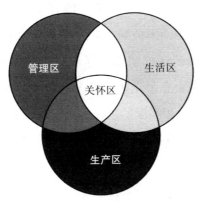

图7-2 "四区"文化交互示意图

对山东黄金来说,最重要的并不是相关技术、设备与采矿过程的融合,这些仅仅停留在"术"层面,其固然可以在短期内提升企业的效益,但更重要的是"道"层面的东西,如与数字时代采矿过程相契合的管理体系。未来山东黄金应根据不同矿山的实际情况,衍生出不同的管理体系,这才是未来推广"国际一流示范矿山"建设经验过程中的重中之重，才是以矿业人为核心的未来矿山治理理念的核心内容。

7.3 矿业企业文化的和谐场景

山东黄金企业文化部经理姜文鑫谈道："山东黄金能发展至今，就是（因为）能把企业文化放在与企业战略同等重要的位置上，在推战略的同时也在推企业文化，让企业文化深入到每个员工的心目中。"山东黄金在形成与数字时代相契合的未来矿山治理理念，并在不同场景进行运用时，企业文化又发挥了怎样的作用？"四区"文化在不同场景中又如何进行交互？本部分将围绕不同场景解析山东黄金在实践中所形成的未来矿山管理文化。

山东黄金在建设"国际一流示范矿山"过程中，以"本质安全、智能智慧、绿色生态、社区和谐、效益领先"的五大山东黄金发展理念为基础，深化"绿色生态"的内涵，围绕绿色开采技术、生态型矿山、生态型尾矿修复基地与沿海生态示范区的建设，逐步构建山东黄金生态矿业的名片。自然界中的生态系统必须有阳光才能健康运转，一如山东黄金在推动生态矿业建设时所形成的与此相匹配的未来矿山管理文化，有管理文化的滋养，才能推动生态矿业更加健康有序地发展。

7.3.1 绿色开采文化

山东黄金承担国家"十三五"重点研发计划项目"深部金属矿绿色开采关键技术研发与示范"，研发了深部金属矿绿色开采模式及评价体系，攻克了全尾砂低能耗浓密和深井高压头输送调控技术与装备，突破了全尾砂生态化处置与资源化利用关键技术，构建了绿色开采模式与技术构架，建设了 1000 米以下 330 万吨 / 年特大型深部金属矿绿色开采示范矿山，固废利用与处置规模达到 390 万吨 / 年，在行业内率先建成了深部金属矿绿色开采示范工程，取得了丰硕的研究成果，引领了行业发展方向。

针对深部金属矿规模大、开采难度高、尾废产量多的特点，采用生命周期评价法，通过跟踪和定量分析矿山建设到闭坑的全过程资源开采、固废产出与利用，以及余废处置的能耗、效率与环境负荷影响，运用博弈论建立矿山 – 政府博弈模型，对企业效益和政府监管的相关影响进行了分析，由博弈收益情况研究矿山企业和政府的决策倾向，揭示了资源开发利用与经济、环境效益的博弈规律，由此提出了基于矿山规模的全程多向创新研发型绿色开采模式，并设计了开采工艺流程框架。该框架由矿山开采阶段和关闭阶段两部分组成，其中开采阶段的生产流程按照低废开采、尾废综合管理、尾废资源化利用、全尾砂充填、尾废无害化堆存、矿山生态恢复等六个环节依次开展，为金属矿企业开展深部绿色开采工艺技术的集成革新提供了基本路线和指导方案。

山东黄金的深部金属矿绿色开采模式是建设"国际一流示范矿山"的重要一环，也是推动生态型矿山建设的基础。山东黄金始终秉承"矿产是大自然的一种馈赠"的理念，在黄金开采过程中应保护环境、敬畏环境，从而形成促进采矿过程与生态保护和谐共处的未来矿山管理文化。这一管理文化在矿业人的心里生根发芽，从而使矿业人认识到绿色开采模式的重要性。

企业无论设计出再好的采矿流程、用再好的技术，都需要矿业人进行实践操作，如果矿业人的认知、素质达不到与技术相匹配的高度，采矿作业还是会倒退回以前的状态，达不到应有的效果。山东黄金在构建绿色开采模式的过程中形成了以"绿色生态"为核心的管理文化，推动绿色开采模式的实践。

7.3.2 生态型矿山文化

山东黄金对"国际一流示范矿山"建设的成果与经验进行总结，更加具体化、条目化地界定生态型矿山建设规范、建设目标、建设内容，综合考虑矿区环境、资源开发方式、资源综合利用、节能减排、科技创新、企业管理与企业形象等生态型矿山涵盖的范围与层面，形成了一套可以量化评价生态型矿山建设水平的评价标准和评价方法，有效推进山东黄金生态型矿山建设的高效性、全面性与一致性。

生态型矿山的建设应包括清洁采选、井下高效充填、降低能耗、减少固废排放与保护生态环境，进一步指标化形成评价标准，用来作为生态型矿山建设完整性评价的参考依据，并在建设"国际一流示范矿山"的过程中进行检验和修正，最终形成可被其他矿山生态建设借鉴或直接推广应用的生态型矿山建设规范与要求，从而全方位打造山东黄金生态型矿山。

未来山东黄金在推广生态型矿山的过程中，应进一步深化矿山科学有序开采，积极开展节能减排，保护和治理矿区环境，积极开展地质灾害隐患排查治理工作，统筹协调矿山资源、环境、经济、社会效益；同时加强低品位资源动态评估研究及开发利用，科学、合理、综合、高效地开发利用现有黄金资源，保证矿山沿着绿色矿山之路可持续发展。

生态型矿山建设不仅是山东黄金践行"社区和谐"发展理念的重要实践举措，还指明了山东黄金所有矿山未来的发展方向。山东黄金在此过程中深入深化"社区和谐"的思想内涵，积极履行社会责任，用实际行动践行"让尽可能多的个人和尽可能大的范围因山东黄金集团的存在而受益"的山东黄金人的理想目标，实现"惠泽员工、回报股东、造福社会、富强国家"的山东黄金使命。这也是山东黄金在建设生态型矿山过程中所形成的未来矿山管理文化的内核，即将自身的责任划分为"经济责任、社会责任、生态责任"，充分彰显一个大型国企的责任与担当。

7.3.3 生态修复文化

山东黄金秉承"区域耦合、区域互补、循环利用、生态和谐"的生态保护与修复规划原则，以三山岛金矿下辖的西山矿区、新立矿区、平里店矿区、西山选矿厂、新立选矿厂、三山岛尾矿库、新立尾矿库、仓上露天采场、生活区等场地占地范围为基础，形成了包括尾矿库治理、土地复垦、沿海防护林保护区尾矿库生态修复、滨海尾矿库生态修复与黄金露采生态修复示范基地在内的生态修复基地。

尾矿库是矿山的重要安全生产设施，占地面积大、投资大，尾矿库的安全、良好运行，是绿色矿山建设的重要任务之一。山东黄金大力推进矿山生态化改造，成功打造"省级环境教育基地"山东黄金尾矿生态治理项目实验区，有力解决了矿山开发建设与土地资源保护、生态环境保护的矛盾，在满足矿山生产需要的同时，最大限度地减轻了污染、美化了环境，有效改善了生态环境和投资环境，恢复了近海水域水质、生态功能和海岸带美丽的自然景观，实现了土地复垦与矿产资源开采的同步规划、同步实施。通过尾矿库塑型、覆土、种植、给排水、人工湖等一系列工程，山东黄金的尾矿库变得碧草青青，花香蝶飞，实现了与保护区、海边景观协调的生态修复，甚至一些生态修复示范基地已经变成了旅游景区，实现了山东黄金与地方的和谐发展。

尾矿库修复是所有矿业企业应该承担的社会责任，也是山东黄金铸就生态型矿业的关键一步。对尾矿库进行合理的规划与生态修复，不仅是企业承担社会责任的必然要求，也有可能在未来为企业带来可持续性收益。山东黄金国际一流示范矿山推广中心总经理张汉阔谈道："很多员工不理解我们为什么要对尾矿（库）进行生态修复，甚至开玩笑说，这些钱还不如发给我们。"但尾矿生态修复是一件"功在当代，利在千秋"之事，其所带来的对当地居民的健康保障、对矿业人的健康保护、对矿山环境的优化以及收益提升的可持续性等都会逐渐被矿业人认可，而这也是山东黄金企业文化建设过程中的重要一环。

山东黄金摒弃"只顾眼前、不顾长远；先污染后治理、先破坏后恢复"的发展方式，实施土地复垦，建设了花园式矿山，实现生态保护与矿产资源开采的同步规划、同步实施。同时以烟台市沿海防护林省级自然保护区内原有的三山岛金矿尾矿库生态修复为重点，对沿海防护林省级自然保护区尾矿库部分进行了生态修复，其中以海防林修复为主、以挡土护坡植物修复为辅，实现了沿海防护林省级自然保护区尾矿库段的植被修复。

山东黄金还对黄金露采矿坑进行了生态修复，以填坑造地工程为主，以排土场农业用地生态修复工程、选矿厂区果园生态修复工程等为辅，实现了黄金露采矿坑的综合生态修复。

在生态修复过程中所形成的未来矿山管理文化包括与矿业人的平等交流、敢于承担社会责任的勇气、社区沟通和参与机制的完善等，而这对山东黄金来说无疑是最为重要的，也是未来向山东黄金所有矿山推广生态修复的"法宝"。

7.3.4 沿海生态圈文化

山东黄金全面打造具有全球竞争力的世界一流沿海生态示范区，建设或修复改造了山东黄金自然博物馆、沿海黄金主题广场、沿海文化公园、生态停车场、游客松林漫步路、自行车健身路、海水浴场、迎宾大道、山东黄金文化展示区以及会仙湖等场所，形成以"黄金"与"黄金文化"为核心的旅游景区，初步构建山东黄金生态型竞争力。

山东黄金自然博物馆（见图 7-3）东侧毗邻三山岛金矿万吨选矿厂，是山东黄金集团打造"国际一流示范矿山"的重要组成部分。以"以黄金为特色，自然科学与人文艺术交相辉映"为主要设计理念，以"黄金人文与历史、黄金工艺与应用、黄金文化与莱州发展"为设计主题，以黄金由来、黄金工艺、黄金文化、山东黄金引领黄金矿业的先进科技及作为世界第三大成矿带的莱州地区独特资源优势为主要内容，通过图片、实物、模型等陈列展品，以及灯箱展板、电子投影和全息影像等现代手法予以展现。

图 7-3　山东黄金自然博物馆

资料来源：山东黄金集团。

沿海黄金主题广场占地面积约为 82.5 亩[⊖]。山东黄金各矿山淘汰的废旧生产工艺设备等实物，经过翻新包装等处理，作为景观及工艺品在此展示，结合微地景灌木、人造生态沙滩等，使沿海黄金主题广场成为室外科普学习、休闲观光的黄金文化旅游胜地。

山东黄金修复改造了沿海文化公园，占地面积约为 63 亩。收集而来的沿海渔民的作业工具、生活工具等实物，经过翻新包装等处理，加之设置部分石雕、铜雕等，作为景观及小品在此陈列，结合微地景灌木绿化、原有人工湖生态改造等措施，将沿海文化公园打造成休闲观光，了解学习莱州海洋文化、长寿文化的旅游胜地。

⊖　1 亩 =666.67m^2。

未来企业间的竞争必然是跨行业、跨维度、跨领域的生态型竞争，对于矿业行业来说，应围绕自身的核心业务打造生态圈，从而占据未来发展的位势优势，引领行业发展趋势。生态圈离开阳光就不能健康发展，山东黄金所打造的沿海生态示范区也离不开未来矿山管理文化。能够构建生态优势的未来矿山管理文化包括员工跨维度竞争意识的培养、数据治理理念的构建、生态环保意识的树立、绿色开采技术的应用等诸多方面，因此可以全方位打造生态矿业的企业文化，培育生态矿业型矿业人。

总之，山东黄金在发展的过程中围绕绿色开采文化、生态型矿山文化、生态型修复文化与沿海生态圈文化打造"国际一流示范矿山"的生态型竞争力，并形成传统产业、现代化采矿设备、数字化技术与数据平台等深度融合发展的和谐场景。在这一和谐场景中，不仅孕育了山东黄金的生态竞争优势，而且能促进未来矿山管理文化的茁壮成长。未来在"国际一流示范矿山"的经验推广过程中，山东黄金应该在全集团内营造这种和谐场景，营造未来矿山管理文化在全集团内健康成长的环境，为生态矿业的发展提供充足的养料。

08
第 8 章

未来矿山治理认识论纲

　　山东黄金始终坚持"以人民为中心"的发展思想,充分发挥国企在行业、国民经济中的带头作用;从传统文化中汲取精华,结合自身实际情况、时代背景灵活应用;积极拥抱数字化技术、数据、智能化设备等所带来的变革。本章从哲学层面出发,探究中国古典认知论、马克思主义认知论、大数据时代认识论对山东黄金建设"国际一流示范矿山"所形成的认识论有怎样的影响;从矿业行业发展趋势出发,解析矿山工业文明、矿山社区文明、矿山生态文明所形成的矿业企业认识论域如何影响"国际一流示范矿山"认识论;最终从山东黄金本身出发阐释山东黄金一流认识论域包含哪些内容,从而依托山东黄金建设"国际一流示范矿山"这一实践归纳出由一流认识论、全生命周期治理认识论与向阳认识论所组成的未来矿山治理认识论。

8.1　传统认识论解析

　　认识论是关于知识和知识获取方法的研究,也可以表述为研究者如何获取、形成和证明他们的知识主张,是哲学领域长久以来研究的核心议题。管理学的发展和成长离不开经济学、社会学、心理学等领域的相关研究与支持,实践中每一位管理者、研究者都会自然或不自然地选择或认同某一哲学观点,而这种联系可以通过两种路径实现,即本体论与认识论,而本体论在实践中又会影响认识论的导向或认识论实践的具体方式。因此,厘清认识论演化的内在规律,以及不同认识论对企业实践发展的影响,有助于企业认清当前所处的形势,并在实践中进行管理创新。

国家、企业、个人在认识论形成的过程中会自然或不自然地受到历史维度、思想维度和情境维度的影响。身处齐鲁大地的山东黄金从历史维度来看,深受中国传统文化,尤其是儒家文化的影响;从思想维度来看,作为中国共产党领导的大型国企,深受马克思主义思想的影响;从情境维度来看,深受大数据及其背后所蕴藏的逻辑的影响。在三种维度的相互作用下,山东黄金的认识论立足实践情境并不断更新迭代。

8.1.1 中国古典认识论

中国古代的思想家非常推崇"天人合一"的整体性思想,即人是自然的一部分,这在道家、儒家中都有阐释。

道家的《庄子》中说:"有人,天也;有天,亦天也。"天人本是合一的,但各种规章制度、道德规范使人并不能保持纯粹的自然性,从而使人与自然之间出现鸿沟或不协调。人修行的目的就是"绝圣弃智",重新回归于自然,从而达到"万物与我为一"的精神境界。

儒家则直接指出"天人合一"中的"天"就是自然界,人只是天地中的一物,人与自然是统一的整体,如宋代的张载提出:"儒者则因明至诚,因诚至明,故天人合一。"中国古代的思想家在"天人合一"的基础上非常强调利用人的感官去感受天地,从而实现自我修养的提升及人与自然的进一步融合。

中国古典认识论的发展可分为"知形、知声和知味"三个阶段[①]，通过上述三者可分别理解与认识事物本质的不同方面，故而在认识事物过程中所采用的方式也不同，但上述三者的演化共同构成了中国古典认识论，从而推动以整体观为核心的中国传统思维方式的形成。

知形在"名实之辩"中有着具体的体现，古人认为，有其形则有其名，有其名则有其实，"形"被当作"名"与"实"之间的中介。这就有了知名即知形，知形即知实，自此知形的问题被凸显出来，并成为古代先贤了解自然、修身养性的关键。

知声在之后的"耳目之争"中胜出，这里的知声并不是简单地通过听觉了解外部环境，更体现为通过声音知晓秩序、伦常。知声还可进一步解析为"知音"，因为古人将"知音"视为做人的底线，不"知音"与禽兽无异，这样就将知声与做人的根本联系起来，也折射出古人从最初的"观其行"向更深层次的"听其言"演化。

知味则是从人日常的饮食出发，明辨所饮食物意味着什么，对人意味着什么。在古人的思想中，"饮食之味"不仅提供生命所需的养分，而且关乎"阴阳之义"，这时"味"所体现的就不单单是物体所散发的气味，而且会指向事物的根本属性。

中国古典认识论由"知形"到"知声"，是从观察事物的表象向观察事物的本体、所体现意义、所客观存在的内在规律等演进。同时事物的外在形式、声音、音阶都是客观存在的，而事物的"味"会因人而异、因情而异、因物而异，这也体现为中国传统思想从观察事物的客观外在向探求事物的本质属性与内在规律演化，也是由相对确定的客观存在规律向人所能认识的事物内在本质属性演化。

[①] 贡华南. 从知形、知声到知味——中国古典认识论演变脉络及当代价值[J]. 江苏社会科学，2021（2）：110-118，243.

8.1.2 马克思主义认识论

马克思主义认识论坚持反映论的观点，认为客观的不依赖于人的意识而存在的物质世界是认识的对象和源泉，认识是主体对客体的反映，是客观世界的主观映像。同时马克思的认识论继承了黑格尔对康德的批判，但在发展的过程中迈向唯物主义，并没有延续黑格尔的唯心主义，强调在社会历史活动实践中从客体和主体的双重形式上去理解，即从"实践的维度"去认识世界。

《马克思恩格斯选集》第1卷中提到："人的思维是否具有客观的真理性，这不是一个理论的问题，而是一个实践的问题。人应该在实践中证明自己思维的真理性，即自己思维的现实性和力量，自己思维的此岸性。"⊖从上述可知，马克思关于认识论的解析并不是单纯地从个体的认识能力或个体所能意识到的主观规律出发，而是从人的实践能力及其相伴的社会结构和历史规律出发。

马克思认为实践具有中介性，即人应该通过实践去理解人与自然、主体与客体之间的关系，而实践又与劳动有密切的关系，因为劳动是人类最广泛、最普遍、从事最多的实践性活动，同时劳动也是人类获取知识、改造世界、提升自身实践能力的最主要方式。因此，马克思主义认识论是以实践为核心的认识论，实践也是获取知识的最主要方式和先决条件。

随着中西方学者对马克思主义研究的深入，逐渐明确马克思主义认识论就是实践基础上的认识论，即实践是认识的来源，实践是认识发展的动力，实践是检验认识真理性的唯一标准，实践是认识的目的和归宿。同时人们在实践的过程中还应该意识到，认识具有反复性、无限性与上升性，即在获取知识的过程中，需要注意到社会历史的发展规律及客观历史条件，并在不断实践中不断认识世界、改造世界、提炼知识及获取真理。

⊖ 马克思, 恩格斯. 马克思恩格斯选集: 第1卷 [M]. 中共中央马克思恩格斯列宁斯大林著作编译局, 编译. 北京: 人民出版社, 1995.

8.1.3 大数据时代认识论

数字化时代最大的特征就是数据作为生产要素参与价值创造的全过程，实践中企业也纷纷注重数据的资产化，通过标准化的数据采集过程，规范化的数据清洗、分析和储存方式以及大数据分析技术等挖掘数据间的因果关系，确立影响因素与作用结果之间的联系，根据业务流程、管理程序等建立起数据之间的相关关系，实现在虚拟世界的数字孪生。

大数据带来的思维变革包含三个方面，即从依赖统计抽样转向分析全体；从追求精确、线性与确定性转向理解复杂、非线性和不确定性；从探求因果关系、有限影响因素转向系统性思考相关关系。

大数据的兴起在改变思维方式的过程中，也改变了知识的构成。大数据时代前，企业普遍挖掘有需求潜力、需求量大的市场，通过大规模生产来获取利润；进入大数据时代，企业更加关注个性化需求，通过提高服务质量、产品性能等获取利润。大数据时代人们所获取的知识从普遍性逐渐转向个性化。

大数据时代认识论还凸显出"创构认识论"的特征，即在个性化知识的基础上衍生出"机器学习"或"思维机器"。因果推断赋予了智能机器行为逻辑，相关关系则与智能机器的学习行为相关。而弱人工智能能否迈向强人工智能，则与机器学习的精准度以及因果推断的准确性相关。

大数据时代认识论主要为以"数据"为核心，数字化设备、数据分析技术、机器学习等为衍生，改变人们的思维方式，增加获取知识的途径、范围与类型，从而推动个性化知识的获取，以及从个性化知识中提取、提炼出普遍性知识，并进一步上升为规律或真理。

中国古典认识论最突出的特征就是整体观，人与自然合二为一，通过人的感官去感受自然，去修身养性，去发现事物的本质和事物所潜藏的内在规律；马克思主义认识论则以实践为中介，主张人们应该深入实践中去，这与中国古典认识论相比，实现了由主观、唯心向客观、唯物的跨越，突出了实践是检验真理的唯一标准；而大数据时代认识论则凸显出科学技术对人类获取知识的类型、方式及途径的改变，以及数据在其中所发挥的作用。

山东黄金在建设"国际一流示范矿山"的过程中也受到上述认识论的影响，如受中国古典认识论的影响，在建设"国际一流示范矿山"的过程中坚持从整体观出发，即国际一流并不是世界第一，而是整体上达到国际领先水平；受马克思主义认识论的影响，在实践中准确地定义数字化技术所扮演的角色，数字化技术只有与矿业人相结合才能提升企业生产力；受大数据时代认识论的影响，山东黄金在建设"国际一流示范矿山"的过程中注重数据的采集、清洗、分析和储存，从而形成数据资产化。上述是从不同方面解析山东黄金立足于自身而形成的认识论及所进行的实践，而现实中这些认识论相互交叉。下一节将从矿业企业认识论的发展历程出发全面阐述矿业企业的认识论域，并进一步解析山东黄金所形成的认识论。

8.2 矿业认识论发展

矿业是人类从事的最古老的生产活动之一，时至今日对人类社会文明的进步与发展有着不可替代的作用，而黄金作为现代科学技术生产过程中不可或缺的贵金属，除了具有货币属性，还成为很多行业生产高精尖部件不可或缺的原材料，故而黄金开采对于国家、社会以及高精尖行业的发展愈发重要。从时间序列来看，矿业的发展大致可分为古代矿业、近代矿业与现代矿业。

古代矿业以原始的采矿工具和人为主开展生产活动，整个过程充满了危险性与不确定性，矿山"负责人"的最主要的目标就是采出矿石，而不关注矿工的作业环境与人身安全；近代矿业以大型的机械设备、火药、矿工等为核心开展采矿活动，整个流程比较标准化、规范化，矿山企业开始关注矿工安全、环境清洁等；现代矿业则以集团型的头部企业为主导，以大型智能化采矿设备、数字化技术、数据分析技术、高素质矿业人等为核心开展采矿活动，在生产过程中高度注重安全问题的预测与预防、作业环境的稳定性与清洁性、生产流程的标准化与可视化、操作过程的集控化与远程化等。

矿业发展在不同阶段也体现出不同的认识论，从而形成矿业企业发展的认识论域。古代矿业具有以"矿石"为核心的认识论，矿山的所有生产活动均以开采矿石为目的；近代矿业具有以"矿工与机械设备"为核心的认识论，矿山需要在保证矿工人身安全的前提下开展生产活动，最终的目标是实现企业盈利；现代矿业具有以"大型智能化设备、数字化技术、数据分析技术与矿业人"为核心的认识论，最终的目标是围绕"矿石"以创造经济价值、社会价值与生态价值。山东黄金在建设"国际一流示范矿山"的过程中将价值创造与企业文化相融合，使矿业人充分理解经济价值、社会价值与生态价值对企业、社会的意义，并在实践过程中结合矿业行业独有的情境形成以矿山工业文明、矿山社区文明、矿山生态文明为组成部分的现代矿业中的认识论域。

8.2.1 矿山工业文明

18 世纪的英国工业革命标志着人类正式进入机械化生产占主导地位的工业文明，并在经历蒸汽时代、电气时代、信息时代后正式迈入以数字化技术、大数据分析技术、智能制造设备为核心的第四次工业革命。

数字化、网络化、智能化是第四次工业革命的突出特征，也是新一代信息技术的聚焦点。数字化为社会信息化奠定基础，其发展趋势是社会的全面数据化；网络化为信息传播提供物理载体，其发展趋势是信息物理系统（cyber-physical systems，CPS）的广泛采用；智能化体现信息应用的层次与水平，其发展趋势是新一代人工智能。

在第四次工业革命的推动下，具有悠久历史的矿业行业也焕发出新的活力，智能化采矿技术的飞速发展使黄金开采逐渐迈向规模化、集约化、大型化，并形成以大型跨国头部企业为主导的局面，如英美资源集团、纽蒙特公司、力拓集团、巴里克公司等，其迅速瓜分世界版图中的优质矿产资源，以保证自身的采矿量、矿石品位、矿产储备及未来可持续开采潜力等。从认识论层面来看，第四次工业革命为矿业工业带来的不仅是采矿方式的巨大变化，更是矿业行业认识论的巨大颠覆。

迈入工业文明后，人类逐渐进入劳动方式最优化、劳动分工精细化、劳动节奏同步化、劳动组织集中化、生产规模化和经济集权化的时代，而在第四次工业革命之前，人类在管理和生产活动中都追求"因果逻辑"，探求每一个关键性环节对下一个关键性环节的影响机理以及影响程度，从而构建流程化的管理过程与生产过程，并建立标准化体系。这一切在矿山生产活动中尤为明显，如传统的采矿过程分为"地、测、采、选、冶"五个关键性环节，各个环节有机结合。

进入第四次工业革命后，探求"因果逻辑"逐渐演变为探求"相关逻辑"，生产活动与管理活动也由之前的以"关键性环节"为核心转变为以"数字化技术与大数据分析技术"为核心，架构起现实世界与虚拟空间的联系，并通过数据流模拟、分析与预测企业的生产实践活动，故而传统的以控制为主导的管理活动逐渐退出历史舞台，以"疏"为主导的治理活动逐渐受到众多企业的青睐。

山东黄金"国际一流示范矿山"建设实践中，这种工业文明认识论的转变得到了淋漓尽致的体现。首先，山东黄金围绕"矿石流"打造矿石的全生命周期治理，将之前采矿活动中的"黑箱"统统打开，并将数据采集、清洗、分析、存储等过程标准化，以虚拟世界映射现实世界；其次，利用"数据流"打通传统业务模式中人为设计的边界，实现将所有生产活动的记录上传云端，由传统的依托经验和预测进行决策转变为围绕大数据分析结果进行日常管理与决策；最后，实现所有业务在大数据平台中的集成，从而形成"业务流"，在这一过程中，山东黄金实现了业务流程可视化、操作作业远程化、生产环境清洁化等目标。

山东黄金利用数字化技术实现了由传统业务模式向个性化、柔性化、适应性的业务模式转变，而这一切都源于第四次工业革命对现代工业文明认识论所造成的冲击。第四次工业革命之前，以"因果逻辑"为核心的认识论主要追求普遍性的大规模需求，通过生产过程的标准化、集约化、规模化以获取利润。受新一轮信息技术的冲击，以"相关关系"为核心的认识逻辑则追求高质量的个性化需求，通过生产流程的柔性化、绿色化获取经济价值、社会价值与生态价值，从而推动企业迈向更高层次的发展。

8.2.2 矿山社区文明

企业尤其是矿业企业的发展离不开社区的支持，山东黄金企业文化部经理姜文鑫谈道："我们非常注重与地方政府、居民、企业及其他组织之间的关系，每到一个地方我们都会捐建学校、投资建设基础设施等，采矿时也特别注意环境保护。"山东黄金每一个新矿山的开采工作都得到地方政府的大力支持，当地居民、其他组织也乐于与山东黄金共同成长，而这一切与山东黄金所形成的社区文明密切相关。

山东黄金在实践过程中通过构建参与机制、支持驻地发展、本地化用工与采购、移民与补偿、保护地方遗产与传统等促进社区和谐发展。

参与机制包括在建设"国际一流示范矿山"的过程中与地方政府通力合作，友好协商，积极参与社区活动，组织社区实地调研、会谈沟通，及时掌握企地发展中的动态进展，实时化解出现的矛盾，形成"沟通—结对—互助—共建"的良好发展模式。

支持驻地发展是指在矿山驻地的新农村建设、供水工程、供电工程、整修道路、农村基础建设等方面给予财力、物力上的扶持和帮助，并着力帮助驻地社区解决生产、生活实际困难。

本地化用工与采购是指山东黄金长期坚持属地化招工政策，努力提高属地化采购率，广泛吸纳当地人员就业，拉动了当地经济发展，提高了人民生活水平。

移民与补偿则包括山东黄金在建设"国际一流示范矿山"的过程中对涉及移民和补偿的项目，严格按照法律、法规和地方政府相关规定，与移民群众及时沟通协商，做好移民规划和补偿、安置等相关工作，妥善处理移民后续事宜。

保护地方遗产与传统是指山东黄金高度重视民族团结工作，充分尊重社区的文化传统和宗教信仰，保护社区文化遗产。

山东黄金持续推动和鼓励员工参加志愿服务，成立志愿者服务队，长期以来开展了大量志愿服务工作。通过工会、团委积极组织和开展无偿献血、义务植树等志愿服务活动，用实际行动回报社会。山东黄金身体力行地践行"让尽可能多的个人和尽可能大的范围因山东黄金集团的存在而受益"的理想目标，而这一切都源于矿山社区文明的构建。矿山社区文明的内容包括：履行社会责任是国际一流企业的必然担当，是实现企业可持续发展、社会和谐进步的必然举措。

山东黄金还将"经济责任、生态责任、民生责任、公益责任"视作社会责任的重要本质内涵，每年对外发布社会责任报告，通过扎实工作和辛勤付出，努力为国家、社会及合作者创造更多的价值。集团积极加强与国际一流企业的战略合作，特别重视在履行社会责任、推动企业可持续发展领域开展国际交流合作，树立中国矿业企业在全球市场的良好品牌形象。2018 年 5 月，世界最大的黄金企业之一巴里克公司的社会责任咨询委员会专程到山东黄金集团进行企业社会责任考察交流，对山东黄金履行社会责任的一系列创新性做法与经验给予了高度评价。

在积极开展社会责任实践过程中，山东黄金形成了以社区文明为核心的认识论。在这种认识论的驱动下，山东黄金建立起完善的社会责任机制及保障体系，勇于承担社会责任，乐于承担社会责任。山东黄金意识到只有与地方相互扶持、和谐发展，企业才能具备可持续性的增长潜力；只有承担起必要的社会责任，推动与社区的共同发展，企业才能获得领先的经济效益，才能成为真正的世界一流企业。

8.2.3 矿山生态文明

未来的竞争必然是生态系统间的竞争，这体现的是企业未来商业模式发展的方向和趋势；自新版《中华人民共和国环境保护法》颁布以来，对企业环境保护的要求逐年提升，"碳达峰、碳中和"又将企业的环保责任变成了一种指标。矿山生态文明涉及两个方面：一是未来矿山企业应该建设自身的商业生态体系，从而推动其全面发展；二是矿山企业在发展中应该注重环保、敬畏自然，这样企业才能走得长久，才可能成为真正的世界一流企业。

山东黄金之所以能很好地进行生态矿山建设，是因为其在实践过程中形成了与此相契合的认识论。在山东黄金看来，"生态矿业"是一个很好的定位，在未来的发展中企业应该从采矿流程、尾矿修复、黄金冶炼、黄金加工等方面持续完善这一品牌定位，从而提升山东黄金在中国黄金行业、世界黄金领域中的影响力。

山东黄金还注重数据资产化建设，打造以数据为核心的生态系统。烟台矿业事业部党委副书记、执行总裁杜云龙谈道："未来在集团总部会建立可视化的应急指挥中心数字平台，各个矿山的生产过程都可以实时显示。"这也是山东黄金构建自身生态系统的第一步。山东黄金不仅搭建大数据平台为其未来的发展奠定数据基础，还积极参与建设自然博物馆、黄金采选清洁生产（循环经济）示范基地、沿海防护林保护区尾矿库生态修复示范基地、滨海尾矿库生态修复示范基地、黄金露采生态修复示范基地、黄金采选实习教育示范基地等，打造以"黄金"为核心的商业生态系统硬件设施。

山东黄金形成了以"环保+硬件+数据"为核心的矿山生态文明认识论，改变了企业的传统做法，在生产过程中注重绿色技术的应用，在发展过程中注重相关性业务的拓展，在实践中注重数据的标准化、采集、清洗与储存，在业务流程塑造过程中关注数字孪生的实现等，从而推动企业构建多维化、跨界性的生态系统，助力企业适应数字时代的竞争节奏。

总之，矿业企业在漫长的发展过程中围绕工业文明逐渐丰富自身的认识论，伴随着第四次工业革命的到来，围绕工业文明逐渐催生出社区文明、生态文明，形成矿业企业认识论域。在这一范围内，工业文明、社区文明与生态文明交互，为企业在数字时代的全方位发展奠定基础，如山东黄金在建设"国际一流示范矿山"的过程中不仅注重自身核心竞争力的塑造，以推动自身业务的数字化、智能化、智慧化，而且关注与社区利益相关者的共同发展、共同进步，并围绕"黄金"这一核心业务构建生态系统。

8.3　未来矿山治理认识论构建

"国际一流示范矿山"的认识论构建也经历了从无到有，从模糊到清晰，从不确定到确定再到不确定的演化过程。在访谈时，山东黄金国际一流示范矿山推广中心总经理张汉阔谈道："刚开始，没有人知道'国际一流示范矿山'怎么做，也没有人知道它是什么，我们只能一步步去探索。"这或许就是"空"的力量，刚开始一切都是"空"的，就如未经尘世的婴儿，一切皆有可能；就像一枚种子，可以成长为参天大树，积蓄力量以待后发。而山东黄金在建设"国际一流示范矿山"的过程中，充分发挥"空"的力量，发挥共产党人的主观能动性，发挥国有大型企业的制度优势，实现了有色金属行业的数个第一，黄金矿业发展过程中的数个第一，树立了矿业企业发展的历史性标杆。

山东黄金"国际一流示范矿山"认识论的形成凸显了一定的规律性，主要体现为从实践到理论的跨越，从具象到抽象的提炼，从特殊到一般的升华。包含以"矿石流、数据流、业务流"为核心的一流认识论，以"本质安全、智能智慧、绿色生态、社区和谐、效益领先"为核心的全生命周期治理认识论，以"人的向阳性"为核心的向阳认识论，以上三点构建起山东黄金在"国际一流示范矿山"建设过程中以未来矿山治理认识论为核心的认识论域（见图8-1）。

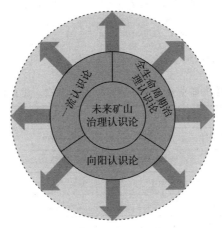

图8-1 山东黄金在"国际一流示范矿山"建设过程中的认识论域

8.3.1 一流认识论

一流矿业企业必须要以一流的矿山为支撑，一流的矿山则包括一流文化、一流技术、一流管理、一流效益、一流资源、一流人才，在生产过程中需要突出安全、高效、绿色、智能，从而全面提升采矿过程与生产流程。

山东黄金充分发挥理论联系实际的优势，抓住黄金开采和生产过程中的核心——"矿石流"，并以此为核心构筑起山东黄金"国际一流示范矿山"建设过程中的认识论，从而全面回答何为一流矿山。

作为中国黄金行业第一个"吃螃蟹的企业"，没有人指导山东黄金"国际一流"意味着什么。在建设初期很多高管认为"国际一流"就是世界第一，就是要做别人没有做过的事情，而且要全方位达到世界第一。然而实际情况并不是这样的，每个矿山的生产过程都有自己的特殊性，但从黄金开采的过程来说都可分为"地、测、采、选、冶"五部分，且不说山东黄金能不能在所有方面都做到世界第一，从矿山实际的开采过程出发，其是否真的需要达到全方位的第一还有待商榷。

世界上领先的矿业企业，诸如纽蒙特、巴里克、盎格鲁阿散蒂等在采矿设备、盈利方式、运营模式等方面均有许多相似之处（见表8-1），因此"国际一流"并不等同于各个方面都要做到第一，而是要实现经济价值、社会价值、生态价值的多维化领先，这才是真正的"国际一流"。

表 8-1　10 家世界领先矿业企业采矿设备、盈利方式、运营模式对比（2020 年）

公司	采矿设备	盈利方式	运营模式
纽蒙特	大数据平台+大型智能制造设备	精益管理	大中心+矿山
巴里克	数据平台+大型智能制造设备	成本控制	精简、分散化经营
盎格鲁阿散蒂	以大型机械化设备为主	低成本	集团+公司
极地	数据平台+大型智能制造设备	成本控制	集团+矿山
金罗斯	数据平台+大型智能制造设备	高产量	集团+分公司模式
纳沃伊	以大型机械化设备为主	低成本	集团+矿山

(续)

公司	采矿设备	盈利方式	运营模式
纽克雷斯特	数据平台+大型智能制造设备	成本控制	集团+分公司模式
金田	以大型机械化设备为主	低成本	运营中心+矿山
艾格尼科鹰	数据平台+大型智能制造设备	成本控制	集团+分公司模式
山东黄金	以大型机械化设备为主	成本控制+高产量	集团+事业部+矿山

资料来源：山东黄金集团。

在一流认识论的指导下，山东黄金以"矿石流"为核心，利用"数据流"打通"业务流"，构筑起"国际一流示范矿山"的基础性框架，并利用数据的共性超越个体的差异性，形成以数据为耦合的各个环节有效衔接的"矿业人流"，在实践中真正践行一流认识论，从思维到实践补全一流认识论的拼图。

山东黄金坚持从实践中来到实践中去，在实践中明确一流认识论的真谛，即"国际一流"并不是全方位的第一，而是要实现效益领先，并在保证效益的前提下自觉履行社会责任、环保责任等，推动山东黄金"国际一流示范矿山"整体上达到世界一流。

8.3.2 全生命周期治理认识论

建设"国际一流示范矿山"前，山东黄金做了很多准备，包括去国外领先的企业参观，邀请行业内的院士、专家进行科学论证，集团高层到矿山进行实践调研，召开矿长论坛等。最终，山东黄金原董事长陈玉民于2018年年底提出了"本质安全、智能智慧、绿色生态、社区和谐、效益领先"五大发展理念，确定了"国际一流示范矿山"的建设方向。

安全是现代矿业企业发展的核心，其所开展的一切活动都必须在保证矿业人安全的前提下进行，山东黄金在建设"国际一流示范矿山"的过程中也将安全放在了首位，利用大数据平台建成智慧安全体系，实现事前预测、实时监控、事后总结数字化完备体系，从而围绕"数据"构建全生命周期治理认识论。

山东黄金将矿石当作大自然的一种馈赠，视为有生命的个体，将黄金的开采过程抽象成"矿石流、数据流、业务流"三个方面，并辅以"矿业人流"实现矿石的全生命周期治理。实践中"矿石流"涵盖开采、提升、选矿、冶炼、制作等黄金生产的全过程，"数据流"则通过标准化的数据采集、清洗、储存和分析过程实现黄金生产过程的实时可视化及数字孪生，"业务流""矿业人流"则是配合实现黄金开采全生命周期治理的必要条件。

在全生命周期治理认识论的指导下，山东黄金可以将五大发展理念付诸实施。如数字化设备与数字孪生技术的应用能使安全环保"双零"目标得以实现，矿业人的作业环境安全、健康、清洁使得山东黄金的公信力极大提升，生态矿山的建设符合国家的倡导与行业未来的发展趋势，在保护环境、敬畏自然、关注利益相关者、注重与数字化技术相融合的过程中，构建起黄金生产过程中的全生命周期治理，全方位优化与提升企业的价值创造能力。

8.3.3 向阳认识论

山东黄金烟台矿业事业部党委书记、总裁王成龙提到："我们的矿业人常年在井下劳动，所处的环境非常恶劣……我们建设'国际一流示范矿山'就是要改变这种现状，让矿业人（的劳动）成为一种体面的劳动。"这段话在一定程度上揭示了矿业人在当前社会中所处的尴尬位置，由此才显示出山东黄金作为一个大型国有企业该有的担当和作为。

在建设"国际一流示范矿山"的过程中，山东黄金始终未忘自己的初心，建设智慧安全体系，应用绿色技术，实现大型机械设备集成化、操作远程化，建成数字孪生系统实现预测与软测量，塑造专家系统实现经验数字化等，全面改善矿业人的劳动场景、作业环境和工资水平，从根本上满足矿业人对阳光的追求，从而构筑起企业适应数字化时代发展的向阳认识论。

山东黄金还树立了"生态矿业"的品牌理念，积极投身于环境保护、生态修复的工作，不仅为矿业人打造良好的工作环境，而且改变社会对矿山企业的偏见，从理念层面改变社会对矿业人的看法，从而达到让矿业人的工作成为一种体面的工作的目标。

以向阳认识论为核心，可以将山东黄金"国际一流示范矿山"建设实践归纳为两个方面：一是充分满足矿业人的向阳性，改善矿业人的作业环境，让矿业人在工作过程中更有体面；二是尊重矿业人的人格，满足矿业人在企业、家庭、社会中受尊重的需求。这就是山东黄金建设"国际一流示范矿山"的真正目的，为企业创造价值的是矿业人，只有创造价值的主体得到充分尊重，才能为企业创造更高的价值。

在井下劳动的矿业人，由于长时间接触不到阳光，自然而然产生了对井上生活的向往、对阳光的向往。山东黄金在"国际一流示范矿山"实践中，不仅发现了这一点，而且充分尊重矿业人对阳光的追求，最终形成由一流认识论、全生命周期治理认识论和向阳认识论所组成的未来矿山治理认识论。

一流认识论回答了何为一流矿山的问题，全生命周期治理认识论回答了"国际一流示范矿山"建设方向的问题，向阳认识论回答了为什么建设"国际一流示范矿山"的问题，三者共同构成山东黄金的认识论域。在这一范围中，山东黄金不仅能从实践中抓住发展核心，顺应时代潮流，确定发展方向，而且谨记国企的责任与担当，提高矿业人的收入与社会地位，将"让矿业人的工作成为一种体面的工作"这一目标真正落到实处。

以未来矿山治理认识论为核心的认识论域将企业所关注的重点放在价值创造的主体——矿业人身上，这是习近平总书记"以人民为中心的发展思想"在管理实践中的应用,也是马克思所提出的"自由人联合体"在现代企业中的缩影。智能制造设备、数字化技术、数据等只有与人结合才能创造价值,山东黄金深知这一点;科学技术是为了解放生产力,是为了实现人类自由,山东黄金正在践行这一点。因此,未来矿山治理认识论可进一步升华为企业在治理过程中以价值创造的主体——人为核心,在充分激发和满足人类向阳性的基础上,提升企业生产力,并创造领先的经济、社会和生态效益。以山东黄金的认知变革为基础,第3篇将从物理、事理、人理出发揭开山东黄金实践过程的神秘面纱,通过对智能智慧、数字管理、数据赋能、治理机制、生态构建等所使用的方法进行提炼,总结出渐成一体的未来矿山治理方法论域。

第3篇

未来矿山治理的科学设计

本篇从未来矿山治理的"山金方案"、未来矿山治理的数字引领、未来矿山治理的标杆原则和未来矿山治理的中国模式展开对未来矿山治理的科学设计的论述。

第 3 篇 未来矿山治理的科学设计

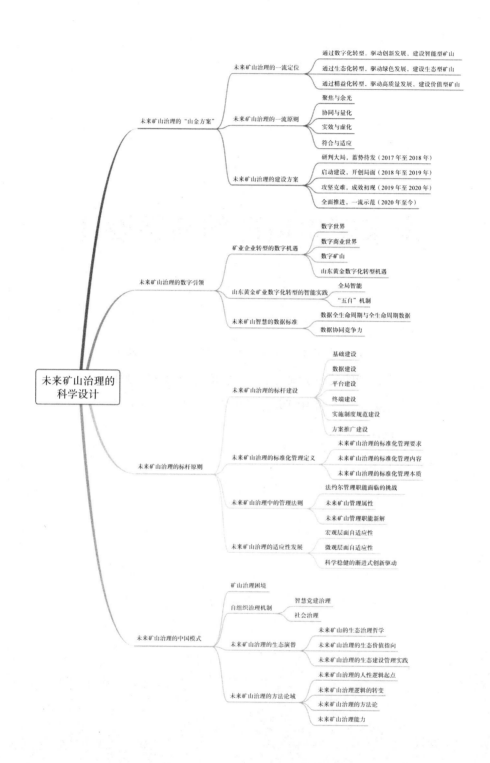

09
第9章

未来矿山治理的"山金方案"

在全球矿业发展进程中,山东黄金立足全球视野、秉承开放思维、践行国际标准,始终坚持国际一流定位和原则,走出了独具"黄金特色"的一流发展之路,产生了一系列示范效应,对促进黄金行业转型升级、引领未来矿山发展建设具有十分重要的启示意义。

9.1 未来矿山治理的一流定位

一流的定位引领一流的探索实践,创造一流的治理成果。在深入分析未来矿山行业发展态势的基础上,山东黄金突破认知局限,以超前的思维判断为牵引,确立了未来矿山治理的一流定位:通过数字化转型,驱动创新发展,建设智能型矿山;通过生态化转型,驱动绿色发展,建设生态型矿山;通过精益化转型,驱动高质量发展,建设价值型矿山。在一流定位的引领下,山东黄金通过探索性的实践,勾勒了一幅未来矿山治理蓝图。

9.1.1 通过数字化转型，驱动创新发展，建设智能型矿山

大数据、人工智能、区块链等数字技术的蓬勃发展将人类带入了一个全感知、全连接、全智能的世界。数字技术的广泛融合与深度应用给矿山企业的发展带来了前所未有的机遇，重新塑造了矿山企业的价值创造逻辑与方式。因此，充分结合与利用数字技术，谋求数字化转型驱动下的创新发展，建设智能型矿山，已经成为未来矿山治理的必然选择。

广义数字化转型是一个通过与数字化信息、计算、通信和连接技术相组合，引发实体属性发生重大变化，从而改善实体风貌的过程。[一]矿山企业的数字化转型则强调在选矿、采矿、冶炼、业务管理等价值创造过程中充分利用数字技术，实现提质、降本、增效的目的。智能型矿山则是矿山数字化转型的结果，代表着矿山价值创造过程与结果实现都植入了数字化基因，具备了利用数字技术辅助、制定或优化运营决策的能力。在具体的实施过程中，山东黄金以数据为中心，以需求为导向，坚持创新发展，通过全方位系统地推进数字化转型，建设成智能型矿山。

1. 以数据为中心

数据作为数字化转型中最重要的生产要素，成为驱动智能型矿山运行的动力基础。未来矿山治理需要系统地推动勘探、化验、地址与测量、采矿与选矿等生产层面以及资源调度、项目管控与评估等业务层面的数字化转型。通过及时收集与分析产生的运营数据，依赖"数据流"打通"矿石流"和"业务流"，提高各环节的有机协调性与联合协作性。山东黄金与华为公司合作，在三山岛金矿建成了金属矿山第一个私有云大数据中心，实时采集与海量存储矿山生产过程中大量的结构化、非结构化数据，大数据平台

⊖ VERHOEF, BROEKHUIZEN, BART, et al. Digital transformation: a multidisciplinary reflection and research agenda[J]. Journal of Business Research, 2021, 122: 889-901.

更将各个业务的数据进行横向和纵向打通，打造出基于数据驱动的智能决策与远程控制系统。[1]

2. 以需求为导向

传统矿山生产环境依赖大量的人力手工作业，生产效率低下，矿业人时常面临安全风险因素的威胁。通过以智能工具取代传统工具，推动生产过程数字化，能有效将矿业人从安全隐患中解放出来，并且显著提高生产效率。传统矿山运营中依赖事前经验指导决策，面对突如其来的非常规性危机往往束手无策；未来矿山基于数据驱动推动运营管理过程透明化，能及时预判潜在的风险，主动做出适应性调整，实现从经验决策向智能决策转变。[2]山东黄金建立了三维可视化的综合管控平台，将虚拟仿真和实际场景相结合，实时模拟地质资源分布、地面设施与作业环境，实时动态显示采场及外部设备运行状态，便于管理人员对作业区域进行全局管控。

3. 坚持创新发展

创新是引领发展的第一动力。数字化转型中的矿山企业需要结合实际场景进行自我创新和定义。一方面，矿山数字化转型不能仅局限于某一业务环节，要注重全流程、全系统的整体性推进。另一方面，数字化转型并不是否定矿业人的角色与作用，数字技术、设备和系统也要与人力资源达成匹配与协调才能真正发挥作用。[3]山东黄金结合具体作业环境与管理事项，针对性地进行数字化开发与融合应用，在人机交互协同的基础上推动了矿山全流程的统一优化调度与管控分析。

---

[1] 陈剑，黄朔，刘运辉. 从赋能到使能——数字化环境下的企业运营管理 [J]. 管理世界，2020，36（2）：117-128，222.

[2] 陈国青，曾大军，卫强，等. 大数据环境下的决策范式转变与使能创新 [J]. 管理世界，2020，36（2）：95-105，220.

[3] 谢小云，左玉涵，胡琼晶. 数字化时代的人力资源管理：基于人与技术交互的视角 [J]. 管理世界，2021，37（1）：200-216.

9.1.2 通过生态化转型，驱动绿色发展，建设生态型矿山

生态文明建设反映了我国传统发展过程中对"真、善、美"的追求，也体现了全世界所呼吁的环境与发展和谐的时代议题。矿山企业在生产过程中对生态环境有较大的扰动，在"碳达峰"与"碳中和"的时代背景下，承接人与自然和谐共生理念，推动矿山产业绿色发展，建设生态型矿山，已经成为未来矿山治理的必然要求。

矿山生态化转型是指秉承和践行"天人合一"理念，正确处理矿山与自然和谐关系，从而实现共生发展的过程。在价值关系层面，未来矿山生态化转型要充分意识到矿业人、矿山和自然三者之间应呈现系统性、整体性、交互性和共生性关系。未来矿山治理要看到矿业人是矿山的一部分，矿山本身与自然形成一个有机整体，三者之间必然要在相互依存中走向共生。在物理层面，未来矿山要在矿产资源开发过程中，遵循科学有序开采原则，尽可能减少对矿区及周围环境的扰动，使其能实现自然的可修复性，又要以矿山的发展推动矿业人的成长，促进矿业人与矿山在利益观上达成和谐与统一。山东黄金以矿业人生命为中心，以生态为品牌，坚持可持续发展，建设成为生态型矿山，为未来矿山治理树立了生态型矿山典型示范。

1. 以生命为中心

矿业人是矿山发展的寄托和希望所在。未来矿山首先要将矿业人的生命安全放在第一位，为矿业人营造本质安全的作业环境，把对生命的尊重作为首要价值追求，成为矿业人收获尊严和体面的发展平台。山东黄金积极推进安全高效的采矿工艺变革，优化应急管理机制，有效实施"机械化换人、自动化减人、智能化无人"，打造了矿山安全生产新模式，并且将矿业人从重复、危险、低效的作业环境中解放出来，使他们有机会发挥主观能动性做一些计划协调、远程控制和维护服务等方面的创造性工作，个人

价值与意义得到充分体现。

2. 以生态为品牌

未来矿山治理应当坚持"绿水青山就是金山银山",将生态文明理念融入生产经营全过程,从源头上杜绝对环境的破坏,实现矿山与自然的和谐共生。同时,未来矿山治理要具有资源转化与利用意识,在矿山本身形成的环境中进一步探索性开发,全方位、多领域地塑造生态矿山品牌。山东黄金持续推广循环经济方案,加快推进无尾、无废矿山建设,按照资源利用集约化、开采方式科学化、生产工艺环保化、采矿充填常态化的要求开发经营,实现矿产资源开发与生态环境保护协调发展。此外,山东黄金在"黄金矿山"生态品牌引领下进一步开发了黄金文化及自然博物馆与黄金海岸沿海观光带,形成了绿色、可持续且具备"黄金特色"的矿山生态。

3. 坚持可持续发展

矿山资源总量是有限的。未来矿山企业不仅需要对矿山资源进行高效开采与转化,更要注重对有限矿山资源的充分综合利用,确保企业的可持续发展。山东黄金秉承区域耦合与区域互补的生态保护与修复规划原则,在矿山企业内部以及不同区域矿山之间形成资源"内循环"效应,有效提高了矿产资源利用率。

9.1.3 通过精益化转型,驱动高质量发展,建设价值型矿山

党的十九大报告中明确指出"我国经济已由高速增长阶段转向高质量发展阶段。"过去盲目追求短期经济利益,缺乏长期主义持久效益观的粗放式发展模式已经越来越不适应高质量发展时代的要求。通过精益化转型,建设价值型矿山,谋求由效率集约式向价值增值式的发展路径转变,已经

成为未来矿山企业高质量发展的战略选择。①

精益化转型强调通过最大限度地降低企业成本、提高企业生产效率和产品质量，实现以利益相关者满意为主要目标的生产方式变革。在高质量发展的时代背景下，未来矿山精益化转型的结果不再局限于企业内部的经济效益，还要兼顾安全效益与社会效益，实现一体化同步提升。山东黄金以效益为中心，以奋斗者为本，坚持高质量发展，建设成价值型矿山，为未来矿山精益化转型做出了引领示范。

1. 以效益为中心

效率的潜台词是将事情做对，而效益更加强调做对的事情。未来矿山治理的价值在于在保证效益的前提下努力提升效率。数字化技术的应用让"效率"得到了充分保证；而想要保证"效益"则需要管理者利用敏锐的洞察力、前瞻的判断力和丰富的想象力去构思设计。就"效益"而言，未来矿山在推动经济效益持续提升的同时，更要将"精益"的价值理念与范畴进一步延伸，兼顾与矿业人、社区、环境等休戚相关的安全效益与社会效益。其中，在安全效益方面，山东黄金通过采用安全高效的采选矿工艺技术、引进安全可靠的管理信息系统与制定安全完善的隐患排查治理体系，将安全与环保问题消除在源头；在经济效益方面，数字化驱动下的精益化转型推动山东黄金每年节约人工成本3810万元，提质增效4251万元；在社会效益方面，山东黄金的各区域矿山企业刺激了当地市场经济发展，基于三山岛金矿"国际一流示范矿山"建设经验，山东黄金正在积极对外输出"一流矿山"解决方案，带动更多矿业企业实现转型升级发展。

2. 以奋斗者为本

参与其中的奋斗者是效益创造与提升的核心力量。未来矿山的价值由

---

① 王一鸣. 百年大变局、高质量发展与构建新发展格局 [J]. 管理世界，2020，36（12）：1-13.

全体矿业人创造，也必将回馈矿业人本身。山东黄金基于一流发展战略的要求进行组织结构优化以及人力资源薪酬体系设计，充分激发矿业人的创造性潜能，使组织获得了源源不断的创新动能，效益得到了根本保证，矿业人自身也增强了对组织文化和价值观的认同感。

3. 坚持高质量发展

高质量发展的未来矿山效益体现为提高质量和标准，保证经济、社会和生态环境全方位协调发展。山东黄金围绕着"安全高效、人文和谐、绿色生态、智能智慧"四大建设主题，通过创新海底深井开采技术，打造海底深井第一矿山；通过传统管理方式变革，建成全面数字化管理体系；通过深化运营模式改革，打造高度集成化与智能化的生产运营模式；通过打造沿海生态示范区，构建和谐社区关系。

系统性的全方位推进让山东黄金"国际一流示范矿山"建设整体上达到国际领先水平，为行业智能型、生态型和价值型矿山建设树立了标杆，对有色金属行业转型升级、引领未来矿山高质量发展具有深刻的意义（见图9-1）。

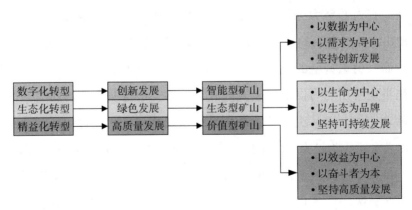

图9-1 未来矿山治理的一流定位

9.2 未来矿山治理的一流原则

原则代表了事物运行所遵循的根本法则。从某种意义上讲，原则能提供一套通用的理念，指导人们做出正确的战略决策。未来矿山治理中充满了关于"未来"的不确定性与模糊性，更需要管理者研判矿山治理态势，把握矿山治理规律，坚守矿山治理底线，通过深度洞察一流矿山治理的根本原则，绘制未来矿山发展的宏伟蓝图。山东黄金在"国际一流示范矿山"建设中，坚持"聚焦与余光""协同与量化""实效与虚化""符合与适应"的矿山治理原则，系统性推进治理理念与方式变革，成功为矿山企业未来发展注入了一流的基因。

9.2.1 聚焦与余光

聚焦与余光分别是对确定性和不确定性的形象说法，聚焦乃激光式收敛后的点燃，余光乃发散后的燎原，二者的结合就是"星星之火，可以燎原"，这样才能达成"与不确定性保持确定性关系"。从战略布局的角度来看，奋起直追并努力弥补与行业领先的国际矿山企业在资源赋存、装备水平、矿山人才等方面的客观差距是山东黄金建设"国际一流示范矿山"的初心。然而，山东黄金的规模性及其国企属性，再加上变革的不确定性导致其不能举全集团之力谋求突破式的升级探索，但行业竞争的残酷性催生了变革的迫切性，这又决定了其必须进行自我革命。在此背景下，山东黄金以三山岛金矿作为试点建设单位，全方位地开展"国际一流示范矿山"建设工作，再逐步向其他矿区企业进行推广。因此，三山岛金矿相当于聚焦后的确定性呈现，点燃了山东黄金"国际一流示范矿山"建设的火种。随后这"星星之火"再逐渐向外发散与蔓延，形成具有"燎原之势"的余光，引领整个集团的矿山企业走向一流。人们不光需要认识和解释世界，更重要的是改造世界。如果把改造世界比喻成燎原的结果，那么最初的起点就是要点燃那星星之火。山东黄金致力于通过打造"国际一流示范矿山"来改变世界，这二者竟然如此浑然一体，这就是"执一不失，能君万物""以一统众"之道。放眼整个矿业行业乃至全球商业版图，山东黄金只是汪洋商海中一叶扁舟似的"星星之火"。然而，山东黄金的"国际一流示范矿山"建设历程与经验，不仅为全球矿业企业突破自身局限、谋求高质量进阶发展提供了启示，更为矿业企业打造一流竞争力树立了标杆。山东黄金"国际一流示范矿山"建设的"星星之火"必将燎原，推动更多企业实现高质量发展。

9.2.2 协同与量化

改造世界需要遵循科学方法并付诸实践。未来矿山治理本身是一项系统工程，它是各类事项、人员、计划、部门等交互协调后的整体生成式成果。由于模糊性和不确定性始终存在，未来矿山治理过程中必然要兼收并蓄地协调与吸收一切可以利用的力量，动态适应环境的冲击。首先，数字技术带来的最大改变在于"万物皆数"的环境中的对称性显著增强。基于数据驱动的自发对称有效推动了不同力量之间的协调与匹配，能在快速交互与连接后形成互补性合力。其次，未来以及当下现实中的"人"具有无穷的能量，更是改造世界的核心力量来源。只有通过充分激发人的潜能，协调人之间的价值，才能获得不断前行的根本动力。员工作为能量球被激发起来了，但是如何能长期有效并形成长期主义呢？弗雷德里克·泰勒、爱德华·戴明、彼得·德鲁克等管理大师一直坚守的一个观点是"凡不能测量的皆不能管理"，"测量"在现代管理学的早期很难实现，在数字经济日益完善的今天借助大数据相对容易实现。而"国际一流示范矿山"试点单位一把手也曾表示"凡是不能被量化的皆不可被考核""一切指标，皆可量化"。例如，在山东黄金评选文明单位这一事例中，首先需要定义什么是文明单位，开始往往给出定性的想法和说法，这就是所谓的目标化；其次是文明单位的量化标准必须在"阳光"下提前出台（实际是在上年度年终前提出下年度的标准），文明单位量化标准的产生并不意味着人人认可，反之，人人认可的单位不一定是文明单位；最后是用业绩衡量，各单位用实际数据将结果呈现给大家，根据标准与结果的对标评选出文明单位。利用数字化赋能将复杂的人的管理转变成简单的数字化管理，正如太阳每天都普照大地和人类一样。实际上，阳光之下，人人皆是 CEO，人人皆可成为 CEO，但是每个人首先要成为自己的 CEO。

9.2.3 实效与虚化

未来矿山治理不仅要有安全效益、经济效益和社会效益方面的实效体现，还要有人文关怀与梦想实现方面的虚化贡献。一方面，数字化技术将矿业人从过去阴暗潮湿的几百米乃至几千米的地下解放出来，从事更加安全、体面的创造性工作。智能运营系统的应用使矿山企业在节能减排、提质增效、人工成本节约等方面创造了大量的经济效益。未来矿山在高质量发展的同时，更能带动周边地区产业同步发展，进而创造更多的社会效益。另一方面，未来矿山治理深层次上的虚化贡献在于让矿业人真正获得自由发展，让传统认识中"黑（矿井阴暗）大（个头高大）傻（比较憨厚）粗（不够精确）"的矿业人成长为更体面的劳动者，真正践行"矿业人是矿山的一切，矿山是矿业人的一切"的人本观。在"国际一流示范矿山"建设过程中，有非常多的虚化贡献实例。比如每年 9 月 9 日，山东黄金会给矿业人的父母发放几百元慰问金，以落实"孝道山金"这一理念，这种做法一方面激发矿业人关心父母、关爱家庭、关照工作的情怀，另一方面逐渐构建起了"员工－家庭－企业"三方的共同体格局，这是一家企业承担的促进社会和谐的大责任。这种结果的产生，恰恰是建设"国际一流示范矿山""发展为了矿业人"的体现,其背后的理念正是"发展为了人民"。这跟"造物即造人""企业即育人"如出一辙,它已经超越了企业的经济属性,上升为人类社会属性,这正是"国际一流示范矿山"建设给矿业人带来的成长和实惠。

9.2.4 符合与适应

未来矿山治理的对象是谁?是矿山吗?不是,一定是人,尤其是当下的青年人。青年人不愿意到井下工作,不愿意到工厂当工人,不愿意承受苦难……这是极其残酷的关于"人的异化和消解"的现实问题,这代表了青年人对于内卷(在竞争中集体付出更多资源,从而导致个体"收益与付出比"下降)的无声呐喊,青年人需要更开放、公平和正义的社会系统。这种需要一方面陡增了"国际一流示范矿山"建设的外部难度,另一方面凸显了"国际一流示范矿山"建设的历史性使命和引领性价值,这应该成为"国际一流示范矿山"建设的追求。所以如何实现让矿业人乃至人的工作成为一种体面而有尊严的劳动,才是未来矿山治理之道的关键所在。未来矿山应该让等待希望的青年人看到更大的希望而非失望,以希望引领青年人逐步实现理想和梦想的自我调整,以希望帮助青年人构建其自我管理的自适应机制,以希望引领青年人追求运用知识突破自我认知局限并立志为别人做些什么。如何吸引青年人加入矿业劳动队伍?山东黄金三山岛金矿的做法是在坚持"管理谁就要先适应谁"的管理理念的同时,一方面满足其经济需求,另一方面引导其对"尊严"的追求。具体而言,每年10%~30%的工资增幅解决了前者,每年的矿工节、职业培训交流与学习等各种文化活动解决了后者。另外,从全局来看,山东黄金的"国际一流示范矿山"建设正是适应这个时代的"因势利导"的战略行为。具体而言,"因势利导"指的是借助趋势、顺应形势、占据位势、创造来势,这个势是当前构建人类命运共同体的发展趋势，是国家高质量发展阶段的中观形势，是在"碳达峰、碳中和"中的生态位势，是山东黄金"国际一流示范矿山"创造的未来大势，因势是因循而非颠覆、是稳健而非冒进、是精微而非粗犷、是格物而非混沌。

9.3　未来矿山治理的建设方案

未来矿山治理是循序渐进、艰难探索的过程。山东黄金从2017年开始，坚持全球化视野、开放性思维、国际化标准，开启了未来矿山治理的探索历程。从研判大局、蓄势待发，到启动建设、开创局面，再到攻坚克难，成效初现，终于在2020年，山东黄金"国际一流示范矿山"建设取得了显著的成效，将三山岛金矿打造成全球矿山企业的引领者。

9.3.1　研判大局，蓄势待发（2017年至2018年）

随着国际竞争日益激烈、生产经营成本不断攀升以及安全环保要求日益提高，谋求转型升级已经成为矿山企业塑造可持续竞争优势的必然选择。此外，以大数据、人工智能和云计算等为代表的新一代信息技术正在渗透到运营管理中，重塑矿山企业的价值创造逻辑与方式。例如，随着智能勘探和矿业物联网等快速兴起，精细化采矿技术有望实现矿业生产"零排放"；基于全场景实时感知的选冶新技术突破有望大幅提高资源利用效率；深部探测技术的发展推动了矿产资源开发向地球深部进军。

通过深度研判未来矿山发展形势，山东黄金站在时代的风口，下发了《关于打造"国际一流示范矿山"的通知》，旨在开创黄金矿山建设运营新模式，全面实现矿山数字化、网络化、智能化、信息化，大幅提升劳动生产效率、资源综合利用率以及生态矿业建设水平，同时形成一套可复制、可推广的建设标准和经验，在山东黄金集团内部乃至国内矿业行业起到示范引领作用，全面提升山东黄金矿山整体建设和国际化运营水平。

另外，通过对标目标对象，可以发现自身存在的问题，并为下一步战略规划指明方向。山东黄金通过对标世界领先的黄金生产商巴里克，明确了"国际一流示范矿山"建设要立足于客观现实条件，正视自身在技术装备、管理理念、业务流程方面的差距，贯彻落实绿色发展理念，突出生态建设水平，打造可持续竞争优势。

9.3.2　启动建设，开创局面（2018年至2019年）

在充分借鉴国内外领先矿业企业发展经验，分析矿山发展面临的数字化机遇与人文挑战的基础上，山东黄金联合矿冶研究机构与行业内专家，共同探讨出以点带面、逐步推进，将三山岛金矿作为"国际一流示范矿山"建设试点单位的重要决定，讨论通过了"国际一流示范矿山"建设的总体方案。

具体而言，三山岛金矿围绕"本质安全、智能智慧、绿色生态、社区和谐、效益领先"进行总体规划与建设。以"矿石流"为主线，将"挖得出来、吃得透彻、排得干净"三个环节挖掘至极致。在采矿方面重点解决"海底采矿""深井采矿"和"智能采矿"问题，在选矿方面重点突破"优化选矿"问题，在尾矿处理方面重点解决"无废化、生态化"问题。这一系列工程初步建成后，三山岛金矿在智能矿山、本质安全矿山、绿色生态矿山、深井矿山、人文矿山建设等领域，会对我国黄金行业产生一系列示范效应，对行业转型升级、引领矿业未来发展具有深刻意义。随后，三山岛金矿率先启动了采矿方法变革、地压监测系统建设、智能选厂建设等一批关键基础项目，正式拉开"国际一流示范矿山"的建设大幕，为"国际一流示范矿山"建设搭设了核心骨架。

9.3.3 攻坚克难，成效初现（2019年至2020年）

围绕"安全高效、人文和谐、绿色生态、智能智慧"的建设主题，三山岛金矿进一步完善工业网基础设施建设，推动关键技术研发创新，试验采矿方法变革，践行生态发展理念，全方位、多领域地协同推进"国际一流示范矿山"建设。

在"安全高效"主题方面，三山岛金矿结合实际生产需要，开展岩体力学、海底深井采矿技术、通风降温技术、选矿技术和资源综合利用技术的研发和应用，努力达到技术一流；通过采用智能化运营管理系统，改革业务管理流程，增强了不同职能部门间的协调性，努力达到管理一流。技术与管理的"双一流"驱动保证了矿山生产运营的安全高效，为"国际一流示范矿山"建设奠定了基础。

在"人文和谐"主题方面，三山岛金矿积极培育一流的企业文化，打造一流的人才队伍，营造一流的企地关系，让尽可能多的个人和尽可能大的范围因企业的存在而受益。此外，三山岛金矿注重尊重、保护社区文化传统和遗产，坚持本地化用工和采购，以实际行动构建起融洽和谐的企地关系，支撑了驻地建设与发展。

在"绿色生态"主题方面，三山岛金矿秉承"区域耦合、区域互补、循环利用、生态和谐"的生态保护与修复规划原则，进行生态战略布局。通过全面升级生态矿业示范区，建设自然博物馆、沿海观光带、生态修复示范区、黄金采选清洁生产（循环经济）示范基地等，全面提升生态矿业建设水平。

在"智能智慧"主题方面，三山岛金矿积极开展物联网与大数据基础平台以及各种智能运营与决策平台建设。在数字化技术、设备和系统平台的加持下，生产作业从机械化遥控采矿逐步转变为无人自主采选，生产管理由过去的依赖经验决策转变为依赖大数据智能分析决策，生产安全由过去的依赖事后维护转变为依赖大数据监测实时防患于未然。由此可见，数字化赋能下的"智能智慧"使生产运营更加科学、高效与合理，更增强了人对于生产整体性的主动把握。

9.3.4 全面推进，一流示范（2020年至今）

三山岛金矿全面推进实施方案内容建设，在资源管理数字化、生产本质安全化、运营决策智能化、生态建设绿色化、人文建设和谐化等方面继续深化变革，打造国际一流矿山建设示范区，取得了显著的经济和社会效益，初步引领了行业建设发展。

在"一流示范区"方面，三山岛金矿构建了物联网、大数据、AI、5G等相融合的端、边、云技术架构体系，实现了一张网络全覆盖、一套数据全联结、一个平台全支撑、一部终端全掌控。全面提升矿山数字化、网络化、智能化运营水平，打造成"国际一流两化融合示范区"；践行安全环保"双零"理念，有效实施"机械化换人、自动化减人、智能化无人"，打造成"国际一流本质安全示范区"；深入推进企业管理赋能项目，提高矿山动能、发挥部门效能、激发员工潜能，打造成"国际一流精益管理示范区"；将生态文明理念贯穿于生产经营的全过程，打造成"国际一流生态矿业示范区"；提高员工的幸福感和获得感，营造良好的社区和谐关系，打造成"国际一流人文和谐示范区"。

在"经济效益"方面，三山岛金矿"减人增效"和"提质增效"成效显著，2020年总计减少现场工作人员334人，产生直接经济效益约19 204.68万元。三山岛金矿"国际一流示范矿山"建设经验已经形成示范性成果，并通过技术移植、方案复用等方式服务于其他矿山转型升级发展，降低了其他矿山的建设成本。

在"社会效益"方面，三山岛金矿的"国际一流示范矿山"建设受到社会各界广泛关注，吸引了东北大学、北京科技大学、矿冶科技集团、玲珑金矿、焦家金矿等多家相关单位前来参观调研。作为黄金矿业行业大数据平台、5G等技术的领先应用者，三山岛金矿对行业企业借助先进技术、打造一流竞争优势起到了良好的示范作用。此外，依托三山岛金矿"国际一流示范矿山"建设的实践，山东黄金引领了智能矿山领域的首个建设指南和多项标准的制定，成为行业智能矿山建设的"方向盘"和"参考书"，为我国矿业行业的转型升级做出了卓越贡献。

第10章

未来矿山治理的数字引领

10.1 矿业企业转型的数字机遇

10.1.1 数字世界

虚拟现实和物联网技术的发展推动了"人、事、物"的数字化，孕育出一个前所未有的数字世界。在数字世界中，人类的行为活动凝聚在网络空间，在整体上构建起一种全新的共同体生活形态；以数字技术、网络技术和通信技术为依托，数字世界为人类带来了互联网、物联网、大数据、人工智能等鲜活的应用；数字世界更凭借它本身所蕴含的巨大的创新创造活力，从电子商务发展、移动支付普及，到智慧交通、智能出行，再到远程教育资源共享，影响着人们生活的方方面面。

在数字世界中，数据作为一种新型生产要素将会为提升全要素生产率带来更多机遇，数字技术的综合应用是治理体系和治理能力现代化的新引擎、新抓手，它将重塑政治、经济、文化、社会、生态的新格局、新秩序，构建适应人类未来生产力发展的生产关系，驱动生产力的发展。

数字世界的出现必然伴随着数字文明的诞生。数字文明的特征是连接、和合、共生、共享、共赢，蕴含着天人合一的宇宙观、协和万邦的国际观、和而不同的社会观、人心和善的道德观。这与中国传统文化核心观念"仁爱、诚信、正义、和谐"是吻合的。仁爱提倡不但爱与自己相关的人，还要爱其他人。诚信是诚意的结果，先诚于自己，才能被人信任。正义是指追求正确和正当的义，坚持真理。和谐在于人与人、人与自然、人与世间万物的和谐共处。

未来已来！我们已经开启了数字世界的新纪元！

10.1.2　数字商业世界

人类陆续经历了 18 世纪蒸汽革命、19 世纪电气革命和 20 世纪信息革命。近年来，不断涌现的以大数据、云计算、虚拟现实、人工智能为代表的新一代数字信息技术推动了数字革命的到来。数字技术不仅快速改变了人们的生活与工作方式，还在扩大内需、推动供给侧结构性改革、提高创新能力和全要素生产率、增强社会治理效能等诸多方面展现出强大的赋能价值。

数字技术带来的最大影响在于打破了过去异质分布的资源要素之间的对称破缺，在数字化赋能情境中，数据穿透推进了"孤岛"的互联互通，相关的要素之间在数据驱动下自发地实现对称、匹配与组合，进而生成突破性的价值创造力量。在数字商业世界中，数字技术渗透下的商业环境呈现出高频实时、深度定制化、全周期沉浸式交互、跨组织数据整合、多主体协同等新特性。[一]在信息情境方面，商业决策所涵盖的信息范围从单一领域

[一] 陈国青，曾大军，卫强，等. 大数据环境下的决策范式转变与使能创新 [J]. 管理世界，2020，36（2）：95-105，220.

向跨域融合转变，商业决策过程中利用的信息从领域内延伸至领域外。①在商业价值创造主体方面，一方面，决策者与受众的角色在融合，特别是决策形式从人运用机器向人机协同转变，从人作为决策主导、以计算机技术为辅助，逐渐向人与智能机器人（或人工智能系统）并重转变；②另一方面，消费者已经参与到企业价值创造各环节中，产销一体化正在成为现实；在商业理念假设方面，商业理念立足点从经典假设条件向放宽假设条件，甚至无假设条件转变，支撑传统商业决策方法的诸多经典理论假设被放宽或取消；在商业流程方面，现代商业运行从线性、分阶段过程向非线性过程转变，线性模式转变为各商业环节和要素相互关联反馈的非线性模式。

身处数字商业世界中的企业的价值创造逻辑与方式均发生了颠覆性的改变。借助数字技术所带来的价值效应，积极推动数字化转型，重新塑造竞争优势，已经成为未来矿山企业高质量发展的必然选择。

10.1.3　数字矿山

矿山是一个以资源为开发对象的离散生产系统，主要作业区域处于地下深处，地质条件复杂。传统矿山环境恶劣，开采效率低下，资源调度不及时，尤其是粉尘、火灾等危害难以探测和辨识，给我国矿业生产带来了沉重的损失，更直接威胁到矿业人的生命安全。在传统矿山作业中，自然环境在很大程度上决定和限制了人类的作业内容与方式，人类则更多的是利用有限的能力在环境许可的条件下开展作业。

数字技术在矿业领域的渗透与应用，给传统矿业企业转型升级带来了重要机遇。虚拟现实技术的应用使得矿业企业通过三维可视化表达等手段

---

① 陈剑，黄朔，刘运辉. 从赋能到使能——数字化环境下的企业运营管理 [J]. 管理世界，2020，36（2）：117-128，222.

② 徐鹏，徐向艺. 人工智能时代企业管理变革的逻辑与分析框架 [J]. 管理世界，2020，36（1）：122-129，238.

获取海量、异构、多维、动态的矿山信息，能够主动感知矿山的人员、设备、环境、管理等各方面状态变化；借助于大数据智能分析系统，矿业企业可以根据实时获取的生产、安全和管理数据进行科学决策分析；通过建立矿山信息的分布式共享、协同和利用机制，推动生产要素快速精准调度；基于大数据挖掘和分析可以增强对设备和环境状态的判断、对异常事件的监测及对潜在危险的预警，进而提前做出针对性的维护行动，将安全隐患扼杀在摇篮中。由此可见，数字技术的加持使传统矿山正在变成"数字矿山"，不仅实现了安全管理的可控化，更实现了生产管理的精细化。数字矿山带来的更深层次的意义在于，借助数字技术的使能，人类在矿山自然环境中可以发挥更多的主观能动性，甚至可以超越环境本身的约束或限制进行创造性作业。

数字矿山建设为传统矿山企业摆脱粗放式生产模式指明方向，未来矿山必将在"数字孪生"中加快安全、生产、环境等各方面的整体实现，其全方位的数字化渗透与重构必将形成数字矿业文明，重塑矿业、人类与自然环境之间的关系。

10.1.4　山东黄金数字化转型机遇

山东黄金积极开展数字化转型探索，除了受到数字技术的核心影响外，更有来自国际、国家、行业以及企业自身发展方面力量的系统推动。不同环境因素所形成的数字化转型场域为山东黄金数字化转型做出了铺垫。

从国际层面来看，当前经济全球化遭遇逆流，保护主义、单边主义加剧，国际贸易投资持续低迷，全球产业链、供应链和价值链受到非经济因素的严重冲击。西方发达国家经济社会发展陷入低迷，发展活力缺失，产业空心化严重，而新兴市场国家和发展中国家整体性崛起，呈现加速发展态势，国际力量对比正在发生近代以来最具革命性的变化。在"东升西降"

的国际发展态势下，山东黄金只有通过数字化转型增强价值创造实力，才能统筹推进国内、国际两个市场，紧紧抓住战略发展机遇，实现逆势突围。

从国家层面来看，我国经济已由高速增长阶段转向高质量发展阶段。高质量发展的核心特征在于从"数量追赶"转向"质量追赶"，从"规模扩张"转向"结构升级"，从"要素驱动"转向"创新驱动"；[一]由于企业是国家创造经济财富的重要载体，山东黄金以数字化转型实现自身高质量发展，已经成为新时代背景下的迫切要求。另外，加快构建以国内大循环为主体、国内国际双循环相互促进的新发展格局，更有利于国内企业充分依靠我国超大规模经济体优势，兼顾国内和国外两个市场，实现自身的价值输出。而只有具备强劲竞争实力的企业才能在"双循环"格局中脱颖而出。因此，以数字化转型增强自身竞争实力，已经成为山东黄金刻不容缓的任务。此外，以培育世界一流企业为目标，全方位深化国有企业改革，扎实推进国有企业高质量发展，已经成为国家层面的战略指南。[二]因此，山东黄金开展数字化转型，打造一流竞争实力，更是顺应大势所趋；山东黄金开展数字化转型探索，正是响应和践行国家高质量发展的号召与要求。

从行业层面来看，矿业作为传统行业，为人类提供基本物质与能源保障，为世界经济社会的繁荣发展提供支撑。从中长期看，矿产资源是我国经济社会可持续发展无可替代的物质基础，未来仍存在着较大的需求空间。尽管我国黄金行业取得了跨越式发展，但同样面临着全球经济放缓、金价低迷、资源环境约束、市场竞争日趋激烈等复杂严峻的外部形势，同时也受到地质资源禀赋条件差异、生产成本居高、开采难度增加以及安全压力增大等来自行业自身的不利因素的制约。数字技术为传统矿业行业打开了新局面。大数据、人工智能、云计算、移动互联网等现代信息技术正在与矿业发展融合，智能勘探、智能矿山、矿业物联网等快速兴起；在此情境

[一] 王一鸣. 百年大变局、高质量发展与构建新发展格局 [J]. 管理世界, 2020, 36（12）: 1-13.
[二] 王丹, 刘泉红. 加快建设世界一流企业 促进形成新发展格局 [J]. 宏观经济管理, 2021（5）: 14-20, 27.

下，山东黄金着力加强技术创新，实施智能化改造，引导矿业向智能型、生态型、效益型方向发展，引领了矿业行业的数字化转型。因此，山东黄金的数字化转型探索既是对数字经济背景下矿业企业亟须转型升级发展的有效回应，同时也为矿业行业数字化转型树立了示范性标杆。

从企业自身层面来看，在数字经济浪潮中企业"不进则退"。企业只有通过积极推进数字化转型，塑造数字价值创造能力，才可能不被时代抛弃。山东黄金集团领导以超前的长期主义理念为引领，敢于打破固有体制机制弊端，积极推进集团层面数字化转型，并敦促下属矿山企业展开数字化转型探索。集团内部，员工之间普遍形成了对于数字化转型迫切性与重要性的认知，并且服从与配合集团层面的指挥与协调，积极投入到集团数字化转型战略进程中去。此外，山东黄金一边同科研院所进行科学论证，一边集中优势力量重点攻坚，一边广泛地面向海内外终身学习，一边坚定地进行精益化推进，一边不断地寻求优化提升方案，这种基于"五边主义"的渐进式探索保证了数字化转型的科学稳步推进。

10.2　山东黄金矿业数字化转型的智能实践

10.2.1　全局智能

借助数字技术的东风，山东黄金开启了数字化转型的战略实践，打造了智能型矿山，从根本上改变了矿山的传统运行模式。具体而言，山东黄金从技术和管理两个层面整体设计智能变革，分别在选矿、采矿、生产调度与执行、决策与管理等方面进行智能化渗透与重塑，开展物联网与大数据基础平台和智能运营与决策平台建设，以及智能采矿、智能选矿、智能运输调度与控制等系统建设，并且依托平台全面打通各个智能系统之间的壁垒，在数据驱动下，矿山生产运营的精度、效度得到了明显提升。

在智能选矿方面，山东黄金开发了黄金选矿关键生产操作系统，智能化系统感知选厂生产条件变化，基于物理实体和数字孪生体的数据交互和超实时应用，实现了流程运行指标的智能优化控制。在智能采矿方面，山东黄金形成了深部矿体上下盘协同开采的技术体系，操作人员只需在封闭式空调驾驶室中监控和操作，系统会根据钻孔图实现自动定位、接卸杆、钻孔，进而实现了高精度自动化凿岩。在生产调度与执行方面，山东黄金基于三维仿真可视化分析系统，针对实时状态与条件进行生产动态规划，实现了生产作业组织与排产、生产任务分配、生产进度调整的智能化精准运行。在决策与管理方面，山东黄金建成以"大数据和云计算平台"为支撑的智能决策体系，实现从勘探、化验、地、测、采、选、产、供、销等环节实时采集信息，为矿山的生产管理提供真实、实时、精准的数据支持。

由此可见，山东黄金矿业转型的智能实践并不只是引入先进的智能技术或系统，而是立足于矿业生产的全生命周期，遵循技术和管理并重、并行的整体性变革逻辑。其中，在选矿、采矿、生产调度等生产环节，山东黄金结合实际作业要求装备了相应的智能化技术系统，有效保证了矿业生产的效率与安全；在决策与管理方面，基于对各生产环节运行数据的实时采集与分析，推动运营决策的科学合理制定，为矿业生产的稳定运行提供了后台保障。

10.2.2 "五自"机制

全局智能化变革提升了矿山运行的整体"智慧"水平，更增强了矿山这一复杂系统的自运行特性，矿山生产的本质得到了重新定义。在智能变革实践中，山东黄金积极推动矿山资源要素的数字化汇聚、网络化共享和平台化协同，打造出具有自感知、自学习、自决策、自执行、自适应属性的矿山新物种（见图 10-1）。在矿山智能实践中，自感知所捕获到的实时运营数据是推动自学习的重要基础，自决策依赖于反复的自学习后的效果呈现，而自执行则是将自决策的结果进行落地转化。自感知、自学习、自决策、自执行实现后才能整体体现出自适应。

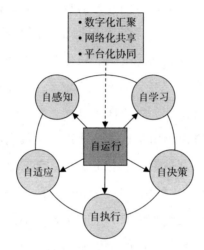

图 10-1　未来矿山"五自"运行机制

1. 自感知

传统矿山的开采过程是"模糊"且"黑暗"的。一方面，在深入井下前，矿业人是不了解矿山的状态与条件的，这背后可能存在着极大的安全隐患；另一方面，业务管理层并不能及时掌控井下作业进度，无法做出适时的规划调整。数字化智能技术的应用为传统矿山企业打破"模糊"与"黑暗"，建设智能矿山，进而为追求实时"确定"后的"光明"带来了可能。在智能矿山运行过程中，将多种智能通信设备、可视化软件系统、传感器等广泛地嵌入矿山生产环境中，使物理世界实现"数字孪生"。⊖利用各种

⊖ 张维国，葛启发，赵奕，等. 基于数据感知的数字孪生矿山建设研究 [J]. 有色设备，2021，35（2）：13-18.

通信技术，把传感网获取到的信息与通信系统联结起来，可以实现人与人、人与物、物与物之间的相互对话。数字技术的价值使矿业人可以实时感知到矿山的状态，预判潜在的运营风险，提前做出维护；井上管理层可以通过三维可视化软件系统清晰地洞察井下生产进度，及时地为井下工作人员提供必要的服务支持。山东黄金以"数据流"打通"矿石流"和"业务流"，依托大数据平台实现了对矿山生产运营状态的全方位感知。

2. 自学习

传统矿山的运行建立在以人为主导的经验基础上，机器本身则更多地按照人的意愿从事机械性的工作。因此，传统矿山中，人往往会疲于处理烦琐事物与惧怕发生极端事务，机器简直就是没有任何"思想"的冰冷工具。而具备"智慧"基因的新矿山则展现出了新风貌。一方面，实时采集的"矿石流"和"业务流"数据成为各智能运营系统自我学习的材料，基于矿山运行数据，智能运营系统会构建数据模型，并且后续涌入的数据会不断地验证与优化模型参数。[一]智能运营系统的自我学习属性的激活，使其逐渐拥有了随机处理事务的"思想"，并且随着运营周期的拉长，其"智慧"水平也会获得提升。例如，具备智能化作业功能的地下铲运机通过对局部环境参数的感知与学习，配合自主控制技术和先进的状态监控手段，可显著提升地下开采能力，并大幅度减少现场作业人员数量，有效减少灾害事故对作业人员的危害。另一方面，智能运营系统将人从烦琐事务中解放出来，人可以基于自身的知识、技能或认知对运营数据模型进行丰富与分析，加快智能运营系统功能的持续完善。

[一] 贾建民，耿维，徐戈，等. 大数据行为研究趋势：一个"时空关"的视角 [J]. 管理世界，2020，36（2）：106-116，221.

3. 自决策

传统矿山运营决策建立在有限理性模型与满意原则基础上，在决策过程中以人的行为要素，例如态度、情感、经验和动机等作为决策的重要考量因素。①因此，这种事前主体的"人为化"决策往往不符合动态万变的"事中"状态。在智能矿山的大数据环境中，管理决策正转向以数据为中心的全景式自决策。管理决策的信息来源从单一领域的历史数据转为多个领域的实时数据，从人作为决策指导转向人机协同决策。②通过对实时监测到的运营状况数据进行科学分析，动态地调整规划决策方案，保证生产运营的整体协调运行。山东黄金三山岛金矿按照"一云一湖一平台"理念建设了大数据平台，探索了基于大数据平台的智慧主题应用，实现了生产运营的自决策。例如，通过数据汇聚、智能分析增强洞察和决策能力，实现物资备件的快速定位，快速办理入出库，以及设备的全生命周期治理；通过大数据多维分析优势，智慧风险预警系统会综合分析作业环境的不安全因素，实现安全管控从事后分析到事前预防、从被动应对到主动防控。

4. 自执行

人力在传统矿山一线作业中扮演着十分重要的角色。受制于技术，传统矿山生产中，许多作业流程都依赖人力手工完成，生产效率低下，且矿业人在井下工作时面临着安全风险隐患。另外，尽管部分作业流程实现了信息化与自动化变革，但仅限于在事前给出的要求范围内进行作业。而在智能矿山环境中，一方面，智能化的技术设备取代了人力手工，按照实时数据指令进行自执行与作业；另一方面，由于技术设备本身增加了智能基

---

① 陈国青，曾大军，卫强，等. 大数据环境下的决策范式转变与使能创新 [J]. 管理世界，2020, 36 (2): 95-105, 220.

② 徐宗本，冯芷艳，郭迅华，等. 大数据驱动的管理与决策前沿课题 [J]. 管理世界，2014 (11): 158-163.

因,且基于大数据平台,不同设备、流程之间实现了互联互通,这使得不同作业流程可以根据现实需要自发地优化任务排程,及时完成生产要素的协调与调度。山东黄金三山岛金矿的超融合调度平台能实现多系统的融合联动,大幅减少现场作业人员,同时实现了提升系统、溜破系统与计量系统的协同作业,极大提高了矿石提升的连续性。

5. 自适应

传统矿山"呆板"且"笨拙",这不仅体现为矿山整体不能有效适应外界环境的变化,更体现为在生产运营中,不能针对突发情况做出及时果断的判断和处理,时常导致矿山不正常停产。智能矿山在提高生产效率、降低成本的同时,更显著提升了生产运营韧性,能有效适应与应对不确定性冲击的挑战。[一]智能运营系统会实时监测各作业流程的生产状况,及时采集运营数据进行分析,并将结果及时反馈给管理层,以便提前做出适应性调整;此外,矿山作业的持续稳定运行离不开不同作业流程之间的紧密衔接与协调匹配。基于大数据平台的实时共享与交互有助于不同作业流程之间动态规划任务安排以及协调生产进度,进而有效适应临时作业要求、突发事况的影响。[二]山东黄金三山岛金矿以"数据流"打通"矿石流"和"业务流",实时模拟地质资源分布、全部地面设施、作业环境,实时动态显示采场及外部设备运行状态,根据运营数据判断潜在的风险,及时进行集中优化指挥调度与全流程协调管控,在保证持续稳定运营的情况下有效化解外界环境的冲击。

[一] 张公一,张畅,刘晚晴.化危为安:组织韧性研究述评与展望[J].经济管理,2020,42(10):192-208.

[二] 丁秋雷,姜洋.基于行为运筹的生产调度干扰管理模型[J].系统工程理论与实践,2016,36(3):664-673.

10.3 未来矿山智慧的数据标准

在未来矿山智能化运行过程中，会产生大量的数据信息。如何将繁杂的数据转变为有价值的信息？如何利用数据信息进行科学决策？这些都是未来矿山治理中的关键问题。一方面，大数据同样需要经历完整的生命周期进行沉淀，才能提升价值含量；另一方面，不同系统之间需要统一标准，只有当数据能自由地共享、连接与交互时，才能获得"数据协同"，实现对目标事物的全面认识，提升管理决策的能力。

10.3.1 数据全生命周期与全生命周期数据

从杂乱无章的数据转变为条理清晰的信息，需要经过一定的数据资源处理行动，此为数据全生命周期；覆盖矿山企业生产运营全流程的数据结构，此为全生命周期数据。从繁杂的数据转变为有价值的信息，则需要全生命周期数据历经数据全生命周期，完成价值增值。

山东黄金三山岛金矿以深化数字化转型为目标，以"数据集成总线、大数据和云计算"为基础，基于工业物联网建成了金属矿山第一个私有云大数据中心。通过实时采集、海量存储与治理，从勘探、化验、地、测、采、选、产供销等环节产生的运营数据，形成了覆盖三山岛金矿生产运营全生命周期的数据湖，并依赖大数据平台对矿山已有的各个业务数据进行了横向和纵向打通，打造出基于大数据的智能决策系统。

数据湖汇聚了企业核心关键业务数据，形成了宝贵的数据资产，三山岛金矿围绕数据资产进一步开展价值挖掘，探索了基于大数据平台的智慧应用。例如，将数据湖里的物资耗用数据、设备管理数据、工业自动化控制数据、变配电数据进行跨领域整合和汇聚，通过三维可视化工具，实时精准反映重点设备能耗、用电峰平谷、大宗物资消耗等，并通过多维度的关联分析，为运营决策优化提供数据支撑。

在实际智能化运行中，矿山企业的生产运营数据需要经历"数据采集—数据清洗—数据分类—数据转化—数据建模—数据决策—数据回收"的全生命周期。经过这一生命周期的处理，数据才能完成支撑决策制定的使命，数据价值才能真正得到释放（见图10-2）。

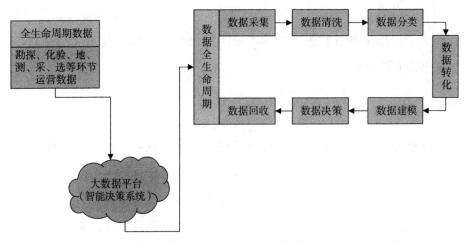

图 10-2　未来矿山数据治理周期

1. 数据采集

数据采集是基于传感器设备、智能终端与通信设施，监测"矿石流"和"业务流"的运营状况，实时收集智慧运营数据。在智能矿山运营中，数据大部分来自各智能设备或终端对现实情况的真实反馈，少部分来自人工记录，各种类型的数据统一汇入数据中枢平台中。实时性和准确性是数据采集流程中最重要的要求。山东黄金三山岛金矿实现了矿业内部生产系统、管理系统、安防系统等众多"信息烟囱"衍生的应用和数据的全连接，并汇总到统一的大数据平台，为矿山的安全生产、经营管理提供真实、实时、精准的数据反馈。

2. 数据清洗

由于初始收集到的数据往往是繁杂的，而且会存在很多无效的干扰数据，因此，大部分初始数据难以直接用于数据分析与决策。数据清洗是借用先进的数据智慧识别系统剔除那些重复无效的数据，进一步提升数据结构本身的价值含量。此外，数据清洗有助于减轻数据中枢平台的承载负荷，避免程序外数据的无端干扰。山东黄金三山岛金矿依托华为大数据平台，智能识别矿山生产过程中产生的大量结构化与非结构化数据，实现了对初始数据的有效净化。

3. 数据分类

智能设备或终端收集到的数据往往以图片、视频、文字等多种形式存在，并且汇聚到数据中枢平台中的数据通常来自不同的业务处理系统。只有按照形式与功能职能域做好分类，才能提高数据检索效率，理清数据逻辑。山东黄金以"矿石流"和"业务流"为生产经营主线，将实时收集到的运营数据划分为全矿地质、生产、安全、装备、人力、财务六大主题域，完成三山岛金矿数据湖建湖工作。

4. 数据转化

数据转化强调标准化数据形式，将所收集到的各类型数据转化为智能决策系统可以直接分析的语言表达。由于初始收集的数据往往以图片、声音、文字、视频等多种形式呈现，多元化的形式表达导致无法直接辨别不同数据之间的联系，因此，统一数据收集标准，并将收集到的初始数据统一转化为格式相同的语言，成为开展数据协同分析的必要前提。山东黄金三山岛金矿借助华为大数据平台，目前已经完成覆盖336个核心业务对象，676条管理信息数据标准，24 000项自动化控制信息数据标准，223张逻辑实体表的数据管理体系。通过将多元数据集中转换为可以直接分析的统一语言表达，为开展数据建模与分析奠定了基础。

5. 数据建模

离散的数据并不能产生有价值的信息。只有建立起数据之间的联系，发现隐藏在数据背后的规律，才能有效指导生产决策。数据建模正是以收集到的数据为基础，建立刻画事物运行规律的机理模型，指导后续决策方案的制订。[一]另外，数据建模作为矿山企业信息资源规划中的基础性工作，其建设内容、研究思路、模型与方法等同样具有示范性和可复制性价值。山东黄金三山岛金矿与华为公司合作，建立了覆盖矿山资源开采、安全管理、技术装备、数据管理、生产管理等方面的数据标准和数据模型，并且用这些标准和模型来衡量现有的信息系统及各种应用，符合的就继承并加以整合，不符合的就进行改造优化或重新开发，积极稳步推进企业智能化建设。

6. 数据决策

数据决策既包含基于历史数据的总结与提炼，优化现有运营体系；又包括基于数据模型和实时数据，预判潜在的运营趋势，果断、智能地处理当下突发状况。其中，基于对历史运营数据的分析，矿山企业可以发现生产运营方面存在的问题，进而重新优化系统标准、调整系统参数与模型，生成更加完善的运营规划执行方案。此外，基于实时数据的系统分析，矿山企业可以实时洞察潜在的安全隐患，提前做出预备性行动，防患于未然。山东黄金三山岛金矿通过大数据平台打造出基于大数据的智能决策系统，实现了对海水溃入、深部地压活动等安全风险因素的实时、立体化监测，

[一] 刘业政，孙见山，姜元春，等. 大数据的价值发现：4C模型[J]. 管理世界，2020，36（2）：129-138，223.

获取与提炼的岩层破裂发展规律和地压活动规律为井下巷道掘进、采场生产及支护措施提供安全保障和决策依据。

7. 数据回收

数据在转化为决策依据之后，暂时完成了它的使命。一部分数据会被数据中枢平台保存为历史数据，以便后期调阅和价值再挖掘；另一部分周期重复性数据则会被新一轮数据覆盖。山东黄金基于"一云一湖一平台"，对矿山已有的各个业务数据进行妥善保存与更新，形成了宝贵的数据资产。

10.3.2 数据协同竞争力

矿山本身就是一个复杂巨系统，依赖各模块、单元或系统有机联合后实现整体价值涌现。数据驱动下的智能矿山本身同样需要打通各个生产运营系统之间的隔阂，实现数据的互联互通，打造出基于"数据协同"的竞争力。此外，就整个矿业集团而言，往往下属多个矿区企业。不同矿区企业之间如何实现技术、经验、模式的复制、推广与交流，最终共同实现一流价值创造，也是未来矿山治理中面临的现实问题。

然而，数据本身的跨界可复制性、生成性和进化性催生了数据的共性，而数据的共性恰恰超越和覆盖了不同矿区企业需求的差异性。山东黄金以三山岛金矿作为一流建设示范单位，复制其取得的成功经验并逐渐向其他矿区企业推广，正是遵循了这一数据原则。具体而言，三山岛金矿通过搭建数据平台、构建数据标准体系，最终使"数据流"彻底畅行于自身内部以及各矿区企业，挖掘出数据协同价值。

1. 数据平台搭建

离散、孤立的数据单元是没有价值的。只有让不同模块的数据建立起联系，才能有机会挖掘数据背后的生产运行规律。平台天然的共享与聚合效应为联结各"数据孤岛"创造了可能。㊀三山岛金矿依托华为 ROMA 集成平台，以数据为中心，打通了以采掘、选矿、充填等生产工艺为主线的"矿石流"，以安全、生产、经营等管理系统为主线的"业务流"，构建起高度集成化、智能化、扁平化的矿山生产经营管理模式。在此基础上，平台始终向其他矿区企业保持开放，通过数据的广泛接入与泛在连接，以三山岛金矿为中心逐渐形成了基于数据驱动的生态价值场域。

2. 数据标准体系构建

在不同矿区企业的生产运营过程中，会产生形式各异的数据和信息。如果数据的存储与应用仍沿用多元化技术，那么投入大量资金和精力所建设的各项自动控制系统和业务管理系统只能在局部范围内发挥作用，而不能发挥协同价值。因此矿山企业要开展信息资源规划工作，制定全矿数据标准。以标准为参照，各运营系统以及各矿区企业才能有章可循，及时将通行的数据上传到数据平台。三山岛金矿业务部门负责人与华为大数据专家根据具体的应用场景，制订了三山岛金矿数据资源规划方案，统一了"矿石流"和"业务流"各环节的数据采集、存储和上传等系列标准，成功构建了数据管理标准体系。三山岛金矿的数据管理标准体系正在逐渐推广到其他矿区企业。在统一的数据管理标准指导下，即将形成各个矿区企业之间基于数据驱动的区域协同优势。

3. 数据协同价值挖掘

数据协同价值体现为来自不同领域的数据能在自由的共享、交互与连接中，驱动一切生产要素的自发对称匹配，实现资源的快速跨界调度与配

㊀ 杜毅博，赵国瑞，巩师鑫. 智能化煤矿大数据平台架构及数据处理关键技术研究 [J]. 煤炭科学技术，2020，48（7）：177-185.

置。这既体现为同一系统内部各"元件"之间的协同共振,更体现为不同系统之间形成互补耦合效应,实现"1+1>2"。一方面,三山岛金矿各智慧运营系统在大数据平台的统一协调下,实现了有序交互与衔接,保证了生产要素的及时精准调度;另一方面,三山岛金矿正在积极将其他矿区企业的数据引入平台,通过致力于实现数据驱动下的资源要素流通与共享,谋求整体上的价值联创。

第 11 章

未来矿山治理的标杆原则

未来矿山治理该何去何从？在转瞬即逝的数字化商业机遇面前，传统矿山企业如何把握住机遇，实现后发赶超？山东黄金三山岛金矿以"国际一流示范矿山"建设规划为基础，通过分析示范性成果，形成了一套可复制、可推广的矿山建设标准，为未来矿山治理树立了示范性标杆。

11.1 未来矿山治理的标杆建设

山东黄金三山岛金矿通过系统推动矿山发展的基础建设、数据建设、平台建设、终端建设，并且制定严格的实施建议和规划，保证了"国际一流示范矿山"建设工作有条不紊地开展。此外，在建设成为"国际一流示范矿山"的同时，三山岛金矿积极向集团其他矿区企业推广建设规范，带动集团整体奔向国际一流水平。

11.1.1 基础建设

以 5G、大数据、人工智能等为代表的新一代信息通信技术，正与工业互联网融合创新发展，将推动产业从单点、局部的信息通信技术应用向数字化、网络化和智能化的系统转变。如果说数据是未来矿山治理的血液，那么以 5G 为代表的高速通信网络则是数据流动的血管。远程控制、自动采矿、虚拟现实，任何未来矿山场景都离不开畅通的通信基础设施。因此，未来矿山治理首先就是要建设以 5G 高速通信网络为代表的基础设施，在此基础上为其他智能运营系统提供强有力的底层支持。山东黄金以满足当前及未来智能化矿山建设需要为出发点，对地面及井下区域进行网络化规划和设计，分批次逐步实现全区域 F5G 有线网络、5G+UWB 无线网络覆盖，全面承载语音、视频、数据三大业务的需要。

11.1.2 数据建设

未来矿山治理的数字化、智能化属性决定了大数据在矿山运营过程中扮演着重要的角色。然而，数据本身并不会产生价值，只有建立成熟系统的数据治理体系，才能在繁杂的运营数据中有所发现。数据治理的关键在于疏通各环节之间的数据流通渠道，以"数据流"带动"矿石流"和"业务流"，通过数据驱动达成价值共识、共创与共享。由于未来矿山治理既要面对矿区企业内部各智能运营系统生成的数据，也要处理不同矿区企业生成的数据，因此，只有事先确定统一的数据建设标准，才能实现不同系统和区域数据的有效集成。山东黄金三山岛金矿将生产运营中的业务数据分成视频、图片、文字等类别，并且与华为大数据专家联合制定了数据采集标准、数据存储标准、数据管理标准、数据集成标准、数据分析标准、数据可视化标准等，为各智能运营系统统一了口径，进而有效推动各系统之间的数据流通，释放数据协同价值。此外，不同矿区企业之间运用统一的数据治理标准，更有助于实现跨域耦合与联动，促进资源要素的广泛收集与快速整合。

11.1.3 平台建设

在统一的时空框架下，需要依赖能联结各相关方的协同平台，对矿山资源勘探、规划建设等过程进行数字化表达，并对相关功能模块进行加工、处理与利用，实现数据的集成和共享。在现有自动化、数字化、信息化系统的基础上，围绕"矿石流"，山东黄金三山岛金矿建设了三维可视化的综合管控平台，以矿山生产过程中具体业务为系统功能开发需求点，将与采矿生产相关的技术、管理、设备、安全有机结合，实现了矿山安全生产的"矿石流"全流程可视化智能管控；依托华为 ROMA 集成平台，三山岛金矿搭建了自身的工业互联网平台，对企业内部生产系统、管理系统、安防系统等衍生数据进行了全连接，为矿山的安全生产和经营管理提供真实、实时、精准的数据支持，最终形成基于智能决策与远程集中控制的国际一流矿山运营模式。

11.1.4 终端建设

平台是众多终端或系统模块集成后的产物。因此，各终端子系统或模块能恰当无误地对接到平台，以及彼此之间能实现兼容与联动，是保证平台发挥协同作用的关键。在未来矿山运营的过程中，遍布着高清摄像头、传感器等采集类终端装备，凿岩台车、铲运机等生产类终端装备，以及皮带运输机、电机车等运输类终端装备。尽管它们的形态、功能和应用场景各异，但山东黄金三山岛金矿在"国际一流示范矿山"的建设中，事前就确立了终端建设内容规范,明确了各终端数据抽取原则规范。在后续的落地执行过程中,基于统一的标准规范设计、引入和应用各种智能终端,保证了平台集成工作的顺利实施。

11.1.5　实施制度规范建设

未来矿山治理方案的执行同样需要与之相匹配的建设实施原则和人员组织规范作为支撑。为了提高现场管理水平,保证建设的进度和效果,山东黄金三山岛金矿开展了全优生产保障管理体系(简称 TOPS)建设,以企业实际绩效提升为目标,形成以现场管理为基础,人-机精细化管理(设备管理)为主线,持续改善为常态的管理和技术有机融合的实施制度规范体系。在基础模块方面,基于 6S 管理方法建立安全、高效、规范、有序的现场管理规范;基于工匠导师机制提升员工能力和素质;基于国际通行的 TWI 管理提升训练班组长的管理能力。在专业模块方面,通过岗位自主维护与三道防线制度建设、作业标准制定与标准作业执行制度建设,保证了矿山生产运行"安、稳、长、满、优"。在精益改善提升模块方面,建立基层成本控制指标体系,提高浪费源识别能力、生产成本核算能力和关键成本掌控能力,查找并且消除一切不增值的浪费现象,进一步提高企业利润空间。

11.1.6　方案推广建设

未来矿山治理并不是一蹴而就的,需要局部取得建设经验后,再逐渐向全局系统推广。但考虑到不同矿区企业之间在地质条件、数字化基础等方面的差异,需要"因企制宜"地制订针对性的解决方案,循序渐进地实施推进。三山岛金矿将采矿工艺、面向"矿石流"的生产全流程智能化设施与装备、人才文化与管理提升的经验打包成"国际一流示范矿山"建设经验，针对不同模块组建了专业推广团队。基于不同矿区企业的特点，通过制订"一对一"的个性化解决方案，并且及时提供定向的服务支持，持续稳定地帮助其他矿区企业实现转型升级。

11.2 未来矿山治理的标准化管理定义

"不以规矩，不能成方圆"，未来矿山治理的管理模式应该遵循怎样的标准与原则？标准化管理的内容有哪些？标准化管理的本质是什么？三山岛金矿以"国际一流示范矿山"建设为契机，通过不断地探索挖掘，更加具体化、条目化地界定了矿山治理的标准化管理原则和内容，为未来矿山治理树立了标准化管理标杆。

11.2.1 未来矿山治理的标准化管理要求

三山岛金矿以高质量发展为目标，按照可衡量、可实现与可执行的标准化管理要求，制定与部署一流建设规划，实现了"责任到岗，管理到位"，矿山管理水平获得显著提升。

1. 可衡量

三山岛金矿在一流管理实践中，始终秉承"量化"思维进行颗粒化管理。具体来说，任何规划目标都要细分到相应的单位或个人，任何事项都可以被分解为多个执行单元，即将复杂作业系统以"化整为零"的方式进行标准化分解，然后谋求多元模块或子系统之间整体生成式的"聚沙成塔"。尽管这种颗粒化的管理模式在现代管理学的早期很难实现，但在数字经济日益完善的今天，借助大数据的可分解性和可整合性相对容易实现。例如，三山岛金矿确立了以提升效益为中心的发展目标，那要怎么样具体去实现呢？三山岛金矿将抽象的效益划分为股东回报指标、员工满意指标和社会责任指标，各指标又对应若干分指标，直到可以落实到具体的人或事。通过这种层层分解的可衡量方式，实现了"专人专事"，保证了复杂作业的高效完成。

2. 可实现

可实现强调依赖井然有序且周全的管理举措保障作业指标的完成。各项作业指标的完成依赖行政、人才、财务、经营、技术、安全等方面协同出力。因此，矿山企业各职能管理标准中需要嵌入紧密结合各作业指标的相应思想或内容，杜绝只重其身却不重其义的现象。例如，在矿山企业的安全管理过程中，既要关注矿业人的人身安全，通过营造安全、舒适、可靠的工作环境，让矿业人真正地实现工作满意（员工满意指标），也要贯彻绿色发展链，及时控制废水、噪声等因素对周边社区环境的干扰，充分承担起社会责任（社会责任指标）。同样，在技术管理过程中，既要注重智能采选技术或设备的研发应用，以实现提质、降本和增效的目的，进而为股东创造更大的价值利益（股东回报指标），也要加大大数据智能预警技术的引入，及时发现潜在的风险，防患于未然，真正让员工的安全有所保障（员工满意指标）。

3. 可执行

可执行强调日常管理活动的事例或流程都能按照既定的要求妥善完成。在未来矿山治理环境中，传统层级制的组织结构将被扁平化的"人人自治"型组织结构取代。矿业人按照熟知的流程标准和惯例完成相应的作业，无须再层层汇报和请示。因此，事前确定覆盖矿山生产运营全生命周期事务的流程内容，让矿业人真正有章可循，成为推动"人人自治"实现的前提。三山岛金矿共形成了覆盖财务管理、人力资源、安全管理和技术管理等在内的 79 项工作流程。通过事无巨细的科学规划与引导，既减轻了矿业人作业时的困惑，提高了生产作业效率，同时保证了生产作业都能准确无误。

11.2.2 未来矿山治理的标准化管理内容

三山岛金矿按照"制度为上、标准为先、管理升级、流程优化"的原则展开"国际一流示范矿山"建设工作，通过发挥部门效能、激发员工潜能，围绕一个中心，抓住一套指标体系，制定八套标准，梳理 N 个流程，打造了标准化管理体系，引领了未来矿山智能化、集约化、绿色化、人文化的发展趋势。

1. 以效益为中心

企业存在的价值和意义在于创造效益。未来矿山治理的标准化管理理应以效益作为判断各种工作行为是否正确的基准。三山岛金矿的效益表现在四个方面：一是惠泽员工。让员工因三山岛金矿的发展而受益，包括工资的增长、工作环境的改善、能力的提升和自我价值的实现等；二是回报股东。较高的股东回报水平是企业发展的重要目标。三山岛金矿通过创新经营机制，采用先进的技术提升生产运营效率，创造了更多的经济价值；三是造福社会。三山岛金矿通过自身的发展促进社会的发展，比如提供了更多的就业机会，改善了当下的生态环境，带动当地经济的发展；四是富强国家。黄金作为"硬通货"，在国家战略储备中发挥着不可或缺的作用。三山岛金矿胸怀家国天下，通过自身的高质量发展，为黄金矿山树立起了标杆，其一流建设经验的复制和推广将会带动其他黄金矿业企业，为国家贡献更多产品，为国家富强做出积极贡献。

2. 一套指标体系

指标是对效益表现的量化体现。只有将抽象化的效益细分成具象化的指标，才能为后续工作的执行确定好目标。其中，对应不同的效益导向，相应的指标体系覆盖范围越广泛，指标内容越细化，越有利于制定相应的实施举措，进而保证效益的最终实现。三山岛金矿构建了覆盖惠泽员工、回报股东、造福社会与富强国家效益导向的指标体系，有效支撑了一流效益目标的实现。例如，针对惠泽员工的效益导向，具体设计了涵盖工作本身、薪酬福利、培训发展、工作关系、管理领导和企业文化六个方面的指标体系，其中薪酬福利指标中又包含了工资公平性、工资水平和工资结构方面的细化考量因素。通过细化的指标设计，既形成了生产作业的详细要求，也有利于根据指标考核绩效。

3. 八套标准

基于效益最大化的标准，通过优化标准作业活动，确定相应指标的最佳实践方案，形成标准贯彻执行，这正是标准化管理的要义所在。三山岛金矿针对指标体系，制定了包含综合管理、人力资源、财务管理、经营管理、物资管理、安全管理、技术管理和作业管理在内的八套标准体系，共覆盖174个工作模块，980项管理活动，可以说是事无巨细地建立起了支撑矿山企业运行的行动指南。其中每一套标准体系由模块、主要内容和核心管理思想构成。模块是对某类属管理标准的实操性事项的细分，主要内容则是关于某项事项的具体操作指南，核心管理思想反映了该项事项执行过程中遵循的原则。标准的建设一方面有利于将日常作业经验固化下来，生成可复制的生产作业逻辑；另一方面也有利于针对突发问题快速锁定源头，通过深究内因制订改进方案。例如，在重大危险源监控管理模块，需要明确组织分工，确定危险防控目标，制定危险源应对措施和考核指标等主要内容。其秉承的核心管理思想是：遵循"二八原则"，对重大危险源重点控制；和智能矿山建设相结合，利用智慧运营系统加强对重大危险源的全时监控，防患于未然。

4. N 个流程

标准体系中规范的作业经验被固化下来，就成了制度流程。一方面，制度流程的确立可以使相应的管理活动被科学规范地执行，尤其是避免了重复性工作造成的浪费。另一方面，制度流程本身是标准化管理程序的集成，其更深层次的价值在于推动成果经验的跨界复制。三山岛金矿基于八套标准体系的成功经验共提炼出 79 个日常工作流程，并将它们以制度化的形式在公司内部确立下来，要求员工按照流程程序严格执行。例如，就人力资源模块而言，三山岛金矿根据实践经验，总结出工资总额分配流程、工资二次分配流程、工资审核流程、公开竞聘流程、考察选拔流程和申请调配流程，可谓是事无巨细地对人力资源管理行为进行了规范统一。此外，尽管不同矿区企业面临的生产环境有所不同，但标准化的流程程序却具有普遍性，其所涵盖的矿山企业运行共性远远超越了不同矿区企业之间的情境差异性，这也是三山岛金矿能跨界复制推广经验的根本原因。

11.2.3 未来矿山治理的标准化管理本质

三山岛金矿在矿山治理过程中遵循"管理制度化—制度流程化—流程信息化—信息数据化"的标准化本质路径，构建起系统的标准化管理体系，为法约尔传统的计划、组织、指挥、协调和控制五大管理职能活动带来了挑战，重新定义了未来矿山治理中的管理法则。

管理制度化最早由马克斯·韦伯提出，其实质在于以科学确定的制度规范为组织协作行为的基本机制，主要依靠科学合理的理性权威实行管理。

未来矿山本身就是一个复杂巨系统，不同模块或系统之间的协作必须依赖制度化的标准法则进行约束或引导。三山岛金矿针对人力资源、财务管理、物资管理等分别制定了科学的制度化规范，并且要求职能负责人严格按照规范标准行事。管理制度化是让员工行为有章可循的权威性约束，尤其是在未来矿山治理环境中，随着"人人自治"逐渐成为趋势，制度化的管理规范将是无形中引导员工力量发挥与集聚的推手。

什么是流程呢？流程就是做事的时候，为了节省时间，提高效率，最科学合理的先后顺序。制度流程化就是通过优化流程或流程再造，确定最佳实践逻辑，提高组织及个人工作效率，进而最大程度提升效益。[一]因此，未来矿山治理过程中要想调动系统力量，就必须要将制度流程化，明确工作的部门归属、人员归属、流程归属，一切按照流程，照章办事，就可以避免"谁都负责，谁都不负责"现象的出现。三山岛金矿在"国际一流示范矿山"建设过程中共形成了79个工作流程，覆盖了包含经营管理、物资管理、安全管理和技术管理等在内的矿山生产运营的全生命周期。

流程信息化强调利用大数据分析、虚拟现实等数字化技术，通过对生产运营流程中产生的数据进行深度开发与利用，不断提升生产、经营与决策方面的科学性，持续优化流程执行过程。三山岛金矿通过信息化建设，实现"一个标准、一套数据"，提高了流程自动化及操作智能化程度，基于大数据平台对"矿石流"全流程进行可视化管控，实现了生产要素的实时动态调度和生产规划的动态调整。此外，基于大数据的关联分析与反馈，能为优化既定工作流程提供决策依据，从而不断提升流程本身的科学合理性。

信息数据化强调企业在完成信息化"补课"的基础上，以生产运营全流程产生的数据作为驱动组织运营的动力要素，实现全方位数据驱动下的智慧化管理。信息数据化的意义在于将过去存储在运营系统中的工业信息或知识转化为具有分析价值的数据，进而打破"信息孤岛"，实现跨部门自

○ 孙权.制度化管控体系构建与实践[J].现代经济信息，2019（8）：157.

由交互与连接。其中,"数据化"既包含将矿山企业生产运营中所涉及的"物、事、人"以数据的形式"孪生"重现,又包括以累积的数据为基础进行运营模型构建,并且根据后续实时涌入的数据做出针对性决策。此外,数据本身具有可开发性,未来矿山企业可以基于历史运营数据,进一步做出预测性分析,及时将运营危机化解于萌芽状态。

11.3 未来矿山治理中的管理法则

法约尔在领导一家矿山企业"转危为安"的实践中,以企业生产运营中的管理活动为研究对象,总结出包含计划、组织、指挥、协调和控制在内的五大管理职能,奠定了他在管理过程学派中的先驱地位。然而,随着智能化、效益化和生态化矿山的建设发展,传统的五大管理职能范畴下的理念与方式越来越不适应现代矿山企业的需要。三山岛金矿在"国际一流示范矿山"建设工作中,重新定义、丰富或更新了管理职能的内涵,基于标准化管理体系创新塑造了未来矿山治理中的新管理法则。

11.3.1 法约尔管理职能面临的挑战

在以法约尔为代表的古典管理理念中,企业通常被划分为各个部门,诸如财务、设计、制造、营销等,并且各部门按照计划、组织、指挥、协调和控制的运行法则开展各自的工作。这种职能分析法成为整个 20 世纪占据主导地位的管理学分析方法。从哲学层面看,这实际上是对一个系统整体进行元素分解的解剖式的静态分析方式。它的出现与科学时代机械论观念的流行密不可分。在这种机械论观念中,企业就像一台"机器",所有的问题都有简单、清晰而明确的因果关系,可以用线性的方式(或者将非线性

的问题线性化)解决;通过对现实状况的掌握和分析,就可以准确预测事情未来的结果(机械决定论)。○

应该承认,这种科层统治型的管理保证了规则、预测和效率,然而,随着当今经营环境的日益复杂和不确定化,这种机械控制、等级森严的结构以及追求稳定而安全的观念,越来越与时代不相适应。三山岛金矿在"国际一流示范矿山"建设过程中,摆脱机械式思维的制约,基于标准化管理体系建设,提升了组织管理对复杂环境的适应性。概括而言,三山岛金矿标准化管理模式对法约尔管理理念带来的冲击在于:

1. 计划

管理应该预见未来。尽管法约尔管理理念认识到计划对企业生产的重要性,但在制订与执行计划过程中面临以下问题:第一,管理者总是依赖人为决策,在过去生产记录、资料的基础上努力做出合理计划;第二,各职能部门之间常面临计划冲突;第三,计划执行情况总是在事后被考核,难以及时做出调整。虽然三山岛金矿同样强调计划的重要性,但基于数字技术的加持,有效解决了法约尔管理理念下计划实践的局限性。例如,管理者根据"矿石流"与"业务流"的生产运营数据,基于科学合理的工程作业机理模型,进行大数据决策分析,为制订客观的计划提供依据;大数据平台实时展示各运营节点的计划内容,流程上下游自发地进行自我调整,协同推进生产作业有条不紊地运行;智能运营系统实时监测各流程节点的工作状况,随时针对作业进度进行计划的动态有序调整,保障总计划的完成。由此可见,三山岛金矿在数字技术的赋能下,加强了生产计划本身的实时性、科学性与协作性,化解了法约尔计划管理职能在数字化时代的困境。

○ 陈劲,曲冠楠,王璐瑶.基于系统整合观的战略管理新框架[J].经济管理,2019,41(7):5-19.

2. 组织

法约尔管理理念中的组织强调为企业的经营提供必要的原料、设备、资本和人员。组织内存在着垂直命令式的严密上下级关系，呈现金字塔式结构。在相对稳定、目标明确的生产作业环境中，这种"上传下达""上行下效"的组织规范确实提高了组织行为一致性，提升了生产效率。但随着环境日益复杂多变，这种僵化的组织结构造成了组织惰性，企业难以针对市场要求的变化快速地做出适应性转变。此外，如今普通员工获取信息的速度几乎同他们的领导者一样快，从而使以往以信息不对称为基础的官僚体制日益失去其强制色彩。三山岛金矿大幅缩减组织层级，组织设计开始体现出一种"自组织"观念，即雇员不再是机器上可以替换的齿轮，而是一个有机体的重要组成部分。所谓自组织管理，就是以发挥被管理对象的主动性、积极性为核心，通过被管理对象自身的作用使管理系统达到最优状态。组织的运作就像计算机网络，许多极富自主性、智能性的运作单元与外界及其他运作单元进行着快速的交流，并能为解决新问题迅速自我调整，化解了法约尔组织管理职能在数字化时代的困境。

3. 指挥

法约尔管理理念中的指挥强调领导者凭借着对员工品质、技能和管理要求的了解，因时、因人做出指导性工作。因此，"指挥"的潜在假设就是领导永远比员工更加了解事态发展的走势。然而现实中生产作业环境本身充满了各种突发因素，只有身处一线的员工才是最了解情况的人。与远在千里之外的上级指挥部相比，一线指挥员对战机的瞬息万变更有"体感"，对部队的动态情况更为清楚，定下的决心也往往更具针对性。华为内部践行"让听得见炮声的人呼唤炮火"，其中"炮声"是指来自市场一线的客户需求、竞争对手的情报和资源、市场环境；"听得见炮声的人"指的是与客户紧密接触的团队，包括销售人员、售前技术人员、售后技术人员等；"炮火"是指华为的各种资源，包括团队人员、支撑人员、成本、物流、设备等。把决策权授予一线人员，后方起保障作用，这样一来，流程梳理和优化就要倒过来做，以需求确定目的，以目的驱使保证，精简不必要的流程和人员，进而快速响应外界环境的变化。三山岛金矿通过不断的尝试与探索，总结出"118N"标准化管理体系，规范了各作业流程的管理标准，让员工在面临突发情况时，可以基于自己的判断，按照相应的标准化规范果断处理与应对，同时后台组织随时提供有针对性的资源或服务，有效避免了过去层层汇报后按照领导不切实际的指示来执行的局面；另外，大数据平台的建设有助于及时感知各矿区企业生产运营状况，做到集中指挥，统一调度，杜绝了过去"各自为政"的局面，化解了法约尔指挥管理职能在数字化时代的困境。

4. 协调

法约尔强调协调的目的是让事情和行为遵循合适的比例，一切资源、要素或力量都要恰当地配合。但在矿山企业经营中，各部门各司其职，尽管表面看起来大家是在为统一的目标而奋斗，但是并没有谁对事情结果真正负责。大家只负责做好本职工作，并不在意能否与其他人员形成良好的协作。久而久之，组织内部形成了所谓的"部门墙"，难以形成真正想要谋求价值突破的合力。以孔茨为代表之一的管理过程学派认为，"管理就是通过别人来使事情做成的一种职能"，在此理念下，协调理所应当地成为管理的本质，其潜在假设是管理的价值在于有效协调各种异质性资源或能力，形成系统力量。三山岛金矿一方面建立了能实现展示运营场景的大数据平台，各流程节点在数据驱动下自发地进行交互、对接与协作；另一方面，在数字技术加持下采用颗粒化分解的形式明确各职能或事项的负责人，并以最终绩效衡量个人贡献。鼓励大家形成自组织群体，聚焦共同目标协同作业。如此一来，从根本上改变了员工被动工作的态度，组织创新动力获得了提升，化解了法约尔协调管理职能在数字化时代的困境。

5. 控制

法约尔强调控制在于要证实企业的各项工作是否已经和计划相符，通过指出工作中的缺点和错误，纠正并避免重犯。因此，控制的目的在于事后纠偏，尽可能减少已经发生的过失所带来的损失。而在三山岛金矿的生产运营中，大数据平台能实时收集与展示各流程节点的运营数据，并且及时做出专业性分析。通过事前预测潜在的隐患，并且做出适应性的调整行动，将损失消灭于萌芽状态。因此，相对于法约尔管理理念下的事后控制概念，三山岛金矿以自身实践定义了事前与事中控制，提升了企业在事故应对方面的主动权。法约尔时代与数字时代管理职能的不同特征见表 11-1。

表 11-1　不同时代管理职能的特征

职能	法约尔时代	数字时代
计划	人为决策；内部计划冲突；延时调整	数据决策；透明共享协作；实时监测与反馈
组织	层级制；上传下达；上行下效	自组织；自驱动；自调整
指挥	假设领导比员工了解事态发展的走势	员工按照标准化规范果断处理与应对
协调	"部门墙"；没有谁对结果真正负责	自发对接与协作；颗粒化分解"到岗到人"
控制	事后纠偏；尽可能减少造成的损失	事前或事中纠偏；防患于未然

11.3.2　未来矿山管理属性

法约尔基于计划、组织、指挥、协调和控制五大职能构建了管理法则，由于其本身所含的孤立、静态与被动假设[①]已经越来越不适应日益复杂的矿

[①] 张佳良，刘军. 法约尔与一般管理理论——写在《工业管理与一般管理》百年（1916—2016）诞辰 [J]. 管理学报，2016，13（12）：1737-1744.

山生产环境需要，未来矿山治理过程中的管理必须更加主动、动态，能够达到适应与融合的目标，才能真正实现"形"与"神"的统一、"体"（目的）与"用"（工具）的统一，进而以卓越的管理优势塑造能灵活应对环境变化的组织，帮助企业在不确定性不断增加的环境中创造持续竞争优势。

1. 主动性

管理的主动性相较于被动、事后、约束等传统管理的特点而言，强调在企业的生产层面和业务层面以先发、激励和更加主动的方式推动价值实现。例如，基于大数据运营平台的实时监测，企业可以及时洞察潜在的风险，主动先发地做出适应性的调整；标准化流程不仅是为了规范矿业人的行为，更有利于让员工在突发情况下有章可循；自组织式的组织运行方式能充分激发矿业人的积极探索行为，有利于不断优化问题解决方案，也让员工的自我价值得到充分体现。○

2. 动态性

管理的动态性既体现为管理活动所处环境的复杂多变性，也包括组织内部可以根据环境的变化随时做出动态的转变。具体而言，组织外部的商业环境充满了不确定性，随时可能对矿山企业提出新的发展要求；在未来矿山企业的生产运营过程中，每天面临着各种不确定的因素，再像法约尔时代那样企图通过制订固定的计划指导生产已经不太可能。未来矿山企业必须基于数字化智能技术实现对全运营流程的实时洞察，动态进行规划与调整，促进资源要素之间的随时调度与配置；再者，就组织内部的创新动力而言，矿业人不再局限于在传统固定岗位上履行职责，而是根据任务的需要进行自组织、自驱动，矿山企业可以从组织外部动态整合所需资源或能力。

○ 孙波. 自组织管理：实现组织一体化的新方式 [J]. 中国人力资源开发，2015（8）：12-14.

3. 适应性

管理的适应性强调组织能快速适应环境的变化，并凭借强大的内部驱动力量从逆境中获得成长。这种适应性不仅体现为计划、组织、协调等职能的随机应变，还包括对矿山企业自身的战略定位、价值观、业务版图等不断进行适应性调整。另外，逆境本身作为一种现实困境，在法约尔管理理念中，扮演着阻碍企业成长的负面角色。但由于未来矿山企业本身所处环境的不确定性增强，以及组织内部具备了源源不断的创新动力与活力，因此，由不确定性引发的逆境更有可能成为未来矿山企业逆势增长的契机。⊖ 例如，经历栖霞笏山金矿"1·10"重大爆炸事故、招远曹家洼金矿"2·17"较大火灾事故后的山东黄金痛定思痛，牢牢树立安全底线，通过制定安全管理标准与流程，将本质安全的发展要义深入贯彻到企业一流建设中去，企业的安全生产水平获得了质的飞跃。

4. 融合性

管理的融合性强调各管理主体、目标或进程之间存在着非线性交互关系。在大数据环境下，许多管理决策问题从过去的领域内部扩展至跨域环境中，领域外大数据与领域内信息的融合，使决策要素的测量更完善可靠，管理决策的科学性与准确性得到了提升。随着人工智能技术的迅速发展，智能系统越来越多地主动参与到决策过程之中，决策主体不再是单一的组织或个人，而是人、组织与人工智能相互融合。传统管理遵循线性的过程展开，按照目标制定、信息获取、提出方案、选择方案、评估方案等环节按步骤解决特定问题。在大数据环境下，线性流程的适用性和有效性显著降低。大数据及其融合分析方法使全局刻画成为可能。现实情境常具有多维交互、全要素参与的特征，且涉及的问题往往复杂多样，因此，能实现

⊖ 李平，竺家哲. 组织韧性：最新文献评述 [J]. 外国经济与管理，2021，43（3）：25-41.

多维整合并能针对不同环境进行情境映射和评估的非线性流程更为适用。[一] 由此看来，未来矿山企业的管理流程必然向连续、实时、全局决策且允许信息反馈的非线性模式转变。

11.3.3 未来矿山管理职能新解

以计划、组织、指挥、协调和控制为核心的法约尔管理职能体系，已经不再适应数字化时代矿山生产运营的需要。未来矿山的管理势必要融入主动性、动态性、适应性与融合性的属性基因，重新构建管理职能体系，才能在有效适应环境过程中塑造可持续性优势。三山岛金矿在"国际一流示范矿山"建设过程中，借助数字化技术，经自身创新实践形成了以变化、整合、赋能、协同和平衡为核心的未来矿山管理职能体系，实现了对法约尔管理职能体系在数字化时代的新解读。

1. 以变化重新定义计划

《易经》中的"变易"原则强调宇宙间的万事万物都在不停地运动变化着。未来矿山环境中更是充满了各种不确定性，让传统计划管理职能难以再发挥作用。企业只有构建基于变化的管理职能，才能始终与不确定性保持确定性关系。变化管理职能强调矿山企业实时感知生产状态，及时主动地做出针对性的调整以优化作业排程，进而确保组织能稳定地适应来自内外部的不确定性的影响。

2. 以整合重新定义组织

法约尔管理职能体系中的组织代表着一系列物、事与人的集合。组织

[一] 陈国青，曾大军，卫强，等. 大数据环境下的决策范式转变与使能创新 [J]. 管理世界，2020, 36（2）: 95-105, 220.

所起的作用就是合理配置现有资源或能力以支撑相应价值目标整体实现。未来矿山生产任务或环境复杂多变，一方面，复杂的生产任务往往需要以颗粒化形式分解到若干执行单元分别完成，然后谋求分布式创新节点的耦合；另一方面，企业更需要从组织外部配置自身所不具备的资源或能力以满足复杂任务的需要。由此可见，未来矿山企业需要构建基于整合的管理职能，即遵循"整-分-合"的过程逻辑，合理配置一切资源或能力以支撑复杂价值目标的整体实现。

3. 以赋能重新定义指挥

未来矿山环境中来自一线的矿业人最了解事态状况，要想及时地针对突发状况做出反应，必须赋予矿业人决策权，避免层层汇报造成时机延误。此外，作为后台的组织要为一线矿业人提供服务支撑，帮助其培养或更新价值突破能力。因此，未来矿山企业需要构建基于赋能的管理职能，即要赋予矿业人行动的权力，还要激活其能力，让矿业人能针对问题快速地进行自我决策与应对，提升企业敏捷性水平。

4. 以协同重新定义协调

未来矿山本身是一个复杂巨系统，只有分布式的节点力量协同工作，才能有机会形成前所未有的价值突破。传统意义上的部门之间的协调已经不再能满足泛在连接与交互的需要。未来矿山企业需要构建基于协同的管理职能，即组织内部各流程节点之间要基于实时共享、交互与连接实现无缝衔接；组织外部利益相关者之间要基于核心企业统一的接口标准实现融洽式的联动响应；组织内外部之间要基于公平、透明、动态的合作机制设计，实现供需精准对接。

5. 以平衡重新定义控制

面对复杂多变的作业要求，相较于传统意义上的事后控制，未来矿山企业要在事前乃至事中做出修正纠偏，协调好资源、事项或力量之间纵横交错的关系，避免冗余或缺失，并且保证在"质"与"量"上的双重到位。因此未来矿山企业需要构建基于平衡的管理职能，即恰如其分地协调好生产环境中的一切要素，使矿山整体保持稳定运行。未来矿山管理职能体系与法约尔管理职能体系的对比如图 11-1 所示。

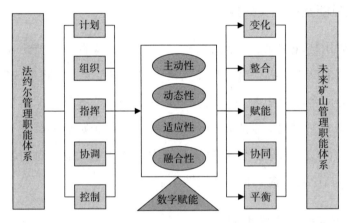

图 11-1　未来矿山管理职能新解

11.4　未来矿山治理的适应性发展

未来矿山治理的重要目的在于推动企业获得持续性竞争优势。然而，随着环境越来越充满模糊性与不确定性，企业只有具备与环境保持相适应的能力，才有机会勇立潮头，从不确定性中受益。未来矿山的多区域分布性以及各区域矿山企业之间的多元集成性，决定了其必须从宏观和微观两个层次塑造具备适应性特性的发展方式，从整体上构建起复杂适应系统，实现矿山企业内部以及不同矿区企业之间的协调共同发展。

11.4.1 宏观层面自适应性

未来矿山企业往往由分布在多个区域的子公司构成。不同区域子公司之间的相互作用使未来矿山整体呈现出不断演变与进化的趋势。从整体论的角度来看，未来矿山并不是由分布在各个区域的矿山简单地组合而成，不同部分之间通过内在的自适应机制实现恰当的耦合，才能形成一体化的整体呈现。

区域耦合往往涉及某一区域矿山在与其他矿山的交互中不断地改变自身行为规则，实现与其他主体协调发展，推动整体上的价值涌现。其中，区域耦合作用的本质在于基于学习与调整的自适应机制。不同区域矿山企业之间要相互学习与借鉴，保持相对同步的运行频率，才有可能产生价值碰撞的机会。三山岛金矿在"国际一流示范矿山"建设过程中取得了成功经验，为其他矿区的矿山企业塑造了智能化、效益化和生态化的示范性标杆。但若要推动集团整体上达到国际一流水平，各矿区的矿山企业必须向三山岛金矿学习，查找自身在生产工艺、经营管理乃至发展理念方面存在的缺陷，充分地消化与吸收三山岛金矿变革经验，推动自身发展模式的转变。各区域矿山企业只有实现技术、制度、模式等方面的同步，才能有机会进一步实现作用耦合，联结成突破性的价值创造力量，因此，在向标杆企业学习的过程中，各区域企业还要结合自身实际特点进行调整与转变。三山岛金矿将"国际一流示范矿山"建设的经验打包形成矿山高质量发展解决方案，通过定向地提供转型升级服务支持，减少了其他矿区矿山企业进行一流建设的成本与周期，从而有助于集团整体上加快步入国际一流发展行列。

区域耦合的实现可以使不同矿区的矿山企业之间实现同频运作。由于多方在发展模式、理念和水平上存在共性，因此必然会引发多层次的交集，通过进一步的交互作用，进而实现不同区域的企业在资源或能力上的互补。

区域互补强调某一区域矿山企业在与其他主体间的交互中，通过整合原本不具备的资源或能力，共同达成单个主体难以实现的目标，进而适应环境的复杂要求。其中，区域互补作用的本质在于基于感知与响应的自适应机制。工业互联网的蓬勃发展推动未来矿山企业治理架构趋向扁平化，分布在不同区域的矿山成为集团统一领导下的生产基地。面对复杂的生产作业要求，矿山企业基于自身资源与能力的限制，有时会难以完成。基于大数据平台的交互与连接，其他矿区的矿山企业可以及时感知到此类企业的需要，进而推动常规性生产要素的快速整合以及非常规性生产要素的广泛搜集；另外，不同矿区的矿山企业之间面对复杂作业任务的需要，能快速地实现响应与联动。分布式的异质力量通过聚合成系统合力共同创造价值突破。三山岛金矿建立了统一的数据标准体系，依托大数据平台，正在积极将其他矿区矿山企业的智能系统、软件和数据吸纳到平台上来。基于标准、统一的数据标识，不同矿区的矿山企业之间在数据驱动中达成价值共识，在不断的联动对接中实现价值共创，在持续的动态交流中走向价值共赢。

各矿区矿山企业之间通过区域耦合与区域互补，形成了良好的相互适应性，联合增强了应对与适应外界环境变化的能力，共同支撑集团整体呈现出自适应的新风貌。其中，区域耦合作用本身统一提升了不同矿区的矿山企业之间的发展基础，为不同矿区的矿山企业进行平等交互创造了前提。区域互补则是不同矿区的矿山企业在区域耦合基础上的进一步价值拓展与延伸，通过资源或能力的跨界联结，基于复杂作业要求共同创造前所未有的价值突破。

11.4.2　微观层面自适应性

各个矿山企业能适应环境的选择，保持卓越健康发展，直接关系到山东黄金的可持续竞争优势。因此,微观层面矿山企业自适应性的激活,既是自身持续发展的必然条件,也是推动山东黄金整体步入国际一流发展行列的必然要求。

微观层面自适应性强调矿山企业的主动性和适应性,通过与环境的非线性交互作用"学习"或"积累经验",改变自身的结构和行为方式,以便更好地生存和发展。微观层面自适应性是矿山企业在应对外界环境不确定性的自然选择下,自我求生存、谋发展的内在素质要求。三山岛金矿在"国际一流示范矿山"建设过程中,基于管理者的想象力与洞察力敏锐识别内外界环境的变化,基于标准规范的管理制度号召全员协同努力,基于数字化赋能推动组织智能化敏捷运行,彻底激活了自适应性属性,在有效适应环境选择的前提下进一步塑造环境态势,真正在应对不确定性中掌握了主动权。

卡尔·波普指出,科学理论和人类所掌握的一切知识都不过是推测和假想,人在解决问题的过程中不可避免地掺入了想象力和创造性,好让问题能在一定的历史、文化框架中得到解答。想象力的发挥使参与者远离"均衡态",以超乎理性范畴的非理性思维方式解释与建构世界。理性的人会改变自己以适应世界,但非理性的人却会运用想象力设法让世界变得适合自己。基于矿山行业资源环境约束、市场竞争现状分析,以及对"双循环"背景下通过谋求高质量发展打造一批世界一流企业呼唤的回应,山东黄金原董事长陈玉民基于想象力的发挥勾勒了一幅"国际一流示范矿山"的蓝图,前瞻性地做出以智能化、效益化和生态化为导向,自我革命重生的重大决定。这是超越当下有限认识的"非理性"思考,是对未来矿山世界的认知建构,是对外在环境变化的最强适应。随着三山岛金矿"国际一流示范矿山"建设的完美收官,昔日建立在想象力基础上的未来矿山图景正在变成现实;并且随着建设经验的跨界推广,想象力的果实将进一步影响、塑造乃至引领环境态势的发展。

规范性造就了组织内部的适应性。面对复杂多变的生产环境变化，可执行的标准规范有利于快速汇聚组织内部相关力量，进而针对环境要求做出适应性创新行为。尽管环境本身是具有不确定性的，但标准化的规范制度这种确定性相对较高的存在却能使员工普遍认识和接受不确定性。因此，矿山企业规范性的标准化管理体系实则是以确定性的方式来快速应对组织内外部环境的不确定性。例如，尽管井下生产作业环境充满了不确定性危机，矿业人时常面临人身安全隐患，但三山岛金矿事前就已经将各种意外情况考虑在内，制定了科学严谨的作业管理标准与流程，从而将这种安全的不确定性降低到最小。此外，规范性本身也增强了员工的信心，使其面对具有不确定性的任务要求时能做到心中有数，快速根据任务要求做出适应性改变。

以大数据、虚拟现实与人工智能为代表的数字化技术应用提升了矿山企业应对环境不确定性冲击的主动适应性。传统矿山企业受制于人类技术和工艺水平，仅在自然环境允许的条件下进行作业。因此，在这种情境下，人在复杂多变的环境面前缺乏主动权，只能事后被动地适应环境的冲击。数字化技术赋能使人类超越过去的认识盲区，增强了在自然环境挑战面前的主动性，即以事前主动适应性改变应对方式，甚至引导环境的变化。例如，三山岛金矿基于大数据平台的安全监测系统，能实时感知矿山的岩石、温度和水分状态的变化，及时判断可能出现的各种意外，并且提前做出适应性调整，主动地将不确定性危机化解于萌芽状态。

对矿山企业而言，在环境的不确定性变化面前，管理者的想象力是打破常规、摆脱当下局限、进行突破性顶层设计的源泉；规范性的标准化管理体系是帮助员工化解不确定性压力，快速适应环境要求的指南；数字化赋能体系则增强了矿山企业的主动适应性，使其能以主动先发、先行来适应或引导环境变化，这成为企业有效应对不确定性的重要保障。综上所述，矿山企业的微观层面自适应性在于基于想象力、规范和数字化赋能的协同作用，与不确定性保持确定性关系，最终在不确定性中逆势获益。

11.4.3 科学稳健的渐进式创新驱动

面对环境变化的要求，任何适应性的转变都不是偶然和突然发生的。这需要企业采取科学的方案，持续稳健地推动与执行。通过渐进式的"聚沙成塔"，最终成就前所未有的价值突破。山东黄金正是基于"科学稳健的渐进式创新驱动"建设法则，在三山岛金矿建成了"国际一流示范矿山"，引领了矿业行业发展方向。

其中，科学性强调通过采用科学有效的方案进行建设。山东黄金通过分析黄金矿业行业发展现状，召集院士专家组、行业研究机构、行业代表等利益相关者共同探讨并且论证了"国际一流示范矿山"建设的科学方案。一是要明确导向和思路，二是要突出务实作风，三是要将大数据作为重要财富应用到"国际一流示范矿山"建设中来，四是建设规划要全面考虑安全、经营、生态、生产等各个方面，坚持"一次规划、分步实施、滚动修正"原则，达到"安全可靠、环境美丽、效率提高、效益提升"的效果。此外，结合山东黄金当下发展阶段，以及目前所处的行业排名与地位，将"一流"的内涵并不局限地定义为要实现"第一"，而是将其科学地概括为：在特定的行业或业务领域内，长期持续保持全球领先的市场竞争力、行业领导力和社会影响力，并获得广泛认可。通过对"国际一流示范矿山"的标准进行科学设置以及对"国际一流示范矿山"的方案进行科学论证，山东黄金从一开始就科学地构思了"国际一流示范矿山"建设蓝图，直接保证了后续建设任务的开展。

稳健性主要强调企业领导人和企业领导集体的领导风格呈现出"积健为雄"的特点。在深入感受到建设"国际一流示范矿山"的必要性与紧迫性的同时，山东黄金企业领导人并没有采取全盘发力的战略举措，而是以三山岛金矿作为试点单位，倾全力从多个角度全面建设世界一流水平。在取得成功经验后，再逐渐向其他矿区的矿山企业推广。这种"以点带面"既保证了集团整体的稳定运行，又有利于增强组织内部对"国际一流示范矿山"建设的理解与接受程度，并在无形中化解了组织惯性可能带来的阻力，形成了一流共识。

渐进性强调系统周全地推动建设工作。渐进性对探索未知领域，以最少的试错成本谋求突破性创新尤为重要。在三山岛金矿建设"国际一流示范矿山"工作中，一边同科研院所进行科学论证，一边集中优势力量重点攻坚，一边广泛地面向海内外终身学习，一边坚定地进行精益化推进，一边不断地寻求优化提升方案，这些做法不同于克莱顿·克里斯坦森的颠覆式创新，而是立足于系统全局观，从多个角度协同推进，在相互依赖与支撑中实现前行。

创新性强调以独特的理念、方式与过程摆脱情境限制，全然打造新风貌，具体可表现为理念超前、定义独特、过程科学、结果引领四个方面。第一方面，山东黄金在国内大多数黄金矿业企业仍按部就班地稳定发展时，通过对标领先企业实践，分析国内外行业发展大势，率先提出建设"国际一流示范矿山"的伟大构想，在理念上不得不算超前。第二方面，首先，山东黄金结合自身发展特点与阶段，从竞争力、领导力、影响力和可持续性等方面重新定义了一流的内涵，明确了一流企业所处领域应该对一个国家乃至世界经济发展都有重要的影响；其次，一流企业要在行业内具有全球领先的市场竞争力、行业领导力和社会影响力，获得广泛的认可，并且一定是长期并持续性发展的。山东黄金以此制订了国际一流矿山建设方案，这正是以实事求是为基础的定义，可谓独特。第三方面，在具体的建设过程中，山东黄金坚持科学论证建设方案、科学推进建设步伐、科学构建管理体系，最终科学、高效地率先将三山岛金矿建设成为"国际一流示范矿山"。第四方面，三山岛金矿"国际一流示范矿山"的全面建成，为行业树立了引领性标杆，并推动现代矿业水平迈上新台阶，结果引领的示范效应已经逐渐在多个矿区、矿业企业蔓延开来。

"冰冻三尺，非一日之寒；为山九仞，岂一日之功。"在瞬息万变的环境中，企业只有秉承"科学稳健的渐进式创新驱动"，才能敏捷地适应环境不确定性的冲击，才有机会以自身实践主动创造与引领未来环境的变化，最终积极拥抱不确定性并努力从中进阶发展。

第 12 章

未来矿山治理的中国模式

12.1 矿山治理困境

矿山是国家的公共财产，矿山企业更是具有国有属性基因。由于矿山企业处于低客户导向的商业环境中，因此，这更加剧了"大锅饭"、组织活力低下等问题。由高速度发展导向向高质量发展导向的转变，更要求矿山自身必须打破过去制度、体制下的安逸，谋求组织治理模式的创新，通过激发员工的积极性与创造性，与利益相关者建立和谐共生的价值关系，实现自身的卓越进阶。

一般来说，对矿业企业这种较特殊的国有企业来说，面对当下发展动力不足的困境，通常有两种解决方案，一种是诉之于政府介入管理（层级治理机制），另一种则是市场化的办法，即由企业建立市场化交易（市场治理机制）。⊖对前者而言，以下原因使得层级治理机制难以发挥作用：

⊖ 罗家德，李智超. 乡村社区自组织治理的信任机制初探——以一个村民经济合作组织为例[J]. 管理世界，2012（10）：83-93，106.

- 管理成本高昂。政府在硬件、人力、监管、维护等方面需要付出极高的成本。
- 信息不对称。政府介入"公有财产"的管理,通常无法精确获取地方性的信息,存在着巨大的信息不对称问题。
- 寻租行为。资源分配决策权由政府部门掌握,可能产生寻租行为,从而破坏层级治理机制。

对后者而言,通过市场的供求关系和价格机制,实现资源的有效配置与利用,比较适合对"私有财产"的管理。对矿山企业这种国有企业而言,由于组织中价值创造结果的产权归公所有,交易行为中的交易标的难以划分清楚,所以很难使用市场治理机制。

12.2 自组织治理机制

面对矿山企业层级治理机制与市场治理机制失灵的困境,可以以团队或社区组织为单位,由资源使用者自定规章制度、自我管理、自主监督,形成自组织。与自组织(self-organization)相对的概念是他组织,他组织是指由一个权力主体指定一群人组织起来,以完成一项被赋予的任务。自组织则是一群人基于关系与自愿的原则主动地结合在一起。它有以下的特性:①一群人基于关系与信任而自愿地结合在一起;②结合的群体产生集体行动的需要;③为了管理集体行动而自定规则、自我治理。

从"委托-代理人"的角度看自组织治理模式,其重要特点就是治理

○ 罗家德,李智超. 乡村社区自组织治理的信任机制初探——以一个村民经济合作组织为例[J]. 管理世界, 2012(10): 83-93, 106.

○ 罗家德,曾丰又. 基于复杂系统视角的组织研究[J]. 外国经济与管理, 2019, 41(12): 112-134.

者与被治理者身份合一，权力不再扮演核心的角色，治理者与被治理者不再是二元对立的，而是协调与合作关系，强调正面激励、主动参与的原则。自组织治理虽然会产生协调治理集体行动的相关成本，但信息不对称问题将得以解决。此外，数字技术驱动的自由交互、共享与连接，也为降低协调治理成本塑造了有利条件。自组织治理模式强调社区成员的共同参与，因而能将当地社会关系网络特性、历史文化规范、自然生态特征等融入矿山企业的治理过程，可以创造出独具特色的组织文化（或社区）特质。

在矿山企业这种国有企业环境中，由于自组织治理本身缺乏公权力介入所能形成的强制力，它可被视为由即时生产或管理需要而形成的合作性的集体行动，因此在发起与维持集体行动时需要解决一些问题，诸如如何避免搭便车的投机行为，如何引进激励的手段与制度，如何维持成员持续而公平的参与等。

自组织治理是在利益相关者之间建立起"诚信""信誉""互惠性"，这是合作行为产生的关键，从而可以制定操作规则，以规范集体行动，促进合作，并进行监督。在组织内部，三山岛金矿基于智慧党建的引领与推动作用，发挥国有企业的体制优势，利益相关者之间基于"诚信"建立起具有互惠性的自组织集体行动，实现了专业的人做专业的事。在组织外部，三山岛金矿与周边的市场、家庭同样基于"诚信"建立起自组织利益相关群落，实现了社会治理，带动了周边经济同步发展。对组织内部来讲，自组织集体行动建立在基于"关系"产生的"诚信"基础上；而对组织外部来讲，自组织利益相关群落建立在基于网络结构而产生的"诚信"基础上（见图12-1）。

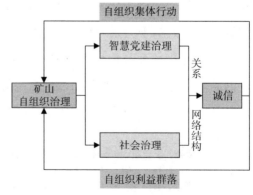

图 12-1　矿山自组织治理机制

12.2.1 智慧党建治理

在矿山企业经营管理中，党建发挥着引领作用。党组织能把国家层面最新的理论动态与企业实际结合起来，进一步指明企业前进的方向，点燃员工自我成就干事业的激情，号召企业全员"不忘初心，牢记使命"。

三山岛金矿本着"务实、高效、便捷"的原则，运用"互联网＋党建"的模式，快捷传递党中央和上级党委最新动态以及公司党委和各支部工作任务开展、落实、完成情况，为全体员工提供了交流互动的平台，倾听来自基层一线的心声，及时做出反馈。在党建文化的熏陶中，具有相似兴趣、技能的员工之间以工作任务需要为纽带，建立起基于共同的情感、认同与理想热情的"诚信"，自组织成针对某一任务或职能的工作关系群体。此外，由于大家都在党建引领下达成了共识，并且无形中对党增进了信任，经过党组织的背书，群体成员之间建立起了基于互利的信任。因为相互都掌握对方的利益，在相互依赖之下，会尽量表现出值得信赖的行为。因此，针对某一任务或职能的工作关系群体内，成员会充分发挥主观能动性和创造性，集体意识十分强烈，只有与大家协同做好工作，才能最终收获价值。

由此可见，智慧党建在推动组织内部自组织集体行动中发挥着重要作用。对未来矿山企业而言，党建工作的重要任务就是要结合国家发展需求制定企业战略决策，并且将企业层面的战略转化为个人或团体层面的价值共识，然后推动群体内部建立起基于共识而产生的"诚信"关系，并为自组织集体行动的开展提供定向的服务支撑。在智慧党建的引领下，矿山企业全员能真正将国家、企业发展需要转化为自身奋斗的方向与目标，并且协同利益相关者勾勒事业蓝图，共同为组织、企业和国家贡献价值力量。

12.2.2 社会治理

矿山企业总是不可避免地要与所在地周边的市场、家庭和个人产生千丝万缕的关系。矿山企业与周边社会构成了一个相对封闭的网络，并且促进网络内节点成员建立起以封闭网络结构为基础的"诚信"关系。

从社会网络角度来讲，在一个相对封闭的网络中，因为有较强社会规范的存在，所以封闭边界内的团体成员很少有逾矩行为，而且因为成员相对较少，又处在封闭环境内，所以相互监督的能力很强，更加使得团体内成员相互依赖。例如，在社区关系网络较为封闭的传统乡村，既有社会规范足以发挥某种强制作用，而且人情压力、道德谴责等都会限制机会主义行为，从而促进合作与信任的形成。例如，三山岛金矿内的员工普遍来自周边社区或村庄，他们从心底里主张进行矿山开采的同时，要尽量减少对生态环境的干扰，从而更好地造福子孙后代。对此，三山岛金矿始终把生态效益作为一流建设发展的重要考量，努力建设成为生态型矿山。此外，三山岛金矿作为当地社区的知名企业，在推动驻地建设方面发挥了重要作用。例如，三山岛金矿坚持属地化招工政策，努力提高属地化采购率，广泛吸纳当地人员就业，较好地拉动了当地经济发展。

另外，在相对封闭的网络中，会存在由关系网动员而产生的自组织团体，它们使网络结构中成员的种类不断丰富。但很多自组织集体行动都是报酬递增型的，初期往往是收益低于成本，必须要有一定数量的参与者才会有足够诱因使大家乐于为合作付出成本。尤其是最初的发动者，往往是他们动员信任自己的人参加，形成一个小团体，并且号召更多的人加入，直到人数过了关键门槛，集体行动有了正收益，就可以吸引因为工具性利益而加入的组织成员。例如，三山岛金矿周边逐渐兴起了商超、市场、饭店、旅馆等配套性的利益相关服务。它们中的一些最初是由三山岛金矿内部员工的亲戚、朋友等自组织起来的。随着周边经济的不断发展，进而吸引了更多利益相关者加入三山岛金矿周边的社会网络，推动了周边经济、生活的不断改善。

由此可见，未来矿山必将在其所处的社会网络中进一步推动利益相关者自组织成群落，与周边社会建立起协同共生的和谐关系，进而实现自身工业价值的进一步延伸。

12.3 未来矿山治理的生态演替

当前，我国开启全面建设社会主义现代化国家新征程，实现"碳达峰、碳中和"对加快生态文明建设、促进高质量发展至关重要。未来矿山是国家战略储备的重要支撑，积极推动矿山行业开展"碳达峰、碳中和"的生态治理行动，全力推进矿山企业高质量低碳绿色发展，已经成为未来矿山治理的必然要求。那么，未来矿山治理过程中如何进行生态治理建设呢？三山岛金矿积极推动生态化转型，驱动绿色发展，成功建设成为生态型矿山，实现了企业发展与自然环境保护的和谐共生，为未来矿山进行生态治理建设塑造了示范标杆。

12.3.1 未来矿山的生态治理哲学

中华文明历来强调"天人合一、尊重自然"的生态思维。也就是说，人与万物一起生生不息、协同进化。人不是游离于自然之外的，更不是凌驾于自然之上的，人就生活在自然之中。"天人合一"追求的是人与人、人与自然共同生存、和谐统一。

马克思主义认为，只有尊重自然规律，通过实践才能实现人与自然的和谐统一。恩格斯在《自然辩证法》中强调："因此我们每走一步都要记住：

我们统治自然界，决不像征服者统治异族人那样，决不是像站在自然界之外的人似的，——相反地，我们连同我们的肉、血和头脑都是属于自然界和存在于自然之中的；我们对自然界的全部统治力量，就在于我们比其他一切生物强，能够认识和正确运用自然规律。"[一]因此，在人类与自然的关系问题上，马克思和恩格斯共同强调，人类的生存和发展必须依赖自然，在人类历史发展进程中，自然史与人类史呈现出相互制约、相互影响的特点，二者由此形成具体历史的统一。

伴随着西方生态科学而兴起的生态哲学反对近代哲学主客体二分的世界观和机械论的自然观，不再把自然仅仅看作满足人的需要的被动客体，而是将自然看作不断生成和发展的有机整体，要求重新认识自然的价值，主张人与自然是一个有机联系的统一体。这种生态哲学既开创了新的世界观和价值观，也塑造了其有机论、系统论和整体论的方法基础和思维特点。在生态文明建设方面，党的十九大指出，"人与自然是生命共同体"；在生态治理方面，人因自然而生，人与自然的关系是一种共生关系，对自然的伤害最终会伤及人类自身。只有尊重自然规律，才能有效防止在开发自然上走弯路。

12.3.2 未来矿山治理的生态价值指向

未来矿山需要继续秉承人与自然和谐共生和"人与自然是生命共同体"的生态治理思想基础，以统筹兼顾经济效益、环境保护和民生福祉的生态价值指向为引领，全方位、全过程、全地域地系统推动绿色生态建设。

一方面，未来矿山治理要认识到经济效益与环境保护之间的辩证统一关系。在高速度发展的环境中，尽管矿山企业创造了行业历史上前所未有

[一] 马克思，恩格斯. 马克思恩格斯选集：第 4 卷 [M]. 中共中央马克思恩格斯列宁斯大林著作编译局，编译. 北京：人民出版社，1995.

的增长奇迹，但也带来了资源浪费、环境污染、生态恶化等社会问题。在我国经济发展由高速度转向高质量过程中，未来矿山企业决不能以牺牲生态环境为代价换取短暂的经济效益指标增长，而应该追求速度、质量、效益的统一，践行可持续发展路径。此外，矿山经济效益与环境保护之间并不存在不可调和的矛盾关系，完全具备共生、共存的现实可能性。绿色和谐的生态环境是经济效益增长的基础和底色。生态环境可以成为最直接的生产要素，矿山企业可以"因地制宜"，依据当地生态特色开发多元化产业，不断扩展自身商业版图。另外，良好的生态环境还可以起到集聚其他生产要素的作用。矿山企业通过积极营造绿色健康的生态环境，不断吸引利益相关者加入周边社区经济活动。由此可见，经济效益可以是环境保护的衍生物，在环境保护过程中通过生态产业化和产业生态化获取经济效益，从而实现生态保护与经济发展的有机统一。此外，在经济效益指标显著提升的同时，矿山企业也愿意在无污染、尾矿治理等技术研发方面投入更多的兴趣和精力，进而全方位提升高质量发展水平。

另一方面，由于生态环境一头连着人民的生活质量，一头连着社会的和谐稳定，因此，保护生态环境就是保障民生，改善生态环境就是改善民生。保障和改善民生，正是体现了以人为中心的生态治理价值取向，是国有矿山企业践行全心全意为人民服务的根本宗旨的必然要求。未来矿山治理过程中必须要通过实现有效的生态治理，不断满足矿业人、社区居民等对生态环境的诉求，增加他们对绿色生态福祉的获得感并因此提升幸福感，进而满足利益相关者对向阳性追求的需要。

马克思指出"一切生产力都归结为自然界"。随着高质量发展的呼声不断增强，生态治理、生态环境保护比以往任何时候都更受矿山企业的关注。这不仅因为践行绿色发展理念是矿山企业塑造可持续竞争优势的必然选择，更因为生态环境正在转变为一种生产力，即生态生产力。未来矿山企业要统筹协调生态保护与经济发展之间的关系，从生态治理中实现经济效益的持续增长，进而将生态环境优势转化为民生福祉，充分满足利益相关者的价值追求，最终实现人、企业和自然的和谐共生发展。

12.3.3 未来矿山治理的生态建设管理实践

实施生态治理，建设生态型矿山企业，已经成为未来矿山企业发展的必由之路。但生态治理是一项复杂、艰难、需要持续实施的系统工程。未来矿山企业必须坚持系统性和整体性生态思维，不断优化顶层设计，夯实技术基础，努力进行生态修复，推动多方力量共同参与，不断推进生态治理任务的落地实践。对国有矿山企业而言，在生态治理过程中，更要强化党的领导，充分发挥党组织的主导作用，落实企业主体责任，坚持保护与修复并重，充分调动社会组织和公众的参与热情，创造未来矿山企业的生态效益。因此，未来矿山治理过程中，需要协同开展生态矿山建设保障管理、技术创新管理、生态修复管理和企地共建管理，共同推动绿色生态型矿山建设。

1. 生态矿山建设保障管理

未来矿山企业的党组织要积极开展生态矿山建设主题教育活动，敦促全体干部职工牢固树立绿色发展理念；要组建生态矿山建设管理领导机制，明确分工，责任到人到岗，切实推进生态矿山建设任务高效有序落实；此外，还要建立综合考评体系，重点考核生态修复、固体废弃物排放、扬尘粉尘治理、危废管理等工作内容。

2. 技术创新管理

先进的技术是支撑生态矿山建设的重要力量。未来矿山企业生态治理过程中，需要成立专业技术攻坚小组，重点在高效化技术、无废化技术、无害化技术和生态化技术方面协同发力，通过有针对性的技术有效推动优化资源开采方式，提高资源综合利用率，强化区域地表修复与生态重构。

3. 生态修复管理

生态矿山治理过程中应根据不同区域的职能，将需要修复的矿山生态环境划分为工业厂区生态修复管理区、露天采场生态修复管理区、尾矿库生态修复管理区和矿区专用道路修复管理区等，并且根据环境污染现状与特点采取相应的治理手段。例如，在工业厂区生态修复管理区进行花园式景观再造，降低粉尘污染；在露天采场生态修复管理区进行纤维土绿化，实施土地基质改良；在尾矿库生态修复管理区开展防治水与废水净化处理、废弃物阻隔固化堆存等工作。

4. 企地共建管理

未来矿山企业在生态治理过程中，要加强与地方共建共享的理念，努力与当地社区在生态矿山建设中构建和谐友好的社会关系。例如，雇用当地居民在生态修复区进行绿化种植，既解决了居民就业问题，同时也有利于营造绿色生态环境，改善矿山周边居民的居住条件。又如，联合当地社区对矿区公路进行共同升级建设，不但给矿山企业的运输通行带来方便，而且方便了附近村民的出行。

12.4 未来矿山治理的方法论域

根据联合国全球治理委员会的定义，治理是指各种公共的或私人的个人和机构管理其事务的诸多方法的总和，是使相互冲突的或不同利益得以调和并采取联合行动的持续过程。治理过程既依赖有权规范人们行为的正式制度或规则，也依赖各种人们同意符合其利益的非正式制度安排。党的十九届四中全会提出，要坚持和完善中国特色社会主义制度、推进国家治理体系和治理能力现代化，这是高质量发展进阶阶段的必然选择。同样，未来矿山在迈向高质量发展进程中，势必依赖一流的治理体系支撑。

12.4.1 未来矿山治理的人性逻辑起点

未来矿山治理的治理对象是谁？仍是各种事或物吗？当然不是。尽管传统矿山治理过程中针对各种事务流程制定了烦琐复杂的治理制度或规则，并且获得了经济效率与规模增长，但随着生产环境的不确定性增强，过去针对"事"与"物"的治理理念或方式的瓶颈效应越来越明显，已经不再适应未来矿山高质量发展的需要。

由于生产环境中的各种"事"与"物"都是在人的作用下发挥价值，实现某种目标，因此，人本身才是驱动生产运行的本质力量。另外，随着个体意识的崛起，人类不再甘愿受制于不合理的规章制度的安排，更愿意发挥主观创造性，实现自我人生价值。由此可见，未来矿山治理的治理对象必然要以人为中心，治理的目的必将是使人能获得更好的生存发展。

马克思指出，人的本质"是一切社会关系的总和"。而任何一个社会、国家、团体又是人与人关系的总和，所以不论身处哪个时代，制定政策和制度都应适当考虑人性的因素，特别是涉及群体生活关系和社会秩序时。由此可见，人性基础的回归是未来治理的逻辑起点。

董仲舒认为人性包含着善质和恶质，即"身之有性情也，若天之有阴阳也"。这里的"性"就是指人性中的善质"仁"，它来自天道之阳，使人性具备向善的可能；这里的"情"就是指人性中的恶质"贪"，它来自天道之阴，是人性向恶的根源。互联网时代要求主客体的人从确定性思维走向不确定思维，这对习惯了控制和被控制的主客体而言自然产生了危机，因此必须从根本上产生新的想法、找到新的方法、形成新的理论，这种新投射在人性假设上就是人性素。人性素是人性假设的过程和演化，在演化过程中受思维的易变性、跳跃性的影响，支配人性假设的意识必然出现与自我和环境的交互，而善、恶等就是这种交互的产物。

人类具有一种持续改进自身生存状态的意愿，也就是说人自身是具备发展性的，正是由于这种意愿的存在，治理也就成为人谋求自身发展的一种必要手段，即需要通过治理来弘扬人性中的善质，抑制人性中的恶质，并且引导人在不确定性的"人性素"情境中能主动趋善。

因此，为了满足矿业人对"向阳而生"的人性期盼，未来矿山的治理既需要为矿业人充分发挥善质营造和谐的环境条件，还要为有效抑制恶质甚至"化恶为善"，创造一定的标准约束（见图 12-2）。通过这种双轨制的治理机制设计，能在不确定性中唤起人性素中的向善一面，增强其持续改进自身的意愿，最终满足其对向阳性的追求。

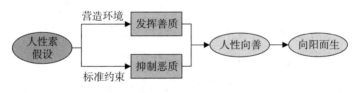

图 12-2　未来矿山治理的人性逻辑

12.4.2　未来矿山治理逻辑的转变

以人性基础为逻辑起点的未来矿山治理，也与传统矿山治理在治理主体、取向、方式和结构方面存在着根本转变。

第一，治理主体由一元走向多元。传统矿山治理往往针对局部有限区域内的"事"或"物"进行合理的规划或调整利用，讲究的是各司其职前提下的串联有序治理。然而在未来矿山治理中，数字化基因的植入推动了"矿石流""业务流"和"矿业人流"节点的自由交互与连接，矿山企业治理难以局限在某一明确的主体下，而是要针对特定事务的完成流程，定向追踪所有涉及的"人、事、物"，因此，未来矿山治理是一种面向多元相关主体的并联混序治理。

第二，治理取向由效率优先向多种效益并重转变。传统矿山治理旨在通过设计生产要素调度的科学秩序，保证生产执行的效率，从而打造规模化生产优势。随着数字化技术的应用以及标准化作业流程的进一步科学规范，未来矿山在生产效率已经得到稳妥保证的前提下，其治理取向更加关注多种效益的共同实现。其中，效益本身是在效率基础上进一步强调生产价值创造中的可持续性与多边共生性。例如，三山岛金矿始终以创造惠泽员工、回报股东、造福社会和富强国家的综合效益为导向，致力于通过自身的发展让更多的利益相关者受益。

第三，治理方式由法治向自治转变。传统矿山制定了层层烦琐的规章制度，旨在依赖法治的方式严格约束矿业人的行为，敦促矿业人在领导的指挥命令下开展行动。随着未来矿山所处环境的日益复杂多变，一成不变的规章制度反而成为制约组织适应性变化的桎梏。未来矿山的治理方式需要向人人自治转变，即矿业人之间根据任务的需要自发地交互与匹配，在资源或能力方面实现互补性组合，然后根据任务事项的标准化流程内容自主完成作业。相较于传统矿山的治理方式，未来矿山自治型的治理方式有利于快速整合形成能应对环境变化的力量，整体性提升组织的适应性水平。

第四，治理结构由封闭向开放转变。不同矿山企业"各自为政"，实施不同的治理策略，缺乏与外界的广泛交互，矿山企业之间难以进行协调，这是传统矿山企业的封闭治理现状。数字化技术驱动下的"万物互联"解放了过去的"信息孤岛"，也促进了不同矿山企业之间实现区域耦合与互补。未来矿山治理必然面向多区域分布式的矿山进行开放治理，在数据驱动作用下实现资源要素跨界流动，多区域矿山企业实现价值共识、共创与共享，共同推动集团整体实现价值突破。

12.4.3 未来矿山治理的方法论

未来矿山企业需要践行系统科学的方法论，才能真正贯彻落实治理之道，建设成为满足矿业人向阳性需求的一流企业。就系统构成要素而言，物、事和人都是系统的重要组成部分。因此，对于未来矿山这样一个复杂巨系统，只有深入洞察嵌入其中的物理、事理与人理，才能认清推动未来矿山一流运行的动力与运行法则。

"物理"强调客观世界存在与变化的道理，主要论证人们面对的客观存在，其中"物"代表马克思主义哲学中"实践和认识的客体"。放眼未来矿山的生产环境，一切生产要素都属于"物"的范畴。然而，在未来矿山中，"物"既包括现实中的实物存在，又包括以"数字孪生"形式存在的虚拟空间的实物映像。因此，未来矿山企业首先需要加强管理信息化建设，利用数字化手段实现全矿山范围内的流程智能化变革，建立起管理透明、系统集成、随时可控、安全可靠的大数据智慧运营系统，实时反映各流程节点关于"物理"的客观现实状况，及时判断潜在的风险因素，防患于未然。

"事理"立足于运筹学意义上的事理学，主要是理解和观察现实世界怎么被管理，着眼于改造世界和变革社会，指导人们做什么和应该怎样做，旨在取得实效。其中，"事"代表马克思主义哲学中的"实践和认识活动"。未来矿山企业需要不断策划与实施提升竞争力水平、国际化水平和可持续发展水平等方面的"事理"活动，以实际行为推进一流发展建设。在提升竞争力水平的"事理"方面，未来矿山企业需要打造具有一流实力的核心主业，即紧紧围绕国家产业高质量发展的相关政策，通过并购重组、内部整合、精干主业、剥离辅业等手段优化配置资源，使优势资源向主业集中，产业布局和产业链结构不断完善，充分发挥协同效应和整体优势；提升企业的自主创新能力，尤其是在选矿、采矿、冶炼、安全等方面要重点突破一批核心技术，在国际标准的制定上有一定话语权；要建立起科学有效的标准化管控模式，将效益目标细分成明确可执行的指标，并且统一制定标准规范的流程操作程序；在提升国际化水平的"事理"方面，未来矿山企业需要以全球性战略思维制定企业发展战略，通过跨国并购的方式提升全球资源配置能力和资本运作能力，以一流的质量服务管理和多元化相关业务设计并以商业模式创新塑造国际化品牌优势。在提升可持续发展水平的"事理"方面，未来矿山企业需要在维护主业竞争优势的前提下，积极规划有利于发挥企业潜能的战略性新兴产业，并基于既有品牌、市场、技术和服务等优势为战略性新兴产业提供保障，从多元化角度助力企业的可持续发展。

"人理"强调人们之间的相互关系以及关系的变化过程，还包括人与人之间的感情、知识沟通与利益关系等，着眼于人类需求与价值分析，规范世界应当是什么、为什么应当是这样而不是那样。其中，"人"代表马克思主义哲学中的"实践和认识的主体"。未来矿山企业需要秉承"以人为本"的发展理念，在满足矿业人"向阳而生"的需求的同时，更要以自身发展造福更多的股东与社区居民，实现与利益相关者的协同共生。为此，未来矿山企业要加强企业领导力建设，培育具有全球化视野、国际化经营运作能力和管理技术的复合型高管团队，建立学习创新型组织，并通过薪酬体系和用人制度吸引和留住人才，鼓励员工以自组织的形式充分发挥主观能动性和创造力；要将开放、包容、多元、共赢的文化要素融入企业发展理念，在为股东创造财富价值的同时，更要成为矿业人实现自我价值的舞台，并且积极为社区居民创造绿色生态的生存环境。

12.4.4 未来矿山治理能力

能力本身是价值实现的基础，更是企业塑造卓越竞争优势的必要前提。未来矿山治理呼唤向阳性、人文性、聚合性、辐射性和未来性，这为未来矿山企业进行能力升级提供了启示和方向。

"星星点灯、照亮来路。"未来矿山治理需要培养具备向阳性属性的数字能力作为推动价值创造实现的基础。具体而言，以智能、连接和分析为核心作用的数字能力将会渗透到未来矿山智慧化运营的全局中。例如，智能作用主要体现为安装在生产设备上的传感器和智能终端会实时将运营数据反馈到大数据平台中；连接作用主要体现为不同流程节点依赖数据驱动实现自由交互，共享实时动态，协调生产要素精准调度；分析作用主要体现为基于各流程运营数据优化生产决策，及时洞察潜在的风险因素，提前做出适应性改变。由此可见，数字能力是未来矿山企业进行生产价值创造的根本支撑，在数字能力驱动下，"矿石流"与"业务流"才能真正流动起来。因此，未来矿山企业需要加强数字化建设，推动各流程环节"上云、上平台"，依赖数据驱动培育数字能力，打造智能化运营优势。

"聚是一团火，散是满天星。"未来矿山治理需要培养具备人文性属性的制度能力，凝聚全员力量协同攻坚。制度能力在未来矿山生产环境中体现为企业优化组织结构、规范流程内容的能力。具体而言，未来矿山企业需要摆脱传统科层等级制度的路径依赖，谋求员工自治型组织结构制度的路径创新。一方面，未来矿山企业要为所有员工提供公平、公正的成长发展机会，鼓励自组织式的组织合作方式设计，让员工可以联合相关力量发挥主观创造性，为企业贡献前所未有的价值突破；另一方面，公开化的组织规章制度能起到引导员工行为的作用。面对未来矿山生产环境的复杂多变性，企业需要形成标准化的管理体系，科学规范流程内容，并且面向全员公开，让员工游刃有余地应对不确定性情境。

"兼收并蓄，整体涌现。"未来矿山治理也需要发展具备聚合性属性的整合能力，通过广泛协调、配置与聚合生产要素，努力突破自身价值局限。一方面，就矿山企业内部而言，不同智慧运营系统只有彼此联动，解放"数据孤岛"，才能真正释放数字化潜能。因此，未来矿山企业需要搭建能联结各系统的数据中台，促进"矿石流"与"业务流"的内部无缝衔接，以及技术与管理层面的相互匹配，进而提升组织整体的运营效能；此外，不同矿区企业之间依托统一的数据标准与规范，可以实现资源要素的跨区域共享与整合，助力集团矿山之间从整体上打造分布式的松散耦合优势。

"星星之火，可以燎原。"未来矿山治理同样需要发展具备辐射性属性的共生能力，谋求与利益相关者之间的多边共赢。在企业内部，未来矿山企业要成为员工自我价值实现的平台，在企业发展中满足更多员工成长与发展的需要，让员工在企业中切实感受到归属感和获得感；在企业外部，未来矿山企业要为股东创造更多的利益，还要营造绿色和谐的生态环境，为驻地居民提供就业机会，以自身发展带动周边社区经济繁荣。因此，未来矿山企业将与员工、股东、社区居民等利益相关者形成价值共生关系，彼此在相互成就与满足的过程中实现协同进化。

"深邃与未知，黑洞与未来。"未来矿山治理需要发展具备未来性属性的预见能力，敢于突破现有认知、资源与能力局限，基于想象力的发挥拥抱未来和变化。例如，陆地矿山资源储备的不可再生限制了未来矿山企业的可持续发展。如何才能与未来保持同行呢？一方面，小行星上拥有丰富的碳、硫、氮、氢，地球上比较稀缺的资源如铂族金属、钯金属等，在外太空也大量分布。太空能顺利成为人类的资源补给站吗？另一方面，海洋约占地球表面积的70%，潜藏着丰富的物种与锰、锌、银和金资源。深海会成为人类摆脱目前资源困境的另一选择吗？未来矿山企业在保持稳健发展的同时，更要积极地向"太空采矿"和"深海采矿"进军，敢于预见未知并且突破不可能，主动引领未来发展。对未来矿山治理能力的总结见图12-3。

在数字经济浪潮中，未来矿山企业坚持与践行治理方法论，进行科学设计与选择，最终打造出具备智慧、生态和价值属性的矿山新物种。然而，在遵循未来矿山治理方法论基础上所构建的矿山的本质内涵是什么？未来矿山企业发展的最终目的是成就更多的矿业人，推动矿业人的自由发展。那么，身处未来矿山价值场域中的矿业人又存在怎样的进步性意义？在第4篇中，我们将从矿山本体论、矿业人本体论等角度深入剖析未来矿山治理的本体追求，追溯未来矿山治理的价值源点。

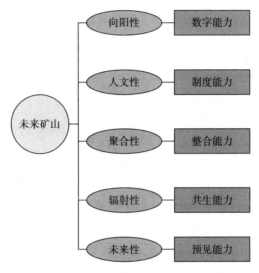

图 12-3　未来矿山治理能力

第 4 篇

未来矿山治理的本体追求

本篇立足于未来矿山治理的本体追求,从思想层面解析未来矿山治理的本体论,结合未来矿山治理的范式转变、人本回归和本质规定,从整体论的角度剖析未来矿山治理的本体论思想、矿业人本体论和矿山本体论,从而构建起未来矿山治理体系。

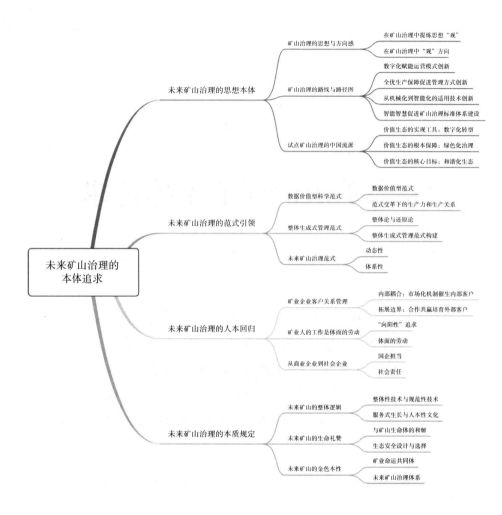

13

第13章

未来矿山治理的思想本体

未来矿山治理不仅需要在方法上建立科学标准,还需要高屋建瓴的思想支撑。毛主席在《论持久战》中说:"一切事情是要人做的……做就必须先有人根据客观事实,引出思想、道理、意见,提出计划、方针、政策、战略、战术,方能做得好。思想等等是主观的东西,做或行动是主观见之于客观的东西,都是人类特殊的能动性。"这让我们必须要思考"思想领先"的妙用。"思想领先"并没有违背"实践是检验真理的唯一标准"的观点,而是在承认实践是思想唯一源泉的大前提下,揭示了思想对行动的指导作用。无论做什么工作,都要坚持思想领先的原则,首先保证思想正确。而要保证思想正确,又必须坚持实践第一的原则,紧密结合实践做思想工作,引导人们通过实践来认识真理、检验真理和发展真理。对矿山治理以及山东黄金建设"国际一流示范矿山"而言,思想是如何在这个过程中起到指导实践的作用的,同时又是如何引领未来矿山治理方向和路径的?需要我们进一步思考讨论。

13.1 矿山治理的思想与方向感

马克思在《资本论》中曾言:"蜜蜂建筑蜂房的本领使人间的许多建筑师感到惭愧。但是,最蹩脚的建筑师从一开始就比最灵巧的蜜蜂高明的地方,是他在用蜂蜡建筑蜂房以前,已经在自己的头脑中把它建成了。劳动过程结束时得到的结果,在这个过程开始时就已经在劳动者的想象中存在着,即已经观念地存在着。"[一]这说明人和企业的实践活动通常是由意识活动或思想认知所驱动的。人和企业能对自身的存在和活动的内容、方式等形成"观",并且根据一定的"观"做出选择和采取行动。山东黄金之所以能从整体上达到国际一流水平,其本质与思想上的"观"有关。"观"为山东黄金提供了思想支撑、方向指引和改变世界的勇气。

矿产资源是发展国民经济、保障国家安全的物质基础。中国工程院院士古德生曾言:"矿业的重要性是不言而喻的,任何离开矿产资源供需的国家发展计划和规划,都将是'空中楼阁',即使是知识经济时代也是如此。发达国家在制定本国发展战略和全球战略时,无不与争夺矿产资源有关。"矿业企业的发展遵循国家经济走向,以服务国家经济发展为基础。山东黄金在建设"国际一流示范矿山"、颠覆矿山治理现状的过程中始终坚持这一要求不动摇,以追求矿业高质量发展为己任和方向。然而,新的发展形势和新的发展需求对山东黄金提出了新的要求,矿业企业深化改革的方向和矿山治理转型的方向如何继续往深处走?如何持续破解既有的利益格局?如何持续更新熟悉的思维模式?如何持续改善习惯的行为方式?这些既是山东黄金正在积极解答的关键问题,也是未来矿山治理需要明确的方向。本节立足于新形势、新常态等一系列宏观背景,剖析未来矿山治理过程中的思想和方向感。

[一] 马克思,恩格斯. 马克思恩格斯选集:第 2 卷 [M]. 中共中央马克思恩格斯列宁斯大林著作编译局,编译. 北京:人民出版社,1995.

13.1.1 在矿山治理中提炼思想"观"

矿山治理作为一项系统工程，需要具备全球视野，从多方面入手探索深水区，《易经》六十四卦之一的"观卦"为解释这种全球视野提供了工具。风行地上，是为观卦，意指像风吹遍大地一样巡视四方"民情"，透过现象看本质。观卦六爻，每一爻都体现了思想的涌现方式和过程。

初六爻辞："童观，小人无咎，君子吝。"《象》曰："初六，童观，小人道也。"初六爻意指幼稚短视对一般百姓来讲尚无大碍，但对担负责任的君子来说，将会铸成大错。因此这要求"君子"能做到远则高瞻远瞩，近则细致入微，方可具备全局观。这与山东黄金原董事长陈玉民的个人特质极其吻合，从国企改革寻求内部突破到建设"国际一流示范矿山"探索外部发力，从"矿业人节"到"孝道山金"，从科技创新到文化治理，无一不体现了他管理经营企业的思想成果，也正是董事长和山东黄金对未来企业发展趋势和践行道路的思考感悟和上下求索。然而，"童观"仍旧有其延续性价值，治理企业不仅需要管理者具备高瞻远瞩的洞察力，还需要其"带着未受污染的惊讶打量世界"。

六二爻辞："窥观，利女贞。"《象》曰："窥观，女贞，亦可丑也。"六二爻强调当从"门缝偷窥"的视角看待问题时，不免有失偏颇，应该有更高的眼光、视野和追求，从而全面看待问题。山东黄金根据国家五年规划制定自身的战略规划。例如山东黄金制定的"十四五"战略规划，以"致力全球领先，跻身世界前五"为目标，建设具有全球竞争力的世界一流企业，"国际一流示范矿山"建设则是推动这一核心目标实现的重要战略布局。

六三爻辞："观我生，进退。"《象》曰："观我生，进退，未失道也。"六三爻意指观察别人对自己的反应，省察自己的言行，审时度势，这是一种警戒性的自省观。这一爻与山东黄金"国际一流示范矿山"建设过程是吻合的。山东黄金以本质安全为基础、智能智慧为手段、绿色生态为根本、社区和谐为保障、效益领先为目标，既是企业承担社会责任、创造社会和生态效益的体现，也是社会对山东黄金矿山建设和治理效果的评价。因此，它反映出"观我生"的一个重要特性——既包括自观，也包含他观，更是"看夕阳西斜，林隙照人更绿"式的内修和外化的体现。

六四爻辞："观国之光，利用宾于王。"《象》曰："观国之光，尚宾也。"六四爻紧邻九五爻，上可观君王，下可察民情。这要求君子要观察到国家的光明的一面，要用光明之心观察国家政绩风俗的辉煌表现。山东黄金矿山治理理念与之不谋而合。矿山治理追求细致入微的观察，不仅需要洞察未来矿业大环境的变化，更需要重视员工的"异化和消解"，让等待希望的青年人看到更大的希望而非失望。因此，未来矿山治理需要有"观国之光"的勇气和能力，真正达到"人"与"矿"的和谐。

九五爻辞："观我生，君子无咎。"《象》曰："观我生，观民也。"九五爻意指对照高尚的道德标准省察自己的言行，不断地完善自己，君子就不会有祸患。对矿山治理而言，要及时审查自身的过往，包括社会效益、经济效益和生态效益，以内在标准和外部标杆为对照不断丰富和修正自身，从而提升矿山治理水平。例如，山东黄金以三山岛金矿为试点建成我国首个具有国际一流水平的金属矿山，摸索出一条以国产化技术为核心、以进口装备引进消化吸收再创新为助推的战略性产业价值重构新路径，推动人工智能、5G、大数据等新一代信息技术与行业的深度融合发展，进而构建以数字化技术为基础的平安矿山、智能矿山和绿色矿山，彰显国企的社会责任和使命担当。

上九爻辞："观其生，君子无咎。"《象》曰："观其生，志未平也。"上九爻意指君子时刻观察君王的德行和作为，可以没有灾祸，同时君子也始终以天下为己任，天下未安，其志难平。对山东黄金而言，"十三五"期间，山东黄金在"争做国际一流，勇闯世界前十"的战略目标牵引下，发展成就卓著，在国际化方面迈出实质性步伐，取得多项重大技术突破，并提前完成迈入世界前十的目标，但对标全球领先企业，在资源储量、海外运营、技术水平与管理体系等方面，仍存在提升空间。然而，山东黄金积极布局"国际一流示范矿山"建设，为实现"十四五"战略规划的"致力全球领先，跻身世界前五"奠定了坚实基础，这也表明了山东黄金"红蒻尚仁，有浩荡光风相候"式的企业境界，始终相信美好的事情正在发生。

13.1.2 在矿山治理中"观"方向

要实现未来的繁荣发展，矿山企业需要挑战现状，而唯一的方法正是广泛听取多方意见，敢于创新、变革工作方式。正如德勤美洲矿业与金属行业主管合伙人所言："第四次工业革命代表着一个新的发展机会，只有具备坚韧的勇气和信念的领导者方能充分把握变革机遇。"因为"多数人只是看见，少数人方能洞见"。观卦为解释矿山治理的思想提供了文化支撑，而思想则为矿山治理指明了方向。

其一，"观"人文。现在很多青年人不愿意到井下工作，所以矿山企业最大的挑战是人才挑战。青年人需要更开放、公平和正义的社会系统，这种需要一方面陡增了矿山治理的外部难度，另一方面凸显了国有矿山企业的历史性使命和引领性价值，这应该成为矿山治理的追求。所以如何实现让矿业人乃至人的工作成为一种体面而有尊严的劳动，才是未来矿山治理之道的关键所在。《德意志意识形态》一书中曾写道："我有可能随自己的兴趣今天干这事，明天干那事，上午打猎，下午捕鱼，傍晚从事畜牧，晚饭后从事批判，这样就不会使我老是一个猎人、渔夫、牧人或批判者。"这是强烈的对工作自由和人性的呼唤，也是对分工经济趋势下的"人的异化"的抨击。对未来矿山治理而言，如何解放矿业人精神成为人文矿山治理的重要内容。以山东黄金下属的三山岛金矿为例，该金矿在践行"国际一流示范矿山"建设中始终坚持管理与适应的主客体辩证统一关系。在满足矿业人基本生活和生存需求的同时，引导其更高层次的追求，如引导矿业人成为"有意义的个体的存在"。具体而言，山东黄金"十四五"战略规划中所指出的员工人均收入翻番可以满足员工的基本需求，"矿业人节""孝道山金"、矿业人技能培训等可以引导矿业人的高层次追求。矿山的主体是人，但并不是治理人，而是人的共治，不妨设想一下十年、百年以后的矿山人文环境吧。

其二，"观"生态。突如其来的新冠肺炎疫情很容易让人们认识到这样一个事实：生态变得越来越重要。然而如果仅把生态理解为商业层面或生物层面的生态，那略显狭隘，尤其是对矿山企业所处的采矿行业而言。矿山企业之所以存在更加宽泛的生态概念，是由其历史定位所决定的，因为矿企相较其他企业会更加直接地接触自然环境和当地社区，因此，矿山治理的生态是整合了商业、自然、社区等多个层面在内的统一体。对商业生态而言，市场环境的大换血需要矿山企业迅速摆脱"单打独斗"的困境，通过寻求外部力量实现共生。例如与知名公司和新公司（许多来自原始设备制造商）建立合作伙伴生态系统。这些合作关系可以使矿山企业获得领先技术和外部优秀人才，帮助其寻找复杂问题的解决方案。[①]对自然生态而言，"碳达峰、碳中和"的提出对矿山环境治理提出了新的要求，更加需要矿山企业能辨明未来环境治理的新走向，从而在新环境、新常态中实现可持续发展。对社区生态而言，"水能载舟，亦能覆舟"，和谐社区生态是一项长期的系统工程。社区生态具有社会性的特点，矿山企业是在相应区域内生产和生活的单位，与区域内其他民众或单位形成一个不可分割的小社会，社区因"矿业"而表现出来的特征，显示了矿山企业在矿业社区

[①] 赵相宽，张炜，姜焕琴.科技创新推动矿业高质量发展[N].中国矿业报，2020-03-17（1）.

的地位和作用。①因此，矿山社区生态系统需要综合考虑社会效益。

其三，"观"科技。科技创新是矿山发展的不竭动力，也是指引矿山治理的指南针。数字化转型为探索、应用和革新数字传统科技提供了基础。目前，数字技术在矿山的不同环境中已得到不同程度的应用，并开始整合到矿业价值链中。矿山企业的成功不仅在于采用最新的应用和技术，更重要的是将数字化和创新理念融入经营策略中，这也是科技创新与管理升级的重要结合。通过应用更高的处理能力、更强且更快的网络、更好的传感器（包括 GPS、雷达和激光雷达），以及改进后的软件和算法，数字科技成为矿业技术的主力军。数字化确保了对数据的分析和认识，并允许系统内的反馈（手动、自动或人工智能），可利用实时数据实现对商业运营的即刻可视化、控制和优化，应用于矿山运营的所有方面。②山东黄金较早地洞察到矿山数字化转型的趋势，积极布局新技术以实现智能智慧。与华为合作开发首个矿业大数据云平台，与中国移动合作建设国内首个"5G+智慧矿井"，一系列的数字战略举措表明了山东黄金在推进科技创新、科技兴矿和科技赋能上的决心，也体现了企业在面对数字化浪潮时的方向感知。例如，2019 年，山东黄金的三山岛金矿根据"国际一流示范矿山"建设需求，引进了 Vulcan 三维矿业软件及三维激光扫描设备，并搭建了生产技术协同平台，以矿山全生命周期的相关数据为基础，运用三维可视化建模技术对矿山自然环境进行三维建模，并通过地质、测量、采矿等技术工作环节中产生的三维模型，动态"虚拟再现"矿山的变化状态。

图 13-1 展示了矿山治理"观"。

---

① 康纪田. 矿山企业是矿业社区建设的主要责任者 [EB/OL].（2013-05-25）[2021-06-17]. http://blog.sina.com.cn/s/blog_4c0d785b0101lqzq.html.

② 赵相宽，张炜，姜焕琴. 科技创新推动矿业高质量发展 [N]. 中国矿业报，2020-03-17（1）.

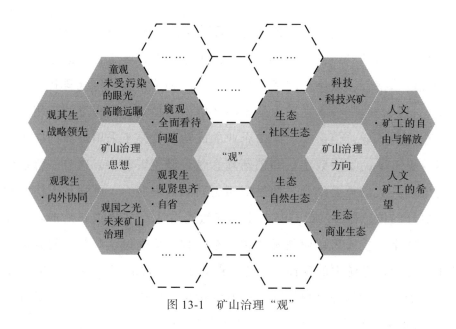

图 13-1　矿山治理"观"

13.2　矿山治理的路线与路径图

在方向指引的基础上，设计合理的路径可以使未来矿山治理少走弯路，从而更快地实现"世界前五"的战略目标。山东黄金在以三山岛金矿为试点建设"国际一流示范矿山"的过程中，积累和总结了诸多值得借鉴和推广的经验及矿山治理的整体性思考，为未来矿山绘制了治理蓝图和路径图，因此，不得不思考这样的问题——路径图包含了哪些要素？山东黄金是如何逐步践行的？依托"一幅蓝图全统筹的顶层设计，一张网络全覆盖的互联互通，一套数据全打通的数据底座，一个平台全掌控的管控平台，一部终端全联结的场景体验"的"国际一流示范矿山"建设方法，山东黄金既解决了矿山面临的问题，又引领了矿山发展的方向，使山东黄金在运营模式、管理方式、适用技术和标准体系上形成了一套独特的矿山治理路径（见图13-2）。

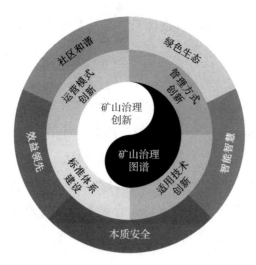

图 13-2　矿山治理路径图

13.2.1　数字化赋能运营模式创新

数字技术的快速发展加速了企业的数字化转型进程，逐渐颠覆了企业传统的运营模式。运营模式作为矿山治理的核心内容，其数字化转型的深度和广度决定了矿山治理智能智慧的实现。山东黄金以深化数字化转型为目标，建设以服务矿山运营改革为目标的全面数字化管理体系。基于矿业互联和云物联的理念，山东黄金携手华为共同开发国内首家矿业大数据云平台，从此山东黄金有了私有云大数据中心。借助云平台，山东黄金将生产、管理、运营、安全等众多异质性的"系统界面"结合起来，对接至云平台，从而形成包含全生命周期的以流程规范、矿山开采的数字化经验和数字化解决方案为主的数字化资产，通过三山岛金矿一流矿山运营中心可视化运营展现，并按照实际业务运营场景进行数据重组，开发了一系列的服务目录，为矿山数字化转型、智能化运营提供了核心平台和广阔的发展空间。通过大数据平台建设，三山岛金矿形成了矿业大数据云平台建设模式、数据资产化理念、数据治理标准体系，以及基于数据提升决策能力、基于数据再造管理流程、基于数据提升管理水平，建立起全面的企业数字化管理体系，推进了矿山治理运营模式的改革。

三山岛金矿借助以大数据平台为依托的高度集成化与智能化的生产运营模式，围绕"地、测、采、选、冶"的各个环节，建立实时调度流程和全流程的可视化治理，并形成了扁平化、集约化、智能化的协同运作系统，其打造的"全面数字化管理体系"和"高度集成化的集控运营模式"，代表了国际一流矿业企业运营管理水平，为矿业领域管理模式向高度数字化、智能化、可视化、扁平化、协同化转变树立了典范。

13.2.2 全优生产保障促进管理方式创新

在传统的矿山治理中，诸多企业围绕设备管理制度、操作规范、点检制度和安全规范做出了巨大努力。然而，部分矿山企业仍旧存在其历史遗留的固有局限，如大型设备维修困难且更新缓慢、安全配套设施不健全、矿业人素质低、管理责任意识不强、制度落实不力、管理粗放等。[一]为了提高现场管理和设备管理水平，提升员工综合素质和企业品牌形象，三山岛金矿开展了全优生产保障管理体系（TOPS）建设，以企业实际效益提升为目标，协助企业构建符合自身实际的管理体系，形成以现场管理为基础，人–机精细化管理（设备管理）为主线，持续改善为常态的管理和技术有机融合的管理体系。三山岛金矿将 TOPS 分为基础管理、专业管理和精益改善提升三大模块。

TOPS 是三山岛金矿面向现场管理、员工素质、班组建设、人–机精细化管理等所开展的以提升管理能力、优化经营效益为目标的管理体系。在

[一] 孙秀茹，冯丽军.全优生产保障体系在矿山设备管理中的应用[J].设备管理与维修，2020（9）：23-24.

传统矿山治理中，现场、员工（人、个体）及班组（团队、群体）被绑定为一个整体，导入全员参与、规范落实、持续改进、管理闭环的理念并使之成为大家普遍接受并身体力行的信条。这个过程说起来简单，但做起来却不是那么容易，关键还是要各级管理者能深刻认识到这方面工作的关键性和必要性，并长期坚持不懈地努力去普及和获得大多数人的认同。

为保证TOPS的落地实施，三山岛金矿采用稳健的渐进式"三步走"方式：第一步实现基础管理模块改善，为管理体系创新提供基础；第二步实现人–机精细化管理，并建立管理标准及相关案例库；第三步实现精益改善提升，查找并消除一切不增值的浪费现象，进一步提高企业利润空间，全面提升企业竞争力。TOPS的核心是引导全员参与，以人为中心，优化现场人员的素质。首先，三山岛金矿借着数字化转型红利，借助大数据平台实行集中调控，全面实现现场管理的数字化、网络化、智能化、无人化和信息化。在此基础上，培养了一批机电复合人才，通过调控中心的集中管理实现远程作业。其次，山东黄金为未来矿山治理中的员工能力提升提供了范本，坚持以人为本的发展，开展职业规划设计，搭建员工职业发展平台，优化工作条件，完善相应的管理机制和激励约束机制等，不断提高员工工作的积极性、主动性、创造性，让员工与企业共同成长，创造更大价值，实现人生目标和梦想，从而最大限度地激发企业活力和正能量。最后，集团成立了山东黄金研修中心，一方面旨在为员工提供技能和职能培训以保证员工能适应未来矿山"数字化无人"的发展趋势。另一方面，山东黄金以此为契机，计划着力将学校打造成企业文化与管理创新中心、矿业技术交流推广中心、高技能人才培训中心和安全环保培训中心，力争到"十四五"末，成为"业内领先、国际一流"的培训基地。

13.2.3　从机械化到智能化的适用技术创新

随着矿业企业不断寻求使用新技术以提高生产力和利润率，数字化对行业的重要性愈加显著。然而，需要正视这样一个事实：近几十年来，矿业行业在技术上取得的重大突破非常少。在矿物加工方面，重大技术突破还是100年前的浮选技术和50年前的溶剂萃取技术。在采矿方面，革命性的发展包括炸药的发明、硬质合金钻头的引入、地下大规模采矿方法的采用，以及露天采矿设备的升级换代。㊀世界经济论坛报告指出，技术成本的不断降低加快了社会发展的步伐，实现数字技术的综合利用才能确保这些新技术发挥最大作用。同时，这些新技术可能会颠覆现有的商业模式以及矿业企业与用户、供应商和竞争者之间的传统角色和关系。㊁因此，矿业企业需要正视技术在公司业务各方面所具有的推动作用，将技术作为公司发展的战略要务之一。㊂

1. 高效智能化技术

工业4.0以及物理世界与数字世界日益紧密的联系使矿业企业正逐渐意识到高效智能化技术的应用前景。部分企业正在探索大数据分析和人工智能技术在矿山开采和矿企管理中的重要性，利用其生成的数据改进整个矿业价值链的规划与决策，以此增强资产、生命和技术的安全性。山东黄金围绕"地下高效、智能、无人采矿"这一核心难题，建立了面向"矿石流"生产全流程智能化系统和地下金属矿智能化开采技术体系。"矿石流"是数字孪生在矿业行业的典型应用，这一概念的提出，既是技术思想的呈

㊀ 赵相宽，张炜，姜焕琴. 科技创新推动矿业高质量发展 [N]. 中国矿业报，2020-03-17（1）.
㊁ 世界经济论坛. 七种趋势塑造采矿与金属业的未来 [EB/OL]. (2019-06-12)[2021-05-11]. https://cn.weforum.org/agenda/2019/06/qi-zhong-qu-shi-su-zao-cai-kuang-yu-jin-shu-ye-de-wei-lai/.
㊂ 德勤中国. 2019年趋势追踪：推动未来矿业转型的十大要项 [R/OL]. (2019-03-29)[2021-05-11]. https://www2.deloitte.com/content/dam/Deloitte/cn/Documents/energy-resources/deloitte-cn-er-tracking-the-trends-2019-zh-190326.pdf.

现,也是技术创新的壮举。但实际上,"矿石流"作为数字化整合的一部分,不仅可以通过其检测到矿石的"生命状态",更可以支持矿业更加高级的数据分析功能,即态势感知。态势感知既是"矿石流"衍生出的矿业发展新技术,也是矿企寻求转型时所应具备的核心能力,可以实时感知人员、资产和流程的状况和状态,以便公司可以理解和预测整个价值链受到的影响,并通过有针对性的干预措施来优化结果。这意味着通过应用态势感知技术和开发态势感知能力,矿企不仅可以实时监测矿石开采状态,更可以事先进行基础风险维护、安全弱点分析和智能安全运维,对于实现未来矿山的本质安全和效益领先具有重要作用。

2. 绿色生态化技术

2017年国家相关部门印发了《关于加快建设绿色矿山的实施意见》,旨在加大政策支持力度,加快绿色矿山建设进程,力争到2020年,形成符合生态文明建设要求的矿业发展新模式。此外,在2020年的联合国大会上,我国明确提出二氧化碳排放力争于2030年前达到峰值,努力争取2060年前实现碳中和。在2021年全国两会上,"碳达峰、碳中和"被首次写入政府工作报告。一系列的国家政策文件和政策导向均表明,矿业发展要与自然生态保护密切关联。随着企业在脱碳方面的战略构想逐步转化为实际执行,山东黄金以高瞻远瞩的洞察力,着力推进减污降碳工作,加大减污降碳研发投入,以"国际一流示范矿山"建设推广为契机,积极推进智能矿山、数字工厂、人工智能、大数据、物联网、工业机器人、5G通信等新技术应用,进一步提高矿山开采、生产加工等重要环节的绿色技术水平。围绕无废采矿、选矿回收、综合利用、灾害控制和危废无害处理研发"无废化"和"无害化"技术,在"智能智慧、全球领先矿业发展"的基础上,推进实现"绿色生态、美丽和谐矿山"建设。山东黄金为加速推动深部金属矿的绿色开采进程,研发新型的绿色开采模式和技术架构,即"高效两无一生态"技术架构。这一技术架构是在高效智能化技术的支撑下，将传统的"三高（高污染、高耗能和高排放）"技术变革为"两无（无废化、无害化）"技术，围绕矿山开采的全生命周期实行生态治理，减少地表土地占用破坏，延长矿山服务年限，降低能耗和采矿成本，消除地表重大危险源及其引起的矿山地质灾害与生态危害，有效保护矿区生态环境，推动生态重构。

13.2.4 智能智慧促进矿山治理标准体系建设

理念是行动的先导，一定的发展实践都是由一定的发展理念来引领的，而发展实践和行动则是由标准体系来指导的。党的十八届五中全会明确了创新、协调、绿色、开放、共享的新发展理念，也为未来矿山治理标准体系的建设点明了方向。当前，我国进入新发展阶段，矿山治理也迈入新的阶段，对安全、绿色、和谐、智能和效益的本质诉求呼吁建立新的标准体系。山东黄金立足于国家现代化建设，对建设经验、成果和关键技术进行了沉淀和总结，经规范化提炼后形成了可推广的指导性建设规范与建设标准，以保证建设成果可以在集团范围乃至行业范围内示范和推广，为打造"智能型、效益型、生态型"的现代化矿山提供了规范定义与建设指导。

首先，在智能型矿山标准体系建设方面，山东黄金以三山岛金矿"国际一流示范矿山"建设规划为基础，对所规划的智能矿山项目进行了效果分析与示范性成果总结，进一步通过关键技术提炼、共性特征概括等方式，形成了一套可复制、可推广的智能矿山建设标准。伴随着数字化转型的东风，矿山治理围绕数据基础设施、平台终端建设、相关配套设施等，为矿山转型提供规范定义与建设指导。例如，山东黄金依托三山岛金矿"国际一流示范矿山"建设的实践，参与了中华人民共和国工业和信息化部、国家发展和改革委员会及自然资源部三部委的智能矿山领域首个建设指南《有色金属行业智能矿山建设指南（试行）》的联合制定工作。该指南成为引领行业智能矿山建设的"方向盘"和"参考书"，为我国矿业行业的转型升级做出了卓越贡献。以三山岛金矿为试点，通过对矿山地质、生产、安全、装备、人力、财务六大主题开展数据治理工作，围绕业务流程和功能职能域搭建了自动化系统、业务处理系统、内外部应用系统等，建立了企业信息数据标准和信息系统模型。通过制定数据标准，将企业的数据环境标准化和规范化，形成了适用于智能矿山建设的信息资源规划方案。

其次，在效益型矿山标准体系建设方面，山东黄金在"国际一流示范矿山"建设的过程中，按照"制度为上、标准为先、管理升级、流程优化"的原则开展工作，构建了效益型矿山"118N"标准化管理体系。围绕社会效益提升和企业效益提升这个核心目标，制定员工和客户满意指标、股东回报指标和社会责任指标，按照行政管理、人才管理、安全管理等8方面制定标准，梳理涵盖经营管理、生产管理等在内的多个关键流程，持之以恒、久久为功，为未来矿山治理提供了效益型矿山标准体系。此外，山东黄金建设了面积约 4500 m^2 的自然博物馆，打造沿海观光带，使地方经济效益和社会效益得到双重跃升。经济、人文与社会效益的构建使山东黄金成为行业的典范，同时也使"118N"标准化管理体系的科学性得到验证。

最后，在生态型矿山标准体系建设方面，矿山治理不仅需要考虑自然生态保护，还需强调人文社会生态的维系。自然生态决定了矿山企业走向哪里（可持续发展问题），而人文社会生态则决定了企业在这个方向上能发掘的深度（协同治理问题）。2017年，山东黄金在全国率先制定了严于国家标准的首个企业绿色矿山建设标准，编制实施集团绿色矿山建设规划，并结合2020年自然资源部印发的《绿色矿山评价指标》，围绕矿区环境、资源开发与综合利用、节能减排、本质安全生产、生态环境保护、企业管理与企业形象，形成了一套可以量化评价生态矿山建设水平的评价标准和评价方法,即《生态矿山建设通用要求》。在此基础上,山东黄金坚定安全环保"双零"目标,不断升级改造安全环保设施。在已经过去的"十三五"期间,安全环保节能减排投入年递增15%,2019年投入达到4.71亿元,保障了绿色矿山建设。[一]此外,借助黄金文化与自然博物馆及沿海观光带,山东黄金带动了周边社区生态文明的进步,由此体现了生态型矿山标准体系的科学性与规划性。

13.3 试点矿山治理的中国流派

数字经济的迅速崛起使中国传统行业找到了突破重围、唤醒潜力的契机,矿业企业也在这种情况下发掘了新的发展道路。全球数字矿山、智慧矿山的呼声逐渐高涨,矿企的数字化转型显然成为抢占竞争优势的重要法宝。在此背景下,山东黄金围绕"本质安全为基础、智能智慧为手段、绿色生态为根本、社区和谐为保障、效益领先为目标"的"国际一流示范矿山"建设指南和方向,革新了传统矿山治理模式,围绕本质安全、智能智慧、绿色生态、社会和谐和效益领先,向世界贡献中国的矿山治理理念。本书将这种以围绕数字化转型的本质安全和智能智慧、自然社区环境的绿色生态和社区和谐及价值创造的效益领先为核心特点的矿山治理模式定义为价值生态模式。该模式旨在利用先进的数字化技术为矿山治理赋能,从而实现矿山的智能化转型,依托数字技术的安全可靠和快捷便利实现本质安全,进而确保绿色生态和社区生态的和谐,在此基础上实现以价值共创为核心的效益领先的目标。

[一] 山东省自然资源厅. 山东黄金集团打造绿色矿山齐鲁样板 [EB/OL]. (2020-07-22) [2021-06-18]. http://dnr.shandong.gov.cn/zxzt/ywzt/gtzyjyjy/jyjl/202007/t20200722_3172142.html.

13.3.1 价值生态的实现工具：数字化转型

2016年中共中央办公厅、国务院办公厅印发《国家信息化发展战略纲要》，国务院印发《"十三五"国家信息化规划》，分别提出"信息化驱动现代化"和建立"数字中国"的战略要求，着力推进信息化和工业化深度融合。因此，面对新形势、新常态和新要求，我国矿山建设工作已经牢牢把握行业自动化、智能化发展前沿趋势，加快智慧矿山建设探索和研究，大力推动矿山生产模式变革、效率变革、动力变革。当前，以自动化、智能化为标志的新一轮工业革命、技术革命正在蓬勃兴起，许多产业走上了自动化集约生产道路，一举改变了行业"标签"，颠覆性的创新和变革正在各行业不断涌现，给传统矿业发展模式带来了巨大冲击和挑战。虽然很多矿业公司竭力推动有意义且可持续的业务转型，但它们缺乏对真实情况的了解，同时很难获取准确、完整和及时的数据。这导致这些公司在采用过时经营方式的过程中面临边际效用递减的困境——剩余资产不断被榨干，劳动成本与收益严重失衡。随着数字化技术成本下降，数字化解决方案试验遍地开花，矿业企业已经进入建设智慧创新型矿山、解决成本收益悖论、探索矿业发展新台阶的最佳时机。[○]"国际一流示范矿山"为全球矿山治理提供了新的范本。在全球数字化转型成为大势所趋的今天，物联网、云计算、大数据、人工智能、5G等新一代信息通信技术与矿山设备和治理理念融合，在矿山的感知层面、管控层面、决策层面实现新的运营管控模式，将成为建设智慧创新型矿山的关键。

在数字化转型过程中，借助华为的工业云服务打造的端、边、云协同解决方案，山东黄金实现了智能创新型矿山的数据融合、智能智慧、数据传承三大支撑。在数据融合层面，一方面，大数据平台以数据为轴，辅以

○ 德勤中国. 智能矿山：创造真正的价值 [EB/OL]. (2018-09-10)[2021-06-11]. https://wenku.baidu.com/view/58ac3c01b04e852458fb770bf78a6529657d3502.html.

矿山实际应用场景和技术，并根据技术更新和场景转变剔除和补充"矿石流"数据，从而积淀下全新的数据资产，并按场景需要和矿山服务需求，保障持续创新。另一方面，大数据平台能融合传统技术架构，深度融合数字技术和传统矿业技术，从"矿石流"出发，全生命周期保护既有资产，同时借助外部数字服务，山东黄金可以在大数据平台进行服务权限和类属划分，从而开发出一系列衍生的外部数字服务对外推广，实现由"自力更生"向"开放共享"的转变。在智能智慧方面，一方面，大数据平台可以更加灵活地组织各设备组件，以便在更低的人工干预程度的情况下感知和捕获"矿石流"信息。山东黄金在矿山设备中加入传感器、微处理器、嵌入式操作系统和软件应用程序等，将设备信息实时传输到大数据平台的数字"系统界面"中，从而增强传统设备的数字化能力，保证了对设备全生命周期的监控。另一方面，5G网络所具备的超高速率、超低时延和超大连接的技术特点，不仅进一步提升网络运载，为移动终端带来更快的传输速度，还将满足矿山设备互联的应用需求。山东黄金作为中国首家采用"5G+凿岩台车"系统的矿山，由凿岩台车无线通信、视频传输进行自动化控制，应用 5G 网络通信技术实现了实时采集和上传采矿车各种运行数据，并进行远程无线遥控工作，有效消除矿区井下人员安全风险，降低矿企运营成本，提高整体盈利能力。㊀在数据传承方面，大数据平台具备"一动不动"的技术和服务理念。其中，"一动"指的是三山岛金矿按照实际应用场景进行数据资源重新配置，构建全新数字化服务的能力。"不动"指的是山东黄金始终围绕大数据平台开展智能创新型矿山建设的主要目标不变。山东黄金存在诸多应用场景，如选矿、采矿、矿石提升等，利用大数据平台有针对性地开发相应的服务应用，可以更加快速地发挥数据资产优势。

㊀ 环球网."5G+人工智能"应用场景落地井下实现无人智能采矿 [EB/OL]. (2020-06-25) [2021-07-15]. https://3w.huanqiu.com/a/c36dc8/3ynSuQ8yz23?agt=20.

13.3.2 价值生态的根本保障：绿色化治理

我国经济进入高质量发展的新时代，对我国矿业行业绿色发展提出了新的更高要求，开启了我国绿色矿山建设的新时代。矿山企业想要实现可持续发展，就要采用绿色环保化的发展模式，这不仅是环境对企业的隐性要求，更是企业想要做大做强的必要条件。[1]近年来，山东黄金积极践行"绿水青山就是金山银山"理念，将"两山"理论的思想贯穿于山东黄金矿业发展的全过程，全面推进绿色矿山建设，从而成为中国首个"绿色矿业集团"。随着"碳达峰、碳中和"目标的确立，矿业企业面临着前所未有的新机遇与新挑战。矿业发展维系着社会经济发展的基础命脉，这一目标的提出将革新矿业企业和行业的生产方式，为矿业企业提供新的生产力。山东黄金作为中国乃至世界黄金行业的龙头企业，其高质量可持续发展之路可以为未来绿色生态型矿山建设和治理提供方向，并向世界贡献独特的中国模式。在当前"碳达峰、碳中和"的大背景下，山东黄金谋求在新形势下开启新一轮发展，原董事长陈玉民曾讲道："这不仅是一场能源革命，更是一场极其广泛深刻的绿色工业革命，它将重构整个制造业，以倒逼机制推进制造业零碳转型。对我们黄金行业而言，这一目标的提出也影响巨大，必将带来新一轮的产业变革，为黄金产业新旧动能转换提供了新的发展契机。"

首先，企业主体要积极承担绿色责任，并以富有洞察力的方式敏锐感知到未来环境要求的变化和政策的走向。恩格斯在《自然辩证法》中警告说："但是我们不要过分陶醉于我们人类对自然界的胜利。对于每一次这样的胜利，自然界都对我们进行报复。每一次胜利，起初确实取得了我们预期的结果，但是往后和再往后却发生完全不同的、出乎预料的影响，常常

---

[1] 有色技术平台. 绿色矿山之路，应该怎么走？[EB/OL].（2019-07-10）[2021-07-15]. https://zhuanlan.zhihu.com/p/72973805.

把最初的结果又消除了。"①绿色治理也是如此。"善弈者谋势，不善弈者谋子"。山东黄金在追求绿色治理的过程中，时刻保持思维认知与社会发展的同步，坚持发展绝不能以浪费资源、破坏环境为代价的红线，将创建"资源节约型、环境友好型企业"作为发展战略的重要内容，承担起属于企业的社会责任。

其次，企业主体要积极打好科技牌，用科技为绿色治理赋能，从源头打响第一枪，做好绿色勘探。山东黄金不断淘汰对生态环境影响较大的采矿技术，利用数字技术持续革新找矿手段、方法、设备和工艺，实现了勘查方式脱胎换骨式的蜕变。"善建者不拔"，山东黄金作为国内生态绿色矿业的首倡者与实践者，始终坚持以生态文明理念为指导的循环型矿业发展模式，始终坚持"用心守护绿水青山，用爱造福地球家园"。绿色治理是一项长久工作，山东黄金以"开采方式科学化、资源利用高效化、企业管理规范化、生产工艺环保化、矿山环境生态化"为基本要求，积极致力于生态矿业建设，严格履行节能减排、防止污染、节约资源的义务，扎实推进环境保护工作。②

最后，绿色生态矿山治理要贯穿矿山管理的全生命周期。绿色认知的改变固然重要，而全生命周期的绿色治理则以行动作为纲领，决定了企业绿色化和生态化的成效。恩格斯指出："在今天的生产方式中，面对自然界以及社会，人们注意的主要是最初的最明显的成果，可是后来人们又感到惊讶的是：人们为取得上述成果而作出的行为所产生的较远的影响，竟完全是另外一回事，在大多数情形下甚至是完全相反的。"③绿色矿山治理是从点上推动矿业的绿色发展，以绿色发展理念为指导，注重资源节约、环境

---

① ③ 马克思，恩格斯. 马克思恩格斯选集：第 4 卷 [M]. 中共中央马克思恩格斯列宁斯大林著作编译局，编译. 北京：人民出版社，1995.

② 山东黄金矿业股份有限公司. 2019 年度社会责任报告 [R/OL].（2020-04-17）[2021-07-15]. http://www.sdhjgf.com.cn/upload/file/2021/08/04/164921e462b64b7080990e5c0375cea7.pdf.

友好、转型发展和安全和谐①，达到资源效益、经济效益、社会效益和生态效益的协调统一②。要实现各效益的协调统一，需要立足于绿色生态的全生命周期治理。"善张网者引其纲"，山东黄金纲举目张，统筹制定落实"碳达峰、碳中和"实施方案，稳步构建长效管理机制，着力推进减污降碳工作。③此外，山东黄金在充分调研、摸清企业碳排放基数、能源消耗结构及减碳空间潜力的基础上，立足企业发展战略，寻求与专业中介机构合作，研究制定集团 2030 年前"碳达峰"中长期实施方案，稳步构建碳达峰长效管理机制，为企业下一步争取碳排放配额与碳排放权、参与碳交易及长远发展战略争取有利条件。④

13.3.3 价值生态的核心目标：和谐化生态

企业的持续经营是企业主体与各利益相关者共同创造价值的多方合力的结果。数字生态经济的迅速发展已经表明这样一个事实，企业可以借助数字生态系统提供服务、产品和洞察力为客户带来额外的价值。⑤对矿业企业而言，矿山治理不仅需要为企业谋福利，更需要整合利益相关者的利益，为客户创造价值，实现矿山协同治理。"对和谐的追求是人类的本能"，未来矿山治理如何强化履行社会责任，不断改善和保障民生，树立良好的企业形象是解决企业与社区生态矛盾的关键一步。因此，在矿山建设和生产过程中，矿业企业应思考如何与当地社区及时建立磋商和协作机制，妥善

---

① 孙映祥. 我国绿色矿山建设研究现状综述与思考 [J]. 中国国土资源经济，2020，33（9）：35-40，85.
② 陈丽新，郭冬艳，孙映祥. 绿色矿业发展示范区建设的关键问题研究 [J]. 中国国土资源经济，2021，34（5）：1-6.
③④ 张弦. 山东黄金：探路碳中和 [N]. 中国有色金属报，2021-04-15.
⑤ TALINB. 什么是数字生态系统——了解最赚钱的商业模式 [EB/OL].（2021-10-21）[2021-11-25]. https://morethandigital.info/zh-hans/shenmeshishuzishengtaixitong-lejiezuizhuanqiandeshangyemoshi/.

化解各类矛盾，确保企业与社区的和谐发展。由此可见，价值引领型矿山治理需要兼顾价值认知更新和协同价值创造。

价值认知更新是数字化时代企业的一项必备技能，数字技术（如数字平台）颠覆了企业与外部利益相关者的接触方式，数据资源重构了企业的同质化和异质性竞争优势，数字化转型助推了企业价值创造新模式的产生。因此，在此情形下，企业尤其是矿业企业，亟须调整价值认知方式，使数字化时代的价值观念得到认知更新。矿业企业"傻大黑粗"的刻板印象由来已久，扭转这一局面不仅需要推动矿企和矿山的全面变革，还需要及时更新价值认知，从价值目标、价值赋能、价值评估和分配以及价值连接的角度全面革新传统矿山的认知。从价值目标来看，以山东黄金为代表的矿业企业意识到社区和谐的重要性，在矿山开采的过程中注重社区生态的建设，实现社区公众、企业主体和矿山的和谐发展。从价值赋能来看，矿业企业的组织结构调整已成为迫在眉睫之事。例如，山东黄金大幅精简组织结构，围绕各矿山建立事业部，并让各事业部有机会去创造价值，这实际上是依靠集团对事业部全力赋能实现的。从价值评估和分配来看，矿业企业需要制定动态灵活的标准体系，围绕以投入、产出、推广等为核心的环节设置评价标准，从而为价值分配提供支撑。山东黄金在"国际一流示范矿山"建设中制定了多项具体的评价标准，通过设计多元的价值分配形式来回报利益相关者对企业的贡献。从价值连接来看，任何企业的可持续发展都离不开与外部利益相关者的关系，以往的契约关系难以形成稳定且长久的合作关系，因此需要探索一种以价值为基础的连接方式，从而持续创造更多的价值。山东黄金始终坚持服务社会、创造和谐、造福于民的价值理念，建立与社区定期沟通交流机制，努力将自身资源与社区共享，积极开展社区共建，以自身发展回馈社区。

协同价值创造需要矿业企业始终坚持战略协同，实现价值效益的多点花开。山东黄金在实现世界前十、布局"国际一流示范矿山"的道路上始终保持战略雄心和战略思维，坚持世界眼光和国际标准。在推动集团"十三五"和"十四五"战略布局的过程中，山东黄金保持"独木不成林"的合作观，在阿根廷、澳大利亚、加拿大等国家搭建海外业务平台，充分发挥产融创新和低成本融资优势。例如，山东黄金与巴里克公司签署战略投资协议加深双方战略合作，积极探索在世界其他地方开发金矿的机会，凭借与巴里克公司的合营经验，寻求与其他环球黄金矿业公司的战略合作机会。[⊖]然而，这是传统上战略合作式的价值创造方式。数字化带来的不确定性已然成为诸多企业不得不面对的常态，在这种情况下，如何通过数字化的运营方式和活动缩短与客户之间的距离？如何利用数字化的产业调整和活动将产业伙伴纳入产业价值创造的环节？如何借助数字化的业务变革和颠覆融合更多的业务合作伙伴，为持续协同价值创造提供基础？价值引领型矿山治理的首要考量便是重构传统价值创造逻辑，以更加包容和开放的心态整合各类型合作伙伴，从而形成价值共创合力。

⊖ 东莞证券. 山东黄金（600547）报告 [R/OL].（2020-03-17）[2021-11-25]. http://pdf.dfcfw.com/pdf/H3_AP202003181376592425_1.pdf.

第 14 章

未来矿山治理的范式引领

回顾历史，每一次工业革命都使人类的生产方式发生巨大变化，生产力水平大幅提高，经济活动的范围、规模空前扩大，人们的生活方式发生根本改变。以蒸汽动力的应用为标志的第一次工业革命，为世界开启了机械化生产之路；以电力的应用为标志的第二次工业革命，催生了流水生产线与大规模标准化生产；以电子信息技术与互联网的应用为标志的第三次工业革命，促使制造业实现了自动化控制；而即将甚至已经到来的以智能技术、大数据分析技术和物联网等应用为标志的第四次工业革命，使我们这个时代的生产模式和产业结构发生革命性变化，实现产业的智能化升级。产业结构升级的本质是产业体系中发展相对靠前的产业角逐主导性产业的过程，其发展标志是高新技术的应用和集约化生产。[1]数字经济的崛起无疑为这种角逐注入了新的动力。在这种背景下各行业都不遗余力地开发数据潜力，视图将其作为谋求第二曲线的新生产力。基于此，传统范式的变迁已经成为大势所趋，在此趋势下，数字经济下的科学范式和数字人文下的管理范式发生了怎样的转变，又是如何在这种转变中支撑未来矿山治理的？

---

[1] 陈晓东. 数字经济影响产业结构演进的方向路径 [N]. 经济日报, 2021-05-21（6）.

14.1 数据价值型科学范式

2017年,党和国家领导人已经指出:"在互联网经济时代,数据是新的生产要素,是基础性资源和战略性资源,也是重要生产力。"因此需要加快数字经济建设步伐,稳健辩证地看待数字生产力和生产关系之间的辩证统一。2020年发布的《中共中央关于制定国民经济和社会发展第十四个五年规划和二〇三五年远景目标的建议》(以下简称《建议》)中指出要"发展数字经济,推进数字产业化和产业数字化,推动数字经济和实体经济深度融合,打造具有国际竞争力的数字产业集群",这意味着数字经济作为实体经济的补充和支撑,作用已经十分突出。历史经验表明,技术进步是生产力和生产关系变革、产业结构升级的内在驱动力,同时会带来经济和科学范式的变革。在新的范式下,新兴产业或变革型产业会逐渐成为产业体系中的主导产业,并通过产业关联、技术渗透等方式带动整个产业的转型升级。[一]在这种历史发展契机下,数字经济的重要性不言而喻。数据高效便捷、清洁绿色、海量且低成本的属性摆脱了传统生产要素的束缚,正成为引领全球经济转型的新范式,传统的实验科学范式正逐渐上升为数据价值型范式(data value-based paradigm,DVP)。

"范式"(paradigm)这一概念最初由美国著名科学哲学家库恩于1962年在《科学革命的结构》中提出,玛格丽特·马斯特曼通过对库恩"范式"的21种不同用法的分析,提出库恩"范式"存在三个层次:①元范式,是指共同的信念、标准、思想等;②社会学范式,包括公认的普遍的科学成就;③人造范式,是指人为构造的东西,用以解释和描述问题与现象。[二]由此来看,新范式的产生离不开社会科学的进步和技术的发展。正因为如此,本

[一] 陈晓东.数字经济影响产业结构演进的方向路径[N].经济日报,2021-05-21(6).
[二] 董春雨,薛永红.数据密集型、大数据与"第四范式"[J].自然辩证法研究,2017,33(5):74-80,86.

书立足于数字经济的发展,结合山东黄金矿山治理的实践,提出了"数据价值型范式",指通过科学转化、分析和存储,将大量离散的数据转化为个体、企业乃至社会可识别的标准化数据资产,从而指导个体决策、企业经营和社会发展,因此具有"思知行一"的本质属性。[⊖]除了库恩提出的"不可通约性","数据价值型范式"包含三个特点:数据密集性、数据资产性、价值服务性。这三个方面涵盖了数据价值型范式的定义,体现了数字经济时代的主要特点(见图14-1)。

图 14-1　数据价值型范式

14.1.1　数据价值型范式

1. 数据密集性

数据价值型范式必然指向数据层面,服务并指导数字经济建设,因此需要感知、识别并整合大量的离散数据以作为支撑,而密集性这一特点要求能全面整合小数据和大数据生成智能全数据。在积极拥抱大数据的同时,也不能忽略小数据对企业业务和社会发展的价值。山东黄金以"矿石流"和"业务流"为生产经营主线,依托大数据平台在全矿范围内进行数据治理,对现有数据资产进行全面的梳理,针对全矿地质、生产、安全、装备、人力、财务六大主题域开展了全面的数据治理工作,完成数据湖的建设工作。本书认为数据本身并没有价值,这点从最近几年重点强调数字经济可以看出,只有当数据被利用时,其价值才能被释放(因为数字技术的发展使数据有了可以发挥作用的载体),而实现的前提便是数据的密集性。

⊖ 孙新波. 管理哲学 [M]. 北京:机械工业出版社,2018.

2. 数据资产性

数据作为一种新的生产要素，其具有资产性特点已经成为不争的事实。2019 年党的十九届四中全会首次将数据与劳动、资本、土地、知识、技术、管理等生产要素并列，2020 年中共中央、国务院在《关于构建更加完善的要素市场化配置体制机制的意见》中，进一步提出要"加快培育数据要素市场"。这些国家层面的政策举措已经说明，数据正逐渐在经济社会转型、国家博弈和企业竞争中发挥重要作用。当数据资源累积到一定程度之后，需要从功能和形态层面进行变化，形成数据资产。在功能上，可以被整合的数据资源的主要功能是记录企业经营和业务情况，并根据现实需求进行统计分析用以决策。而当数据资产化后，可以在数据决策的基础上改革商业模式，从而追赶数字红利。在形态上，从数据资源到数据资产的蜕变需要经过电子化处理以支持规模化的数据应用场景，并按照场景需要随时组合和更新。山东黄金与华为合作，开发矿业大数据云平台，对矿山已有的各个业务数据进行了横向和纵向打通，通过实时采集、海量存储、数据治理形成三山岛金矿高质量、高标准的数据湖。数据湖汇聚了企业核心关键业务数据，形成了宝贵的数据资产，进而围绕数据资产进行广泛的价值挖掘，探索基于大数据平台的智慧应用。借助数据资产化的过程，企业可以不断释放全数据的价值属性，进而推动全渠道、全要素的数字化转型。⊖

3. 价值服务性

数据资产化的属性可以激活其价值性的特点。关系型数据库的鼻祖 Jim Gray 在 2007 年提出了科学研究的第四类范式，即数据密集型范式，认为大数据的运行和应用逻辑是在对数据进行大规模计算、处理和分析的基础上，

⊖ 阿里研究院. 数据生产力崛起：新动能、新治理 [R]. 2020-09-05.

从数据洪流中得出之前未知的理论或得到问题的答案。㊀该范式将电脑视为社会生产力和生产关系变革中的主角。㊁然而，本书提出的针对数据科学的新范式强调电脑和人脑的协调统一及问题答案的价值。本书认为电脑是一种智能化工具，而人脑是使用、征服和改革这种工具的源头。矿山治理对这一论断起到了强有力的支撑作用。山东黄金在 2007 年开始推动矿山的数字化转型，大量引入智能化设备并搭建数据平台，然而在矿山转型的过程中，时任董事长一直强调"智能智慧和数字化都只是手段"。这意味着数据本身具有服务的属性，而这种服务的属性来源于人与电脑协同后的使用效用。此外，本书还认为分析回答和洞察问题是实现数据价值性的重要途径，但绝非唯一通道。因此，数据价值型范式更加强调数据所带来的整合价值，例如通过智能分析和决策带来的商业价值，通过开发绿色技术和加强社区与企业间、企业与企业间合作带来的生态价值，通过赋能数字经济建设和提升数字化实力带来的社会价值等。

14.1.2 范式变革下的生产力和生产关系

如上所述，数据价值型范式强调对数据价值的挖掘，是科学性与艺术性的统一。其科学性体现在数据获取、分析等方面的规范标准和操作流程上，其艺术性是指对分析结果的价值性呈现，需综合考虑商业、生态和社会价值。这种科学性与技术性的结合开始重塑大数据时代的生产力和生产关系。数据生产力赋予了人类适应和改造社会的能力，使人类从经验决策逐渐转变为电脑辅助人脑的数据决策，从产业分工逐渐转变为产业协同，从独立运作转变为协同运作，从本质上解放了人的生产力。由于数据生产

㊀ 董春雨，薛永红. 数据密集型、大数据与"第四范式"[J]. 自然辩证法研究，2017，33（5）：74-80，86.
㊁ 王伟. 大数据时代的新科学范式：数据密集型科学 [EB/OL].（2019-11-14）[2021-11-25]. https://www.sciping.com/32847.html.

力的兴起，社会生产关系也全面更新。"数据+算法+算力"所带来的生产要素的变革重塑了传统生产关系，使人们开始从追求个体的物质利益转向追求全体的合作效益，并通过生产、分配、交换和消费的变革使人们形成了数据连接。山东黄金以数据为载体，激发矿业人改造矿山的能力，将矿业实体与数据虚拟世界结合，颠覆了传统的生产关系。大数据是一种共有资产，如何在矿山转型中将其渗透到技术变革之外的管理领域，仍旧是矿山治理的重要内容。

14.2 整体生成式管理范式

山东黄金在"国际一流示范矿山"建设中重点强调在整体上达到国际一流水平。这让我们必须直面一系列的相关问题：整体是怎样的概念？为何要强调整体？它和部分（个体）有什么区别？就管理而言，整体是什么？要解决这一系列问题，需要回到整体论和还原论中去寻找答案。

14.2.1 整体论与还原论

1926年斯穆茨用"整体论"（holism）一词表示"宇宙中制造或创生整体的根本性作用要素"。㊀1951年奎因提出"还原论"（reductionism）一词用以表示"相信每一个有意义的陈述都等值于某种以指称直接经验的名词为基础的逻辑构造"。㊁自此，整体论和还原论的争鸣便开始了。这两者也发展成为管理学研究的两类范式：整体生成式管理和原子还原式管理。要理解这两种管理范式的差异，还需要明白什么是整体论和还原论。以一个例

㊀ SMUTS. Holism and evolution[M]. New York: The Macmillan Company, 1926.
㊁ QUINE. Two dogmas of empiricism[J]. The Philosophical Review, 1951, 60（1）: 20-43.

子说明，大家都知道手机上保存的照片其实是由成千上万个不同的像素点按照不同的排列方式组成的一张"画"而已。这些像素点的集合形成了某种包含更多含义的形式，即照片，而这个照片的含义只有当人们从整体上把握住了像素点才能理解。还原论和整体论的区别如表14-1所示。

表14-1 还原论与整体论的区别

还原论	整体论
决定性	非决定性
确定性	确定性与不确定性的统一
控制	适应
部分决定整体	整体大于部分之和
自上而下	自下而上

上述例子说明了还原论和整体论的本质区别。还原论是一种哲学思想，认为可以通过将复杂的系统、事务、现象分解为各部分之组合的方法，对其加以理解和描述。对管理实践来说，以法约尔为代表的原子还原式管理学者将管理划分为计划、组织、指挥、协调和控制五大职能，有针对性地进行管理，从而产生了现有的管理体系，即牛顿式层级制管理体系，它代表了西方绝对"分"的劳动分工管理哲学。然而，管理是一个系统性的工程，绝对"分"固然有其优势，却不能从整体上把握管理的全貌。原子还原式管理强调将工作分解成各部分，才能更有效地完成工作，将组织拆分为几个有竞争性的部门，才能更有效地执行管理决策，但是这不可避免地导致碎片化和对于整体治理的损失。㊀更夸张的是，支持还原论的管理学者认为所有管理都有规律可循，找到规律便可以了解组织的运行原理，从而可以达到控制组织的目的。㊁然而，当一个系统部件被控制得越紧密，它对系统的贡献就越少，甚至越来越无法融入系统。㊂

㊀㊂ 左哈尔. 量子领导者 [M]. 杨壮，施诺，译. 北京：机械工业出版社，2016.
㊁ 孙新波. 管理哲学 [M]. 北京：机械工业出版社，2018.

整体论强调自由的意志,即我们能"自主地"做选择、自由地工作,这与"我有可能随自己的兴趣今天干这事,明天干那事"的思想不谋而合。当我们能体会到这一点,再回到前面的例子,就能感受到"照片"的含义了:整体大于各部分之和。尼古拉斯·克里斯塔基斯在《大连接》中提到:"了解人类整体是如何变得比各个部分的总和更为强大的是 21 世纪的宏伟工程,而这项工程才刚刚开始。"对管理实践而言,支持整体生成式管理的学者将管理视为一项复杂且具有适应性的系统工程,无法割裂地看待管理的某一项职能和组织部门。例如山东黄金将"国际一流示范矿山"建设作为一项系统工程,设计数字化建设、生态建设等多个方面,力求实现矿山建设的动态性,按照环境发展的现实需要,因势利导地调整组织结构,涌现出多个扁平化的自组织,以支持"国际一流示范矿山"的整体性建设。这种因势利导的特点体现出整体生成式管理非决定论的特点,即始终保持非确定性思维。

14.2.2　整体生成式管理范式构建

理解了整体论与还原论的区别,便可以尝试思考何为整体生成式管理范式了。首先需要明白一点:为什么是生成?整体生成的基本观点是整体和部分并非简单的组合或还原关系,而是大整体和小整体的关系。大整体的大环境可以促进对小整体的理解,小整体促进大整体的生成。[一]以一个例子说明,原子即便再小,在其微观世界中,也是一个整体,而地球即便再大,在宇宙的宏观环境中也是很小的存在。一言以蔽之,本书认为整体生成式是指"整体建构、自然生成"。整体建构要求具备整体观的视野,要建构起一个全局的图景。正如一位美国数学家所言:"如果一个特定的问题,可以被转化为一个图形,那么思想就整体地把握了问题,并且能创造性地思索问题的解法。"在这种整体观的视野中,事物可以在任意层次上呈现出整体

㊀ 江海. 从系统整体论到生成整体论的方法论启示 [D]. 上海:东华大学, 2013.

或网络的特点,而大整体和小整体则通过事物间的联系而生成,这意味着不存在既定的、先天的部分,即自然生成。[一]

整体建构和自然生成是整体生成式管理范式的两个重要特点,反映出管理的动态适应性和系统性。山东黄金从整体出发建设"国际一流示范矿山",并归纳出服务、赋能和价值三个中心和定位,结合科学量化的方法评估建设成效,并在2020年实现了整体上达到"国际一流示范矿山"的目标,体现出管理在规制性科学、整体性认知艺术以及实践性思维方面所形成的整合性统一。

整体生成式管理范式包含三个主要的层面,即反管理、谦自驱和人性素,三者共同构成了整体生成式管理范式式盘模型的核心(见图14-2)。反管理指"为了自然环境的持续发展和组织中的人的幸福快乐,利用科学的理性工具和哲学引发的感性直觉获得服务于人与自然和谐共生的规律性治理的真、善、美的循环"。[二],[三]这在山东黄金得到了有力体现。山东黄金不仅追求自身的修悟,还要求各事业部对标世界领先矿业企业的相关机构,反省自身。同时,在建设"国际一流示范矿山"的过程中,山东黄金积极利用大数据平台的便利,利用数据资产组织开发专业的场景应用解决方案,以便向其他矿山输出解决方案,从而谋求内外在的协同进步,这体现了反管理"自身自发现、自身反发现、反身自发现和反身反发现"的特点。谦自驱是以"谦"为核心特征,追求自然的自我和自我的自然的自驱动过程,体现了企业及领导者"谦"

图14-2 整体生成式管理范式式盘模型

[一] 江海.从系统整体论到生成整体论的方法论启示[D].上海:东华大学,2013.
[二] 孙新波.管理哲学[M].北京:机械工业出版社,2018.
[三] 孙新波,张大鹏,张浩,等.自发性对称破缺下的"反管理"研究[J].管理学报,2017,14(7):973-981.

的本质内核。[○]山东黄金始终秉持"开放、包容、忠诚和责任"的核心价值观，始终保持兼收并蓄的姿态，融合中国传统文化治理企业，在国际合作中保持谦虚为本的理念处理与当地社区的关系，实现矿山的社区和谐治理。人性素是包容了同一的不变性和差异的变化性的连续体，是一个方向性、整体性和根本性的假设，它允许任何可能的应用和反思。[○]这意味着人性素颠覆了传统的人性善或恶的二元论假设，而是将人性视为一个动态复杂的、随环境变化产生阶段性特征的过程体。山东黄金力求向矿业人提供有价值的氛围资源，将矿业工作变为一种体面的劳动，让更多的青年人能参与到一线的劳动中，从而实现人的价值观培育、人的希望塑造等目标。由此可知，整体生成式管理范式并非为确定的事物提供标准的解答，而是在不确定的环境中为现在和将来的发展提供可供选择的动态的路径。

通过上述讨论，本节一开始提出的问题便可迎刃而解。整体是一种确定性与非确定性统一的认知。只有当同时把握住确定和非确定两个场景时，才能从全局考虑问题。就管理而言，整体生成则是管理的根本性范式，确定了管理是科学和艺术统一的结果。

14.3　未来矿山治理范式

数据价值型范式是立足于数据密集性、数据资产性和价值服务性的科学技术范式，目的是总结出一种独特的数字时代矿山科技范式。整体生成式管理范式从整体建构和自然生成出发解构矿山环境下的人本文化和人本管理。而科技和人文的组合共同构成了未来矿山治理范式。矿业企业要想突破发展瓶颈，必须寻求新的发展契机，向内打破组织结构，以文化为企业赋能实现人文治理，向外谋求合作，以科技为矿山治理结构转型赋能。

○ ○　孙新波. 管理哲学 [M]. 北京：机械工业出版社，2018.

山东黄金始终坚持内外协同的矿山治理理念，通过"人文+科技"的方式颠覆了传统矿山治理范式。

企业文化是企业的性格和灵魂，是企业不竭的生命之源，是点燃员工凝聚力和战斗力的精神火种。山东黄金的企业文化是人本的文化，是红色的文化，同时也是开放的文化。山东黄金"矿业人节"由基层骨干矿山发起创立，已有将近10年的历史，每年的9月29日，都会举行大型主题文化活动、体育比赛与文艺汇演等一系列庆祝活动，坚持"山金人讲山金故事""山金人颂山金精神"，以历史传承的方式折射出山东黄金企业文化的独特魅力，多年来已经成为山东黄金人自己的节日。文化是支撑山东黄金建设"国际一流示范矿山"、成为世界第十产金企业的软实力，而科技则是引领山东黄金向更高层次迈进，实现"十四五"战略规划的重要力量。"十三五"战略规划期间，山东黄金积极围绕数字化、智能化等开发了一系列矿山技术，数据显示，2019年，山东黄金科技研发投入4.68亿元，较"十二五"末增长了156%，"十三五"期间年均增长率为20%。

"人文+科技"的双轨推进使山东黄金提炼出新的矿山治理范式。该范式来源于山东黄金多年的矿山治理经验，但又超脱于山东黄金，可以为其他矿业企业带来启发性的思考。本书认为未来矿山治理范式来源于企业实践并最终指导企业实践，与矿山潮湿阴暗的作业环境形成了鲜明对比，矿山治理要像阳光一样洒满每个角落，让绝大部分人都能感觉到"光明"的力量，从而引导矿业人能一直看到并始终怀有希望。本书认为未来矿山治理范式包含两个核心特征要素：动态性和体系性。

14.3.1 动态性

未来矿山治理范式的出发点是关于人的向阳性的思考。人作为矿山治理的主体，这种向阳性反映了矿山的人文关怀和矿山治理的动态适应，即适应人的不确定性和矿山大环境的不确定性。要理解范式的动态性，首先需要了解为何整体生成对矿山治理如此重要。正如上文所言，由于环境的不确定性程度越来越高，整体生成更加关注从整合的视角把握问题、环境、决策等一系列管理实践的全貌，从而能在存在不确定性的情形下选择动态适应性的方式或路径。未来矿山治理范式作为对未来矿山发展趋势的展望，提供了一条可行的治理途径，它具有聚焦与余光、协同与量化、实效与虚化及符合与适应的动态统一。这种动态统一在范式中体现出非线性与线性、不确定性与不确定性的整体性和独特性思考。

非线性与线性。在理解范式是如何在非线性和线性中保持动态平衡之前，需要理解何为非线性、何为线性。非线性是与线性截然相反的复杂的思维、认知、规则等，这与企业成长环境有关。企业成长环境越来越非常规，这使得人们越来越倾向于从系统论的角度，将企业视为非线性的复杂系统，并应用非线性系统理论分析企业发展的规律，探讨企业演化的模式和与环境的互动关系。[一]山东黄金在"国际一流示范矿山"建设过程中不仅建立了科学的方法体系，还成立了专门的一流推广中心和建设部，围绕"国际一流示范矿山"建设和推广确立了赋能、价值和服务的中心定位法则，各中心和部门享有极高的自主权。只有当员工主体的服务意识被激活且在享有自主权时，他们才有权力及时应对各种突发状况，并协同起来摆脱线性层级制的束缚。此外，山东黄金因势利导，引导员工和组织上下同心地朝一个方向前进。这种因势利导既是线性条件下的符合趋势（符合培育具有全球竞争力的世界一流企业的政策方向），也是非线性环境下的适应趋势（适应全球性挑战等），更体现了山东黄金协同与量化的应对原则（员工、组织的协同以及科学的量化）。

不确定性与确定性。人们很容易理解世界发展的本质是由不确定性主导的。正如数码相机的出现作为一个不确定性因素击垮了传统胶片公司的

[一] 孙新波. 管理哲学 [M]. 北京：机械工业出版社，2018.

业务，也因此张瑞敏才会主张"永远战战兢兢，永远如履薄冰"。由此，对一家企业而言，尤其是传统采矿企业，如何建立不确定性思维以应对若干年后的矿业大洗牌至关重要。山东黄金建立多个协同部门以共同面对"国际一流示范矿山"建设过程中可能存在的危机，同时建立科学标准的评价体系以量化"国际一流示范矿山"的建设实效。通过剥离不相关业务，聚焦于核心主业，即黄金矿业，盯住"国际一流示范矿山"的核心目标不动摇，山东黄金为跻身世界前五奠定基础，正如任正非所言："一个人，一个企业，心中要有理想，坚持只做一件事。"这种聚焦核心主业的方式正体现出企业在不确定性下的战略定力，来源于对确定性方向的思考。因此，聚焦与余光体现出未来矿山治理范式不确定性与确定性的统一。㊀

14.3.2 体系性

要使范式在非线性和线性、不确定性和确定性之间保持动态平衡，需要形成一套兼具稳定和灵活两个特点的体系。对矿山治理而言，未来矿山治理范式的体系要能至少回答或解决三个层面的本源问题：为什么要追求未来矿山治理范式？如何践行未来矿山治理范式？未来矿山治理范式提供了什么？这三个问题分别对应着黄金圈法则中的"why""how""what"，如图 14-3 所示。

图 14-3　未来矿山治理范式的黄金圈法则

一是为什么要追求未来矿山治

㊀ 孙新波. 点开有益——2021 年思之行一录五十二讲之第十四讲：阳光管理 [EB/OL]. （2021-04-25）[2021-04-25]. https://mp.weixin.qq.com/s/7Un5x3PE7uHlaPhvjYqn7g.

理范式？人普遍具有"向阳性"，这一点毋庸置疑，地球上几乎所有的生物都离不开阳光。山东黄金的矿山治理实践表明，"向阳性"既是矿业人的追求，也是矿山的需求。山东黄金反复提到的"让矿业人的工作成为一种体面的劳动"便是矿业人"向阳性"的体现，而在"国际一流示范矿山"建设中所提出的"本质安全、智能智慧、绿色生态、社区和谐和效益领先"则是矿山对"向阳性"的更本质的需要。尤其对矿业企业而言，能为全体矿业人谋福利，能为社会和国家治理体系现代化建设提供支持，能兼顾社会效益、生态效益和企业利益便是最根本的"向阳性"，这要求矿业企业能时刻保持对政策的敬畏心。当意识到这一点时，上述问题也就自然而然地解决了。追求新的未来矿山治理范式是人、社会和国家对矿业企业提出的必然要求，是追求新发展理念、保持矿山"创新、协调、绿色、开放、共享"发展的保障。

二是如何践行未来矿山治理范式？对国家治理而言，只有把现代化的一般理论与本国实际紧密结合在一起，才能形成契合自身需求、体现自身特点的现代化道路，力争实现国家治理能力和治理体系的现代化。⊖对矿业企业，尤其是矿山而言，未来矿山治理的实现要在国家政策导向的指引下，符合并适应我国治理体系和治理能力现代化建设的需要以及全面贯彻新发展理念的要求。因此，矿业企业需要在建设治理能力上探索出一条符合企业实际情况的治理道路。在治理能力建设方面，矿山需要结合矿业人和矿山的特点，匹配矿山与矿业人的实际需求，引导二者有机结合。例如山东黄金在建设"国际一流示范矿山"的过程中，引导矿业人的"向阳性"，比如开展"矿业人节"、宣扬孝道文化、利用数字技术改善矿业人的作业环境等，始终将解放矿业人的压力和尊重矿业人的人性作为矿山治理的首要工作。

三是未来矿山治理范式提供了什么？根据党和国家的要求，现代化经济体系的建设需要全面贯彻落实新发展理念。新发展理念不仅是实现未来

⊖ 夏锦文.国家治理体系和治理能力现代化的中国探索[N].光明日报，2019-11-19（6）.

矿山治理的手段，也是矿山治理的主要内容，即坚持创新、协调、绿色、开放和共享，为国家现代化经济体系提供基础性支撑。因此，未来矿山治理范式在符合国家整体发展规划和要求的基础上，提供了核心的价值观念。

1. 以创新为引领，加快矿山数字化转型的步伐建设智能矿山，以超前谋划和超前部署改革智能矿山的创新体系。山东黄金作为国内首家采用矿山大数据平台的矿业企业，采用"着眼全局–试点建设–快速推广"的方式实现渐进式的数字创新，将三山岛金矿打造成拥有集成数字技术的智能化矿山。

2. 以协调为发展机遇，补足短板，延长长板，挖掘发展潜力，增强发展后劲。2021年1月和2月，受烟台两家非山东黄金所属企业发生安全事故的影响，山东黄金也被迫停产检查，这也反映出金矿企业面临的巨大短板，即安全与风险并存的经营挑战。为了补足短板，山东黄金继续聚焦金矿主业，依托"国际一流示范矿山"建设中积累的数字化和安全生产经验，大幅减少井下作业员工数量，将"你永远都不知道明天和意外哪个先到来"转变为"明天的太阳依旧美好"。

3. 以绿色为发展根本，解决好人与自然和谐共生的问题。作为一家从传统矿业向现代化矿业进军的企业，山东黄金始终秉持"两山"理论不动摇，将绿色生态打造为企业的名片，在"碳达峰、碳中和"政策的号召下，山东黄金积极研发和采用绿色生态技术，实现整个"矿石流"周期的绿色化。

4. 以开放为发展动力，坚持对外开放，充分运用人类社会的先进技术成果和有效管理经验。山东黄金以"开放、包容、忠诚、责任"为企业核心价值观，与世界黄金企业巨头巴里克合作开发阿根廷最大金矿之一的贝拉德罗金矿，并与华为合作共同开发国内金矿企业的首个大数据平台。

5. 以共享作为"为人民服务"的方式，追求全民共享、全面共享、共建共享和渐进共享。山东黄金在矿山治理中追求社区和谐，建立与社区定期沟通交流机制，努力将自身资源与社区共享，积极开展社区共建，以自身发展回馈社区。

第 15 章

未来矿山治理的人本回归

迈克尔·波特认为，竞争优势从根本上说是由企业能为客户创造的价值而产生的，企业通过为客户明确的需求以及他们潜在的和未来的需求提供持续的解决方案来创造卓越的客户价值。为此，一些战略家也建议企业要以客户为导向，捕获、收集、整合和分享有关客户需求的"情报"，并采取行动以满足这些需求。由此看来，以客户为中心获取、创造和传递价值已经成为企业逃避不开的商业运行模式。作为一家国有矿业企业，山东黄金的竞争优势不仅与客户有关，更直接关系到矿业人和企业属性，三者三位一体共同构成了矿山治理的人文、人本和人道。对于未来矿山治理，其他企业如何在向山东黄金取经的同时，协同推进矿山人文、人本和人道建设，是引领矿业企业走出桎梏、走向未来的关键。

15.1 矿业企业客户关系管理

当今商界的利润法则是要能为客户提供优质的产品和服务，因此需要对客户价值进行细分，把能使企业运行的内外各要素整合起来，形成一个完整的、高效率的、具有独特核心竞争力的运行系统，并通过最好的实现形式来满足客户需求、实现各方价值（各方包括客户、员工、合作伙伴、股东等利益相关者），同时使系统形成保证持续盈利目标的整体解决方案。客户导向无疑处于这种商业模式的核心地位，是企业与市场保持联系的关键点，同时也是企业业绩的重要驱动力。

然而，山东黄金原董事长陈玉民说，"矿业公司和其他公司还不一样，都说以客户为中心，我的客户在哪里啊？和我们矿业公司搭不上界。"诚然，我们需要认识到一个这样的事实，几乎所有企业的利润来源均是客户消费，这已经成为共识性的"供给–需求"规则。但对矿业企业，尤其是金矿企业而言，"客户"一词反倒成为企业经营中极容易忽略的重要问题。这也驱使矿业企业不得不思考这样的问题：矿业企业的客户是谁？

矿业企业为获得世界各地社区的信任，已投放数十亿美元兴建学校、医院和基础设施，以及通过本地采购和雇用为社区提供支持。[一]尽管如此，近年的发展充分表明了相关投资往往未能实现预期成效。在发达经济体和发展中经济体中，许多地区的本地社区依然强烈反对采矿活动，并持续以拒绝谈判、停工、抗议和公开暴力的方式表示反对。毫无疑问，这一反差可能是源于矿业企业对社会责任的战术性忽视。到近期为止，矿业公司的社会开支一直被视为合规成本，而非旨在为所在国家和社区带来可衡量和可持续的效益。如果矿业公司希望推动不同的社会成效，必须革新变革的方向。这一重大转变并不只局限于矿业。如今，各行业的企业表现已不再单单根据财务业绩这一指标来衡量，而是增加了基于企业与工人、客户、社区等利益相关者的关系以及其对整体社会带来的影响的判断，这一变化致使企业从商业企业转型为社会企业。"天下万物生于有，有生于无"，矿业企业并不存在实际意义上的"传统客户"，存在的是社会企业视角下的

[一] 德勤中国. 2019年趋势追踪：推动未来矿业转型的十大要项 [R/OL]. (2019-03-26)[2021-05-11]. https://www2.deloitte.com/content/dam/Deloitte/cn/Documents/energy-resources/deloitte-cn-er-tracking-the-trends-2019-zh-190326.pdf.

"全客户"。基于此,本书构建了如图 15-1 所示的客户同心圆模型。

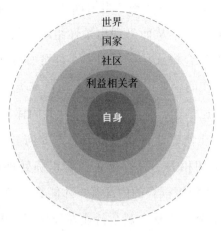

图 15-1　客户同心圆模型

15.1.1　内部耦合:市场化机制催生内部客户

数字技术的普及使产品、服务、创新流程、商业模式以及遵循数字服务逻辑的工业生态系统中的商业活动性质发生根本变化,这种变化正在重塑传统矿业企业的治理格局和服务供给模式。本书将这种由数字技术引发的服务模式的变化,即数字服务化定义为工业企业及其相关生态系统内的流程、能力和产品转型,转型的目的是逐步创造、提供和获取由数字技术带来的更多服务价值,这在近年来的矿业企业中十分常见。例如,在矿业的专业设备中嵌入传感器并与大数据平台连接,使矿业企业能通过监测和分析获取设备的实施效能信息,从而为矿业人提供增强型的服务价值。为了确保数字服务时代的持续竞争力,矿业企业必须通过开发新的、日益先进的数字技术来推进矿山治理中数字服务化的转型和创新。然而,数字服务创新具有很强的挑战性。例如,内部客户关系的模糊使矿山治理的焦点并不明确,创新载体的缺失使矿业企业短时间内无法实现数字服务创新的消化和吸收。这必然要求矿业企业能迅速发现并开发自己的内部客户。

内部客户的开发需要企业实现"组织耦合"。组织耦合要求企业内部形成紧密或松散的关联关系，从而呈现出柔性组织的特点。典型的组织各要素间既紧密又松散的耦合模式场景是以一个任务、项目或订单为中心，快速聚合一批能协同工作的企业或个人，每个角色都类似于各有专长的人才，任务完成后参与者迅速消退，临时性的"柔性共同体"自动解散。[一]数字技术所催生的数字服务化使矿业企业不得不思考如何开发内部客户，这与数字化转型的大趋势密切相关。只有当企业能正确处理技术更新、矿业人、客户之间的关系，基于组织耦合的内部客户才能真正涌现出来。

2013年，山东黄金乃至整个黄金行业在经历了"黄金十年"后，遭遇了黄金市场的"寒冬"，自4月中旬起，黄金价格断崖式下跌，全年大跌28%，创下1980年以来的年度最大降幅。要想在夹缝中保生存，在竞争中促发展，就必须"对症下药"，遵循市场规律，打破思维定式，改变发展方式，主动利用危机倒逼机制，向体制机制创新要效率、要竞争力，引入市场理念，及时将外部市场压力传递到生产经营的各个环节，激发内在活力动力，提升竞争力，只有这样企业才能健康发展，矿业人才能富裕生活。实行内部市场化是实现"强化管理，降本增效"的关键性支撑力量，是应对严峻挑战、破解发展困难、提高核心竞争力的路径选择，是一场颠覆性的变革。市场化是一个新生事物，思想固化是推行市场化的最大阻碍。"大河有水小河满，大河无水小河干"，内部市场化机制是驱动山东黄金开发内部客户的关键。通过建立市场化机制，数字服务化的实施有了员工载体，企业内部的各种资源都可以通过价格引导而合理流动，各单位可以按照生产需要和利润最大化原则优化劳动组织，由此确保"国际一流示范矿山"的建设成果可以在集团内部通过市场化进行推广，这也可以确保员工在开发

[一] 协进教育. 松散耦合理论（loose coupling theory）[EB/OL].（2020-11-10）[2021-06-02]. https://zhuanlan.zhihu.com/p/283031082.

数字化资产中保持热情，从而加强员工与企业的连接和耦合。

15.1.2　拓展边界：合作共赢培育外部客户

如果将内部客户关系的建立比作找到了人在企业这个组织中的核心基础关系，化解了传统组织权力架构的复杂性，那么外部客户关系的建立便是协调与利益相关方、国家和世界的合作与信任，建立简单而纯粹的和谐关系，形成合作共赢的大和谐观。在本书中，外部客户是指在任何方面都不属于公司、组织或产品的个体或企业，这些个体和企业呈现出客户的基本属性。基本上，任何组织或公司的目标都包括赢得外部客户。管理大师彼得·德鲁克总结的卓有成效管理者的五个习惯中也提到"有效的管理者重视对外界的贡献"。"对外界的贡献"不仅局限于要提供灵活便捷的服务和高质量的产品，还要利用数字服务化提供即时的产品监测服务。矿业是一种特殊的行业，矿业企业的发展不仅维系着国民经济，起支撑作用，尤其是金矿行业，是国家竞争性战略资源的主要来源，还承担着维护和修复自然生态的责任。这一系列的社会责任要求矿业企业必须要清楚地认识到自己的外部客户：合作伙伴、设备供应商等利益相关者，矿山所在社区的民众，以及国家和世界。

首先，利益相关者是矿业企业能实现协同治理的关键。对山东黄金而言，在"国际一流示范矿山"的建设中，企业积极与华为、罗兰贝格等企业进行合作，例如与华为共同开发大数据平台，致力于打造智能智慧型矿山，从而加强内部客户之间的市场机制，这意味着利益相关者作为外部客户的类型之一可以加速内部市场化的进程。力拓集团前总经理认为："矿山行业不是市场驱动的，客户群尚未得到充分了解。但我认为整个价值链中的营销模式是可以开发的。"这一言论体现了矿业企业客户的模糊性。而外部利益相关者作为山东黄金获取和整合外部资源的主要渠道，可以为矿山治理提供丰富且及时的资源支撑而不需要企业自身去开发，更体现了未来矿山治理中"普遍"的特点。在充满颠覆性变革的时代，不能发现战略弱点的矿业企业将面临很大的风险。要弥补战略上的缺陷，企业需要明确利益相关者的价值定位。科技创新的不断发展为矿业企业带来一系列有助于与利益相关者直接联系的解决方案。举例来说，矿业企业可以利用云技术驱动的利益相关者沟通平台，更迅速地处理具有时效性要求的投诉，并提高与利益相关者沟通的透明度。因此，将利益相关者上升到客户的价值地位可以确定与他们展开合作的机遇，从而创造更大的社会价值，进而引起投资者的关注和兴趣。

其次，社区发展是矿业企业建立外部连接的重要因素。矿业开发的巨大利益背后伴随着对资源地生态的破坏和对地方社会福祉的损害。伴随着经济社会的发展以及对美好生活的向往，矿业社区要求发展的愿望越来越强烈。而在矿业开发中，企业往往不注重对周边社区建设与发展的支持，以至于企业与社区之间矛盾重重。○由于矿业企业的贡献与当地社区的需求之间存在巨大差异，部分矿业企业曾陷入巨大的社区民众信任危机。比如，纽蒙特公司于2016年推迟了秘鲁项目50亿美元的短期投资；加拿大加布里埃尔资源公司向罗马尼亚政府索赔44亿美元，因其由于社区反对，拒绝批准长期停滞的罗西亚蒙塔纳黄金及白银项目。○反观山东黄金积极承担社会企业的责任，通过改善环境、增加就业、关怀社区民众等，重新审视其对当地社区乃至整个社会的贡献，将矿山治理转变为竞争优势，为广大社区民众群体创造价值。同时，民众也越来越期望或要求企业对其所在社区进行直接经济资助，以维持企业社会经营许可。山东黄金在全国新农村建设、农灌工程、校舍修缮、农村基础建设等方面给予财力、物力上的扶持和帮助，获得了社区信任。这种社区需求与企业供给之间的平衡得益于山

○ 代涛，沈镭. 中国矿业的社区参与模式研究[J]. 中国矿业，2014，23（7）：53-56.
○ 中国黄金网. 未来全球矿业发展十大影响因素[EB/OL].（2018-02-05）[2021-05-19]. http://www.gold.org.cn/ky1227/hw20171227/201802/t20180205_176500.html.

东黄金将社区民众视为外部关键客户之一,加强了企业与社区之间的关系连接。

最后,国家和世界是矿业企业社会属性的本真体现。随着社会的发展,矿业企业的表现和未来已不再单单根据财务业绩这一指标来衡量,而是基于企业与工人、客户、社区、国家乃至世界的关系以及其对整体社会带来的影响来判断,这一变化致使矿业企业从商业企业转型为社会企业。社会企业不仅旨在获得盈利和收入增长,还以为国家经济发展和世界商贸团结做贡献为使命。若矿业企业无法达到预期标准,不仅可能面临丧失采矿经营许可的风险,还有可能被世界上其他矿业企业远远抛于后方,成为末流企业。事实上,矿业企业因社会冲突所致的运营延滞可造成每周2000万美元以上的损失。○山东黄金作为一家传统国企,以服务于国家现代化经济体系建设为己任,将"红色基因"作为宝贵的精神财富和文化资源,在玲珑金矿建立了中国黄金行业首个红色教育基地。山东黄金玲珑红色教育基地是集红色革命教育、爱国主义教育、党建工作学习、特色党建品牌展示、党风廉政警示教育等功能于一体的综合性教育基地,旨在"用矿业人和矿山的颜色描绘国旗上的五颗星"(山东黄金的企业之歌),通过与时俱进地传承和发扬"红色基因",持续加强党建工作和企业文化建设,为推动高质量发展、实现"十四五"战略目标提供有力支撑和坚实保障。○

15.2 矿业人的工作是体面的劳动

从20世纪由粗犷式发展所带来的恶劣的工作环境到现如今经由数字化

○ 德勤中国. 2019年趋势追踪:推动未来矿业转型的十大要项 [R/OL]. (2019-03-26) [2021-05-11]. https://www2.deloitte.com/content/dam/Deloitte/cn/Documents/energy-resources/deloitte-cn-er-tracking-the-trends-2019-zh-190326.pdf.

○ 山东黄金矿业股份有限公司. 2019山东黄金社会责任报告 [EB/OL]. (2020-04-17) [2021-11-25]. http://www.SDHJGF.com.cn/upload/file/2021/08/04/164921e462b64b7080990e5c0375cea7.pdf.

改造后的舒适度提高、自然环境改善的工作环境，矿业企业不断围绕"人"这一治理主体和主题进行深入且深刻的探索，至今仍未停下脚步。数字技术所带来的矿业革命，不仅改善了企业的经营效率，还使矿业人对自己赖以工作和生存的环境提出了更高的要求。这是社会进步所带来的自由，是矿业人摆脱幽暗潮湿的井下生活的契机，更是矿业人对未来能生活在阳光下的期许……这一切都在提醒矿业企业，是时候做出改变了！

以"矿工"为关键词在百度百科搜索一下，可以看到这样的描述："本意是指开矿的工人，现常用以形容一个人长得很黑的样子"。这个词条充满了对矿业人的歧视，一代代的矿业人作为国民经济底层支撑的建设者之一本应获得社会的尊重。这种现实与理想、需求与供给之间的巨大鸿沟将"矿工"这一词和身份摆到了极为尴尬和不受人尊重的地位，这就能解释为何这么多青年人不愿意到井下工作、不愿意接受苦难了。2020 年，清华大学学生用功读书的照片在网络上流传，照片中，有人骑在自行车上抱着笔记本电脑写论文，有人边骑车边看书，由此引发了针对"内卷"的讨论。以一个例子简单说明内卷的意思：大学论文作业的字数要求是达到 5000 字左右便可，但为获得更好的成绩，学生普遍写到 8000 字以上，每个人都付出了更多劳动，然而获得好成绩的人数比例并没有因此改变。毫无意义的内卷将成为压倒青年人的"最后一根稻草"，而企业内卷甚至行业内卷早已开始。随着互联网经济的发展，越来越多的青年人更倾向于选择那些盈利能力更强、结构更加扁平化、发展更加迅猛的新兴互联网企业，使得对国民经济起到底层支柱作用的矿业企业无时无刻不受到这种"毫无意义的内卷"的影响，以至于被贴上"老套""不光鲜""没有出路"等负面化标签。矿业的重要性从未因这些负面标签而弱化，但是"毫无意义的内卷"已经开始逐渐影响青年人加入矿业队伍的意愿，其中一个根本原因可能只是"这并非一个体面的工作"。所以，当矿业企业能将矿业人的工作变成一种体面的劳动时，阳光才会洒满矿山的每一个角落，才能驱散笼罩矿业人的黑暗；当社会能形成一个更开放、更公平和更正义的系统时，青年人才能从无形的"内卷"中解脱出来，才会甘愿成为实业经济的参与者；当世界能构建一个以尊重和互惠为核心目的的公平舞台时，所有人才能放弃心中的控诉和呐喊，才会成为"有生命的个人的存在"。只有满足以上条件，矿业人才能从群体生活中寻找个人生活的意义。2010 年，三山岛金矿运营部经理响应集团对外开发的号召，辞别年逾古稀的父母和朝夕相处的妻儿，踏上了从山东远赴内蒙古的开发征程，牢牢扎根边远艰苦地区，这一去就是整整 11 年！这是当代矿业人的精神，更是当代青年人应奋力追求的光明。

矿业人是一个特殊的工作群体，他们对新工作环境的诉求也促进矿企不断调整工作形态。面对 AI、大数据平台、新的数据协作系统对生活和工作场所的持续革新，矿业人和企业从未如当前一般不知所措。矿业企业已经面临着年轻一代在择业上的偏见，因此亟须以全新、稳健的方法重新定义工作形态、员工和工作场所。然而，如果运气果真不负有勇气之人，那么敢于采用新型人才策略的矿企管理者就不仅仅是在迎接未来工作形态，更是在助力创造未来工作形态。⊖这种工作形态的转变不仅是矿业人"向阳性"的体现，更是将矿业人的工作变成一种体面的劳动。

15.2.1 "向阳性"追求

马克思将人作为研究的主题和出发点，认为要基于劳动哲学本体论审视人、人的历史和人创造的历史。劳动者处于主客体的辩证关系中，因此人是整体性的存在。在私有制社会中，作为人的劳动者与自己的本质分离，人变成了非人，即被异化的人。而在共产主义社会中，由于公有制的重新

⊖ 德勤中国. 2019 年趋势追踪：推动未来矿业转型的十大要项 [R/OL]. (2019-03-26) [2021-05-11]. https://www2.deloitte.com/content/dam/Deloitte/cn/Documents/energy-resources/deloitte-cn-er-tracking-the-trends-2019-zh-190326.pdf.

建立使劳动者与其本质重新回归整体，即劳动者是人的复归。㊀对矿业企业而言，这种人的复归是企业对矿业人身份、角色以及本质属性的再认识，它来源于人性，并最终重塑人性。㊁然而，企业如何才能引导矿业人追求"向阳性"呢？加拿大一家金矿企业建立了轮班制度，通过每12小时轮班确保每人都能沐浴阳光，而不是长期待在幽暗潮湿的深井中。

人作为劳动和治理的主体，地位正逐渐上升，有理由相信在未来几十年中，矿业人与矿业"向阳性"必然会成为矿山治理的重头戏。那么矿业人到底是怎样向阳而生的呢？且看山东黄金是怎么做的。中华民族在历史上曾创造了灿烂的矿业文化，如陶瓷文化、青铜器文化、冶铁文化。也正是这种矿业文化促进了中国古代经济社会的发展，使中华文明一直站在世界文明的前列，并为人类文明进步做出了巨大贡献，成为闻名于世的四大文明之一。矿产资源的大量使用促进了现代地质学、矿床学与找矿学的发展，这一系列发展又反过来促进了矿产资源的勘查与开发。㊂

首先，山东黄金始终坚守中国传统文化在矿业领域的思想地位，在企业文化中，山东黄金明确了完备的文化理念体系，让尽可能多的个人和尽可能大的范围因山东黄金的存在而受益，明确了矿业人在山东黄金内的重要地位，并将使矿业人受益作为集团的理想目标。其次，山东黄金"三让""三不让"的关怀理念中每一条都关注员工的生活和工作，通过解决员工的后顾之忧来提升员工的工作热情，将每一次关怀都深入到员工的实际问题中。最后，家庭关怀是尊重员工、驱动矿业人追求"向阳性"的最佳体现。山东黄金秉持"爱党、爱国、爱企和爱家"的价值主张，在矿山内宣扬"孝是德之本，爱是家之根"的文化，引导员工尊老、敬老、爱老、助

㊀ 田学斌. 马克思为什么是最伟大的思想家[EB/OL].（2018-04-17）[2021-06-11]. https://news.12371.cn/2018/04/17/ARTI1523925188864504.shtml.

㊁ 孙新波. 管理哲学[M]. 北京：机械工业出版社，2018.

㊂ 桂林矿机. 必读，我国矿业发展的七大趋势[EB/OL].（2019-08-29）[2021-06-17]. https://zhuanlan.zhihu.com/p/80253999.

老，进而让家庭更加和睦，让企业更加和谐，让社会更加安定，营造出"行孝道、讲仁爱、能包容、知感恩"的氛围。

也许，"向阳性"在大多数人眼中是微不足道的细枝末节，但那是代代矿业人生存和继续生活的希望，这些细枝末节承载了矿业人继续劳动、继续奉献和继续成长的信念。假若你曾接触过矿业人，你会从他们的眼中发现隐藏着的清澈且坚定、希冀且阳光、敬畏且强大的内心。

15.2.2 体面的劳动

山东黄金烟台事业部总裁在接受调研过程中讲过一句话："让矿业人的工作成为一种很体面的劳动。"传统意义上对矿业人和矿山的理解仍旧局限于"傻大黑粗"，诚然，过去在阴暗潮湿的几百米乃至几千米的地下日复一日地劳动，很容易让人对矿业人的工作产生负面印象，因此多数人不愿意参与这种井下的劳作。而山东黄金却颠覆了这种传统认知，正如一线矿业人在接受调研时所说："现在的环境好了太多了。"而这一切都源自"整体性技术"。

整体性技术是由产品决定专业化水平的技术逻辑，可以让从业者完全控制整个生产过程，[一]矿山的技术变革完美体现了这一技术逻辑。山东黄金通过建设大数据平台，集成更多的智能控制系统，让一名矿业人在"幕后"可以一专多能地完成多项复杂的操作环节和步骤。借助大数据平台，数字技术便有了服务的基本属性，服务于矿山治理和矿业人，以达成持续的人机互动。这使得矿业人可以获得自发性的生长，驱动其不断融入矿山治理的浪潮，为建设更加美好的矿山而贡献力量。这种整体性技术、驱动、服务和生长在螺旋上升中获得了逻辑自洽，赋予了矿业人实效。

未来矿业人经过这种螺旋上升的逻辑自洽建设后，尤其是在智能化、

[一] 富兰克林. 技术的真相 [M]. 田奥，译. 南京：南京大学出版社，2019.

数字化矿山技术应用后，很可能成长为更体面的劳动者。当矿业人的工作成为一种体面的劳动时，其劳动的需求属性就变成了追求属性，这就是高质量发展的内在逻辑和外在目标，也是人类追求的一种平等自由。而这种认知及其实现可能主要靠山东黄金谋划的"国际一流示范矿山"建设和2021年初春发生在烟台市辖区内的两场金矿矿山事件，即栖霞市笏山金矿"1·10"重大爆炸事故和招远曹家洼金矿"2·17"较大火灾事故。

  这两次事件的意义和影响是什么呢？短期来看，影响矿业企业的生产是必然的，尤其是对本质安全方面的影响巨大，比如当前井下作业施工外包的做法已经被禁止，而矿山企业基本不可能单独招聘成百上千的井下施工者，这实际上加快了智能技术升级的步伐。长期来看，对矿山企业而言，劳动密集型生产模式开始退出历史舞台，技术、知识和服务创新型新模式开始崭露头角，新模式天然地蕴藏在山东黄金的"国际一流示范矿山"建设中，它可以应对智能技术升级的挑战、认知观念改变的挑战、组织变革需求的挑战、改善矿业人生活的挑战、竞争格局变迁的挑战……一言以蔽之，这一切挑战正在重构矿山治理模式。这种治理模式即是前文所提到的未来矿山治理模式，这种治理模式的逻辑起点和最终归宿正是"矿业人是矿山的一切，矿山是矿业人的一切"，这是矿业企业的"以人为本"观，它与人性素假设天然对接，它与人类命运共同体意识一脉相通，它与以人民为中心如出一辙，它与全心全意为人民服务同根同源，它是墨子兼爱思想在矿山的应用，它是马克思主义总体性思想的实践体现，它是中国传统整体观一以贯之的成果。这种认知构建了矿业人的朴素历史观，彰显了矿业人的无华唯物论，这就是"国际一流示范矿山"建设的底线和根基，这也是"国际一流示范矿山"建设的路径和坦途，这还是未来矿山治理的方向和目标。

15.3 从商业企业到社会企业

"和平年代，人民的奋斗换来了今天企业的发展，这是一个不可撤销的契约，捍卫这个契约，是今天企业家真正的财富责任。"复旦大学中国研究院高级研究员沙烨在题为"中国企业家的财富责任"的演讲中这样形容关于企业社会责任的逻辑。[一]无数次的黑天鹅事件让人们相信：企业的角色和身份正在发生转变，并且这种转变的速度仍在不断加快。尤其是在社会变革发生的过程中，对企业的评估不再仅仅基于财务表现或其产品、服务的品质等传统指标。相反，现在对企业的评估越来越多地基于其与员工、客户、社区的关系以及对整个社会的影响，这使它们从商业企业转变为社会企业，逐渐从关注利润、效率等财务型指标转向关注提供社会福利，如员工家庭关怀、社区建设、利益相关者关系与可持续发展等社会型指标。因此，社会企业的本质在于"运用商业手段，实现社会目的"。英国社会企业联盟认为社会企业具有如下基本特征：第一，企业定位（直接参与生产经营并向社会提供产品或服务）；第二，社会目标（有明确的社会利好型的目标，甚至将其内化为企业文化）；第三，利益相关者所有制（能代表员工、客户、社区等利益相关者的共同利益）。

从各国实践来看，促进社会企业发展具有如下重要的社会意义：第一，社会企业有助于解决某类社会问题。社会企业存在的目的就是去解决某类社会问题，包括为社会弱势群体提供工作机会和培训机会，救助社会弱势群体并逐步改变他们的心态，改善企业所在地的社区生活环境和生态环境等。因此，促进社会企业的发展对国家的发展进步、社会的稳定和谐意义重大。第二，社会企业有助于实现组织和社会的可持续发展。现实中，过多地要求纯商业机构去创造社会价值会让其迷失方向，而社会企业能很好

[一] 周稻晴. 滴滴九年：从商业企业到社会企业 [EB/OL].（2021-03-10）[2021-06-17]. https://www.guancha.cn/ChanJing/2021_03_10_583669.shtml.

地解决这个问题。社会企业通过践行社会责任，例如维护自然生态、提升社区和谐等，实现企业与社会的健康连接，从而实现企业的可持续发展。第三，社会企业有助于社会管理体制创新，维护社会和谐稳定。社会企业的诞生与对社会和谐稳定发展的追求有着密不可分的联系，正是一些社会问题的存在让许多国家意识到需要为社会创造更好的、更创新的服务。

矿业企业的发展维系着国民经济的命脉，矿业是国民经济中的一个独特的基础产业，矿业的基础产业性质是由其在国民经济中的地位所决定的。自从现代化工业、现代化农业出现以来，矿产资源已成为影响社会繁荣、国家富强的决定性因素之一。矿产资源的丰富程度，基本上反映着一个国家发展的潜在实力。在当前资源全球化、经济全球化的新形势下，矿业的发展是衡量一个国家经济、社会发展以及综合国力的重要标志。[①]因此，矿业企业的社会化程度决定了社会责任的履行程度。对具有国有性质的矿业企业而言，履行社会责任可以发挥其担当，例如关注环境治理和社区生态，而社会企业的发展定位正好满足以上诉求。大力发展社会企业，能重塑国有企业的现代企业角色，具体来说，既能使其轻装上阵、合法经营、发展壮大，又能为社会企业的发展留出空间，实现可持续经营并创造社会效应。

15.3.1　国企担当

国有企业是中国特色社会主义的重要物质基础和政治基础，也是党领导的国家治理体系的重要组成部分。国有企业承担着中国特色现代国企制度、中国特色社会主义事业的总体布局及经济和产业高质量发展的重要使命，党的十九大报告对国有资产完善、国有资本调整、国有企业的改革发展做出了部署。推动国有企业改革发展、推动国有资产保值增值、推动国

---

① 张万益，曹佳文，张婷婷，等. 建设美丽中国离不开矿产资源的有力支撑 [N]. 中国矿业报，2018-01-13（1）.

企做大做强，这是对国企发展的新号召、新期盼、新指引。山东黄金作为传统的国有企业，其历史使命和责任担当是对提升中国金属资源位势、建设现代化经济体系和国家治理体系的响应，其绿色生态担当、社区和谐治理和一流矿山建设是为维护经济发展和社会稳定大局、全面建成小康社会做出的贡献。

当前，中国立足推进国有经济布局优化和结构调整，对企业改革发展进行了新的定位与统一部署。从国企改革三年行动方案的制定与实施，到明确分层分类深化混合所有制改革、深化国企改革"双百行动"、深化世界一流企业创建示范工程等部署要求，再到山东省"国企改革十条"等政策性安排，国家对国企改革的方向和重点逐渐明确。山东黄金积极响应国家号召，按照世界一流企业的部署要求，整体上实现了"国际一流示范矿山"的建设。正如原董事长陈玉民在2020年的集团深化改革工作研讨会上指出的，"只有紧跟形势、符合要求的改革，才是成功的改革，才能最大限度地为发展赋能，推动集团健康、快速、持续发展"。山东黄金为时刻紧跟党和国家的政策和政治领导，在集团层面制定了"十四五"战略规划，并提出了"致力全球领先，跻身世界前五"的战略目标，以企业规划的形式实际落地践行国家对"世界一流企业"的战略部署。

"十三五"战略规划之前，山东黄金是中国黄金行业的重要企业，但并非全球领先或全国第一的金矿企业，在国际上更是籍籍无名，以至于巴里克董事长桑顿还要让助理查一查"山东黄金是一家什么样的企业"。但在进入"十四五"之际，山东黄金在中国已连续三年稳居第一，在国际上已位列前十，在世界黄金协会中也有了一席之地。这一变化直接导致的结果就是：在国内，山东黄金成为被追赶的目标对象；在国际上，山东黄金也成为世界各金矿企业必须要重视的重要的竞争对手。而在这种情况下，山东黄金借助建设"国际一流示范矿山"的契机，继续发扬"开放、包容、忠诚、责任"的精神，向世界领先企业的目标进发。这是国企的历史使命，也是当代的价值担当，同时还是国企作为社会企业的重要精神，即时刻牢记提升国家战略地位、服务国家经济发展和满足社会发展需求。

15.3.2 社会责任

如果说国企存在的政治价值和责任是实现国家调节经济的目标，那么其社会属性便要求其创造社会价值。创造社会价值是企业和谐发展的客观需要，也是国有企业贯彻落实新发展理念及践行新发展格局的重要内容。国有企业既要关心员工的全面发展，也要关注用户、周边社区民众等相关人群的利益诉求；既要在做大做强上持之以恒，也要高度重视生态建设，努力实现循环经济、绿色发展；既要考虑企业自身改革发展稳定问题，也要统筹企业与政府、企业与企业、企业与社会公众的关系。[一]对金矿企业而言，环境保护已然成为矿山治理的重点，面对"碳达峰、碳中和"的历史使命，如何维系好人类与自然的和谐关系是国有企业首先要考虑的社会责任。其次，矿业企业与当地社区的关系决定了企业的可持续发展道路，如何实现企业与社区的共建共享也成为国有企业重新培育竞争优势的突破口。最后，安全是矿业企业以人为本、实现人文矿山治理的首要出发点，人是矿山治理的起点，只有在保障矿业人基本生命安全的前提下，才能实现企业效益。

首先，山东黄金始终坚持"用心守护绿水青山，用爱造福地球家园"，提出并践行生态矿业发展理念，按照生态规律设计延长矿产资源产业链，以最小的生态扰动量获取最大的资源量，以生态文明理念为指导打造循环型矿业发展模式。例如，山东黄金始终履行"在保护中开发，在开发中保护"的方针，实现资源高效节约利用和环境保护协调发展，走资源利用率高、经营效益好、环境破坏少的良性循环发展之路。在发展过程中，勘、

[一] 周灏. 国有企业要重视社会价值的创造 [N]. 光明日报，2012-10-28（10）.

探、采、选环节都充分考虑到对环境的保护，积极与当地林业、国土、环保、安全等部门沟通，制订最合理的自然生态治理方案，从而带动社会追求自然生态效益，这超出了传统商业财务效益的局限。

其次，国企的责任之一是带动全社会的和谐发展，形成社会公众、企业和政府的互利向好，因此，山东黄金始终坚守"让尽可能多的个人和尽可能大的范围因山东黄金集团的存在而受益"的宏伟目标，始终不忘作为国有大型企业应当承担的社会责任，以实际行动回报国家和社会，将公益融入企业文化之中，在教育、民生、扶贫助困、社会公益等领域积极开展活动，努力在企业内部和社会外部释放正能量，尽最大努力让支持和关心企业发展的人员与地方变得更加富裕和美好。山东黄金高度重视构建融洽和谐的企业–社区关系，努力将自身资源与社区共享，积极开展社区共建，为提升社区生态效益提供基础。

最后，山东黄金牢固树立"以人为本，安全为天"的安全管理理念，将矿业人的生命安全放在第一位，以安全质量标准化为契机，不断完善应急救援预案、安全管理制度、安全教育、安全指标考核等安全管理体系，增加安全投入，加大安全管理力度。2019年山东黄金集团在安全生产方面的资金投入总额达4.71亿元，全年无重大生产安全事故发生，无工亡人员。人本是矿山治理的首要法则，山东黄金将矿业人安全摆在首要位置。在烟台发生两起金矿灾难后，山东黄金再一次对金矿安全进行排查，同时推进智能矿山建设，借助远程监控设备减少井下作业人员，在保证矿业人生命安全的同时，提升矿业人的工作效率，解放了矿业人的生产力。

16

第 16 章

未来矿山治理的本质规定

2021年1月,习近平总书记在"达沃斯议程"对话会上的特别致辞中说:"我们要秉持人类命运共同体理念,坚守和平、发展、公平、正义、民主、自由的全人类共同价值,摆脱意识形态偏见,最大程度增强合作机制、理念、政策的开放性和包容性,共同维护世界和平稳定。"人类命运共同体的实现不仅需要各国政府齐心协力,还应依靠各企业联合起来,实现经济、社会和生态环境的协同发展。可以畅想,未来的企业关系必然是相互联系的生态共同体关系。矿业作为与生态联系最为紧密的行业之一,不仅为国家提供经济建设的底层支撑,更承担着推动社会稳步前进的重要责任。因此,未来矿山治理要围绕矿业最本质的属性展开,而这种本质属性包含了哪些方面?又是如何引领未来矿山发展的呢?

16.1 未来矿山的整体逻辑

山东黄金"国际一流示范矿山"的建设让我们意识到这样一个事实和趋势:在先进设备和技术的支持下,矿业人会逐渐远离矿山,但是他们的作用反而越来越大。这是矿业企业对"人"这一原始问题的再思考，也是历史发展的必然，是未来矿山治理的核心内容，更是矿业企业对国家治理体系现代化的贡献。随着整体性技术逻辑的理念逐渐成熟和热度逐渐上升，矿业企业也开始从整体上思考技术的本质属性和治理的本质逻辑，开始利用数字技术为矿业人赋能，一专多能、一人多岗的矿业人逐渐增多。

16.1.1　整体性技术与规范性技术

本书提出的矿山治理是一种整体性思考的结果，其背后是以山东黄金为代表的矿业企业对未来矿山治理出路的大胆假设，同时也是为全体矿业人谋求幸福和自在的普遍性的结果，这正体现了整体性技术"逻辑驱动"的本色。从宏观层面来看，整体性技术逻辑的产生源于中国传统文化中的整体性，实际上，凡是艺术性的都是整体生成的，这是客观现实，如书法、皮影等，尽管这些传统艺术存在多种流派，但其产生却来源于一个包容性的整体。而对现代商业环境而言，与其说矿山治理是科学性的规划，倒不如说是科学性规划与艺术性创造的融合。从微观层面来看，整体性技术逻辑认为工人或矿业人从头到尾控制着自己的工作过程，涉及整个技术流程，随着工作成熟度的提升，矿业人可以根据自己的经验做出符合情景的决定，而数字技术的出现无疑让这种决策更快。[一]因此，整体性技术逻辑更加注重矿业企业和矿业人整体性思维的培育，将其视为"人类精神生活共同活动"，是一种自觉开展的工作，从而消除规范性技术所带来的"人的异化"，进而利用整体性技术解放生产力，消灭私有制和固化的社会分工，协调人自身与社会、矿业人工作与矿业企业和社会需求的关系，促进人的本质力量的自由全面发展，最终实现矿业人的幸福。[二]表 16-1 是整体性技术和规范性技术的比较。

[一] 富兰克林. 技术的真相 [M]. 田奥, 译. 南京：南京大学出版社, 2019.

[二] 高峰, 胡云皓.《共产党宣言》中的幸福思想论析——兼论马克思的幸福观 [J]. 高校马克思主义理论研究, 2018, 4（4）：71-76.

表 16-1　整体性技术与规范性技术的比较

类别	整体性技术	规范性技术
哲学逻辑	整体论	还原论
实现方式	驱动	驱使
主体逻辑	服务	服从
逻辑呈现	生长	生产

如上所述，与整体性技术逻辑相对应的是规范性技术逻辑，二者是一组矛盾统一体。14～17世纪兴起于意大利的文艺复兴为现代性提供了丰富的土壤，这土壤主要包括文艺复兴、宗教改革与启蒙运动在内的三项思想解放运动。这个运动以"掘墓人"（对文艺复兴之前的存在的掘墓，同时也可能是一种现实的自救和未来的开新方式）的身份开出了长达300多年的以现代性为主要表现的世界工业文明之花，其中最典型的是以牛顿三大定律为首的科学进步所奠定的科学技术基础及其后续发展。现代性的工业文明确实为人类带来了生产、生活和生存的便利，使人类生活在感官刺激的消费景观中。⊖我们也应看到，人类在享受现代性的同时，工具理性的"铁笼"、残缺不全的人性和道德理性的脆弱等问题仍横亘在你我面前，成为人类不可摆脱的困惑。⊖正是这种多元化的格局，使得基于刻板的劳动分工的规范性技术逻辑成为推动社会生产力变化的主要动力。人类经历了300多年风雨洗礼而构建的"现代性"的哲学思考是人类中心主义和弘扬人的能动性，而这种规范性技术逻辑却因过分关注"分化"的效率而掩盖了整体性技术逻辑的"整合"的效益。对矿业人来说，规范性技术逻辑使其陷入了日复一日的单调劳动，从而逐渐扼杀矿业人的自由发展。因此，对矿业企业来说，如何在人类文明进步的历史必然下帮助矿业人实现对幸福的追求，并最终回归到人类文明中是至关重要的，而这一切都得益于整体性技术逻辑在矿山治理中的深化。

⊖⊖ 富兰克林. 技术的真相 [M]. 田奥, 译. 南京：南京大学出版社, 2019.

16.1.2 服务式生长与人本性文化

从法约尔时代以来，管理学基本原理近百年没有根本突破主要是"规范性技术逻辑驱使的服从式生产模式"导致的，这种基于分的思维模式几乎不可能突破，虽然其促进了科学技术方面的巨大发展，但是并不适合具有系统属性的系统性工程，以至于使工人和员工的人性长时间受制于规范性的压迫，因此后来出现的复杂适应系统等理论开始对传统的管理学缺陷进行弥补，而复杂适应系统所强调的复杂性、适应性和系统性正是备受忽略的整体性技术逻辑所反映的科学性和艺术性统一的体现。山东黄金在数字技术的驱动和颠覆下，正逐渐摆脱这种传统规范性技术的束缚，从系统性和整体性思维出发，解放矿业人的生产力，将对矿业人的整体性关怀视为矿山管理和治理的重点。山东黄金"国际一流示范矿山"建设最大的管理创新亮点是其"着眼全局－试点建设－快速推广"的"整体观"，这种整体观可能会从根本上挑战根深蒂固的法约尔管理职能或管理学原理，从而帮助企业跳出困境。本书认为，整体观既来自中国传统文化，又来自马克思主义的总体性，还来自我国正在践行的四个自信。首先，本书利用易学来概括传统文化，"生生"界定了人文关怀与整体性技术的基本边界和大致范畴，"生生之谓易"，而易则产生了"变易、简易和不易"的复杂动态，因此矿山治理所要求的服务式生长和人本性文化应该继续"生生"而不是"生灭"，服务式生长和人本性文化应该像 DNA 的双螺旋结构一样，二者不是促进或是转化的关系，而是呈现螺旋上升态势的"互"的关系，因此二者的本质是循环往复的周期性的生发和涌现。

其次，马克思主义的总体性是围绕"改变世界"而展开的，"改变世界"最终取决于"思知行一"的实践，"改变世界"界定了人的最终目的和历史使命。基于"生生"的动态流变性，服务式生长和人本性文化的交互必须大量整合国外先进技术并吸纳国内传统文化，所以可以看到我国的五年规划都是基于自身、博采众长：向苏联学习计划体制、向日本学习都市发展、向德国学习空间和环境规划、向新加坡和韩国学习人力资源管理和科技规划、向北欧学习社会福利、向印度学习计划模型等，在这个过程中，形成了兼具主动性和渐进性的中国特色的人文性。矿山治理也是在反复学习和颠覆的过程中成长起来的。山东黄金原董事长陈玉民说道："我们需要全方位学习全球知名黄金公司的文化、管理、技术，以及资本运作、国际运营经验，只有这样才能在国际同行业领域占据一席之地。"山东黄金通过与巴里克公司、纽蒙特公司、摩根士丹利、花旗银行、蒙特利尔银行、洛希尔金融集团等对接沟通，打开进军海外矿业市场的新通道。然而，山东黄金并未采纳巴里克公司减人招聘、极致扁平化的组织文化和结构，而是利用数字化的方式将井下人员安排到井上，保证矿业人能"在其位，谋其政"，从而保障矿业人的工作利益，承担国企增加就业的社会责任。

最后，服务式生长和人本性文化具有自信而非他信的特质。如何理解这种特质？举个例子，围绕山东黄金"国际一流示范矿山"建设规划以及后续的项目推进，一流推广中心谈到集团刚提出建设"国际一流示范矿山"这一想法的时候，很多人感觉这个概念很"空"，很难感受到实际价值和意义。那么，如何看待"技术+人文"与"空"的价值和意义呢？一个组织的执行层往往只看到指南和标准等物态具象，而领导层则必须洞见"空"才能引导执行层追寻指南和标准的实现，因此"空"往往是蕴含了机会和洞见的统一体。山东黄金正是在这种"空"的指引下，构建起了独特且自信的服务式生长和人本性文化。

上述三个方面从起点、过程和终点构建了山东黄金服务式生长与人本性文化的整合。若单论技术，根据以往的经验，技术革命总是导致生产性工作减少，但同时出现更多的服务性和知识生产性工作。因此，至少目前不必特别担心技术的进步会导致大量人员失业。仍以"整体性技术逻辑驱动的服务式生长模式"下的"国际一流示范矿山"为例,它是整体观的规划,这其中就包含了"本质安全、智能智慧、绿色生态、社区和谐、效益领先"的五位一体,其中智能智慧是驱动而非驱使,本质安全和社区和谐是服务而非服从,绿色生态是生长而非生产,总体就是广义的效益领先,它是技术的,更是管理的和哲学的。

16.2 未来矿山的生命礼赞

当今世界,商业企业和社会企业越来越重视将可持续性纳入公司战略以求获得竞争优势。在大多数情况下,可持续性讨论集中在三个底线标准上,涉及经济、社会和生态环境。然而,许多公众和企业的努力都集中在经济和生态环境问题上,这二者掩盖了可持续发展的社会要素。国际劳工组织倡导以人为本且可持续的企业发展模式,认为以人为本关系到企业人文建设的核心方向,是企业核心竞争力的主要来源。[一]在企业和劳工领域,社会、经济和生态环境作为可持续发展的三个方面是无法分割的共生体。可持续发展企业就是要在企业成长、创造生产性就业和工作体面方面,都符合可持续发展目标。[二]对矿业企业而言,在社会、经济和生态环境的可持续发展三要素中,生态环境无疑占据了核心地位。国际黄金矿业企业巨头纽蒙特公司在2009年发生了严重的氰化物泄漏事件,尽管有电子监控设备等预防泄漏的设施和措施,但是在一场大雨中,截流坝还是没能拦截住氰化钠的泄漏。纽蒙特公司称这次泄漏只是"轻微的化学品溢出",但实际情

[一] 陈春花. 企业文化是长期核心竞争力的来源 [EB/OL].(2021-06-09)[2021-06-09]. https://mp.weixin.qq.com/s/YH7SkOq5MTdQLxiWwNbYbw.

[二] 国际劳工组织. 可持续发展企业:创造更多更好的工作 [EB/OL].(2015-11-26)[2021-06-10]. https://www.ilo.org/wcmsp5/groups/public/---asia/---ro-bangkok/---ilo-beijing/documents/publication/wcms_194745.pdf.

况比纽蒙特公司宣称的严重，引起了当地政府和民众的指责。[1]对矿业企业而言，生态环境已然成为连接社会与公众，维持经济与信任的重要纽带。[2]任何生态环境问题的产生都来源于企业未能正确处理人与自然的关系，甚至愚蠢地认为人能凌驾于自然而存在。

我们需要认识到这样一个客观事实：人与自然都是客观现实的存在，二者存在紧密且开放的社会与生态联系，即"自然界中任何事物都不是孤立发生的"。[3]矿业企业尤其要重视对自然界的维护与生态联系，并以此为获取生态效益的核心基石。山东黄金坚持以"开采方式科学化、资源利用高效化、企业管理规范化、生产工艺环保化、矿山环境生态化"为基本要求，积极致力于生态矿业建设，严格履行节能减排、防止污染、节约资源的义务，扎实推进环境保护工作，将保护生态环境内化入企业文化理念体系，使绿色生态成为山东黄金的亮眼名片。以山东黄金集团下的三山岛金矿为例，其在"国际一流示范矿山"建设中围绕"矿石流"进行生态环境治理，保证从采矿、选矿到矿石冶炼的各个环节都高效无污染，整合资源综合利用、科技进步、安全环保、绿色发展等方面的建设经验和具体标准，为推进金矿的整体高质量建设提供参考路径。[4]

16.2.1　与矿山生命体的和解

"马克思认为，自然界各物种之间相互依赖、相互作用，共同构成一

---

[1] 胡涛，赵颖臻，周李焕，等. 对外投资中的环境与社会影响案例研究：国际经验与教训 [EB/OL].（2013-07）[2021-06-19]. https://www.wri.org.cn/sites/default/files/managing_environmental_impact_international_experience_and_lessons_in_risk_management_for_overseas_investments.pdf.

[2] 周雪光. 中国国家治理的制度逻辑：一个组织学研究 [M]. 北京：生活·读书·新知三联书店，2017.

[3] 杨峻岭，吴潜涛. 马克思恩格斯人与自然关系思想及其当代价值 [J]. 马克思主义研究，2020（3）：58-66，76，167.

[4] 新华网. 我国首个海底金矿将进行生态和智能化改造 [EB/OL].（2018-04-21）[2021-06-19]. http://www.xinhuanet.com/2018-04/21/c_1122718731.htm.

个完整不可分割的生命有机体。"因此，矿业企业与自然环境的关系正如人类社会与自然界的关系一样，是互为成分的共生关系。随着生产力的发展、科学技术的进步，人类认识和理解自然的能力不断增强，对自然规律的把握也会越科学、准确，人类对自身与自然之间一体性、同一性认识也就越深刻，对于充斥于社会实践活动的形形色色反自然的思想、观念或行为的批判也会越激烈。正如恩格斯所说"因此我们每走一步都要记住：我们统治自然界，决不像征服者统治异族人那样，决不是像站在自然界之外的人似的，——相反地，我们连同我们的肉、血和头脑都是属于自然界和存在于自然之中的……"矿业企业的发展与自然界的利益是一致的，矿业企业只有在每一次勘测、每一次采矿中都能对自然界充满敬畏心，才有可能让企业获得可持续发展的生态效益。此外，还需要认识到这样一个客观事实，人或企业与自然界的关系本质上是人与人、企业与社会之间的关系。马克思说："人们在生产中不仅仅影响自然界，而且也互相影响……为了进行生产，人们相互之间便发生一定的联系和关系；只有在这些社会联系和社会关系的范围内，才会有他们对自然界的影响，才会有生产。"当企业能正确处理好与自然界的关系时，企业便有了与其他企业建立长久且持续的健康关系的基础。

然而，随着人口的增长和经济的发展，人类对金属和矿物的需求持续增长。人类发展在很大程度上依赖于矿业，但从地球表面提取矿物必然会给社会和环境的可持续发展带来严重影响和巨大风险。例如，澳大利亚必和必拓公司在1981年进入巴布亚新几内亚并领导了对奥克泰迪铜矿的开

---

① 杨峻岭，吴潜涛. 马克思恩格斯人与自然关系思想及其当代价值 [J]. 马克思主义研究，2020（3）: 58-66，76，167.

② 马克思，恩格斯. 马克思恩格斯选集: 第1卷 [M]. 中共中央马克思恩格斯列宁斯大林著作编译局，编译. 北京: 人民出版社，1995.

③ GOUVEIA. 采矿业需要根本性变革，向可持续、环境友好型企业转变 [EB/OL].（2021-03-24）[2021-06-19]. https://www.mogroup.cn/insights/blog/mining-and-metals/sustainable-and-socially-responsible-mining-needs-radical-transformation/.

发,而十几年中来自铜矿的废弃物污染了附近的奥克泰迪河以及弗莱河盆地。必和必拓迫于压力于 2001 年退出了该投资。㊀反观山东黄金,在"国际一流示范矿山"建设的过程中,明确将绿色生态作为矿山治理根本,构建以物联网、大数据、AI、5G 等技术相融合的端、边、云技术架构体系,以数据为中心,打通了以采掘、充填、选矿等生产工艺为主线的"矿石流"。围绕"矿石流",山东黄金实施了一系列的环境保护策略。面对"碳达峰、碳中和"的挑战和机遇,山东黄金进一步提高整个"矿石流"环节的绿色技术水平。山东黄金作为国内生态矿业的首倡者与实践者,始终坚持以生态文明理念为指导的循环型矿业发展模式,始终坚持"用心守护绿水青山,用爱造福地球家园",坚持安全环保"双零"目标不动摇,在生产过程中严格履行建设项目环境保护"三同时"制度,全面推进清洁生产,形成资源利用与生态保护相结合的多元开发模式,合理利用土地,综合利用废弃物,以"开采方式科学化、资源利用高效化、企业管理规范化、生产工艺环保化、矿山环境生态化"为基本要求,积极致力于生态矿业建设,严格履行节能减排、防止污染、节约资源的义务,扎实推进环境保护工作。在此基础上,山东黄金与周边社区的公众建立起和谐关系,不仅形成了"企业－社区"共建的环境生态意识,更提升了社区公众的信任,使企业获得了生态效益。

16.2.2　生态安全设计与选择

人与自然、人与环境、人与社会的关系问题,已经成为当前人们关注的焦点,越来越多的难题已给当今世界造成严重影响,特别是对人类的生存和发展构成威胁。究其原因,就是人类社会在发展过程中违背了自然规

㊀ 胡涛,赵颖臻,周李焕,等.对外投资中的环境与社会影响案例研究:国际经验与教训[EB/OL].(2013-07)[2021-06-19]. https://www.wri.org.cn/sites/default/files/managing_environmental_impact_international_experience_and_lessons_in_risk_management_for_overseas_investments.pdf.

律，对自然环境的认识浅薄，存在偏见，随心所欲，无节制地索取自然资源，践踏自然环境，破坏生态平衡。中国传统文化的自然整体观，如"天人合一"，为解决生态问题提供了思想支撑。[1]此外，马克思和恩格斯有关客观世界普遍联系和辩证统一的理论、关于人类社会由复杂关系联结而形成的发展变化的有机体理论及人作为历史活动主体所发挥的能动性和受动性的辩证统一理论，都深刻揭示了一个客观事实，即生态环境与人类经济、政治、文化和社会活动的统一性，解释了生态安全作为人类生命安全和社会安全的重要基石作用。[2]这种统一性和基石作用与党和国家领导人提出的人类命运共同体以及传统文化中的"天人合一"是一脉相承的。从生态哲学的角度看，构建人类命运共同体是解决人类所面临的生态安全和生命安全问题的重要出路，为人们正确认识和处理人与自然以及人与社会的关系提供了理论支撑，也是矿业企业追求生态稳定、生态和谐和生态繁荣的基本指引。基于此，山东黄金作为国内第一的产金企业，始终将维系生态安全作为矿山治理的根本，在追求"碳达峰、碳中和"的道路上追求"绿水青山就是金山银山"的发展理念。

矿业作为与自然生态连接最为紧密的行业之一，从选矿到尾矿处理的各个环节都关系到生态安全。作为一项系统工程，矿业行业的生态安全治理涉及事前（矿山调查、勘探和规划等）、事中（采矿环节的矿山建设和开发）和事后（尾矿处理和生态修复）全过程。然而，由于受多种因素的制约和"矿山"二字的局限，在当前矿山生态安全治理的过程中，更加关注在建矿山和矿山治理的事中环节，而没有加强事前的科学设定及事后的有效管控。而山东黄金在矿山治理中始终追求"天人合一"的企业主体与生态客体之间的统一，坚持生态优先和生命至上、安全第一的辩证统一关系，做到

---

[1] 刘真灵. 从伏羲八卦到命运共同体，一脉相承的自然观 [EB/OL]. (2020-02-22) [2021-06-20]. http://www.kmzx.org/wenhua/shizu/huaxia/41593.html.

[2] 方世南. 论人类命运共同体的生态安全与生命安全辩证意蕴——基于生态政治哲学的分析视角 [J]. 南京师大学报（社会科学版），2021（3）：92-101.

环保与矿山生产经营工作同计划、同部署，坚持发展循环经济、低碳经济和清洁生产。2019 年，山东黄金根据《中华人民共和国环境保护法》的规定，结合公司的实际情况，制定了《山东黄金生态环境保护责任制》，将生态环境保护、生态安全修复视为公司的战略章程和良知，寻求与矿山生命体的和解。此外，山东黄金强调"事前—事中—事后"的全生命周期治理，事前采用数字技术、无害药剂等进行矿山地质勘探和开采的规划设计；事中使用先进、节能、清洁的采选装备和工艺，从源头上减少温室气体排放，推动企业低碳发展；事后对固体废弃物进行分类管理，例如，矿山开采产生的废石主要用于井下充填、尾矿库筑坝、生产建筑用石子等，选矿生产产生的尾矿主要用于井下充填等，从而建立起全生命周期的生态安全治理观，为建设宜居的生态环境贡献山金力量和中国方案。

16.3　未来矿山的金色本性

在党和国家领导下的中国企业，正逐渐成为推动世界经济发展、布局世界和平繁荣的重要力量。中国矿业大规模地实行"走出去"战略仅有十几年时间，是国际矿业投资和开发的后来者，整体上还处于初级阶段。[⊖]

矿业发展是一项持续性的工程，非一朝一夕之功，因此，如何更有保障地"走出去"并"走上去"是构建人类命运共同体对矿业行业提出的必然要求。对矿业行业中的黄金矿业而言，由于黄金资源的稀缺性，金矿成为世界各国必争的战略资源，而金矿企业作为重要的资源探索和挖掘的主体，承担着重要的历史使命。然而，在人类命运共同体的构建过程中，中国的金矿企业如何更高质量、更快速地加入全球金矿采掘合作中，成为进入第二曲线的重要途径。

⊖ 为打造全球矿业命运共同体贡献中国智慧 [N]. 中国矿业报，2017-11-28（1）.

作为全国第一的产金企业，无论是"国际一流示范矿山"建设和国企改革，抑或是矿山治理中的人文关怀和矿业文化，山东黄金一直在向世界输出中国特色的国企矿业治理理念，为实现矿业命运共同体提供中国方案和中国智慧。

16.3.1　矿业命运共同体

"这是最好的时代，这是最坏的时代；这是智慧的年代，这是愚蠢的年代；这是信仰的时期，这是怀疑的时期；这是光明的季节，这是黑暗的季节；这是希望的春天，这是绝望的冬天；我们眼前无所不有，我们眼前一无所有；我们直奔天堂，我们直入地狱。"狄更斯的《双城记》中的这段话放在今日仍旧有其意义。中国矿业行业的"走出去"战略仍旧处于痛苦与快乐、失望与希望、恶劣与美好并存的阶段。当中国矿业还未来得及审视和应用互联网带给矿业世界的变化和效率时，大数据、人工智能、区块链等新技术又已开始重新改变矿业格局，处在变革潮流中的矿业企业如何获得新的成长机会，突破原有的增长桎梏呢？

作为世界上最大的矿业产品生产国、消费国和贸易国，中国对全球矿业发展具有举足轻重的作用。中国矿业的发展对全球矿业经济乃至全球经济起到重要的引领作用。近年来，我国矿业行业牢固树立创新、协调、绿色、开放和共享的发展理念，以供给侧结构性改革为主线，着力去产能、去库存、去杠杆、降成本、补短板，稳步推进创新驱动、改革引领、绿色安全、包容共享、开放互利型矿业建设，在支撑我国矿业经济发展的同时，也为全球经济和矿业复苏发挥了重要作用。[一]随着国际合作和经济开放程度的逐渐加深，构建矿业命运共同体已成为全球矿业企业获得新发展机遇、

㊀　张伟超．宋鑫：引领全球矿业发展的中国方案 [EB/OL]．(2018-11-22) [2021-06-02]. http://www.gold.org.cn/sshq_685/ggkfzt/ql/201811/t20181122_181206.html.

谋求新发展态势的重要出路。

中国提出的"一带一路"倡议为我国矿业企业更有质量地实行"走出去"和"走上去"战略提供了机遇和保障。除此之外，人类命运共同体的提出为指导国际矿业合作和共同繁荣提供了宏观图景。首先，坚持共建共享，全球矿业的发展成果必须惠及周边。山东黄金作为一家传统的国有企业，始终将民生视为矿业社区建设的目标，将以人为本作为民生社区最根本的价值定位。一家加拿大金矿企业与山东黄金共同参与一项国际并购，加拿大金矿企业因态度强势与当地社区和政府产生矛盾，使并购陷入僵局，而山东黄金则通过两个措施有效完成并购：其一，如山东黄金原董事长陈玉民所言，"邀请他们（当地社区和政府相关人员）到山东黄金来看看（我们）是怎么做的"，这是道路自信、理论自信、制度自信和文化自信最直接的体现，这次邀请直接奠定了山东黄金在该次并购中的主体地位；其二，频繁的跨国交流促进了人与人之间的认可，从而实现了企业与企业、企业与社区的和谐发展。这与山东黄金尊重"民生的要求是在人与物、人与发展的关系中把人看作最终本质和中心"的愿景、始终坚持矿山治理成果由社会共享的价值观是密不可分的。㊀其次，坚持合作共赢，全球矿业的发展离不开不同主体间的互助合作。其一，山东黄金与各大高校、科研院所、高科技企业合作，在实现自身"国际一流示范矿山"建设目标的同时，为其他合作机构带来建设福利，例如华为实现了建设国内首个矿业大数据平台的目标等。其二，山东黄金与世界级的矿业企业达成战略合作协议，加速推进世界前五战略目标的实现，山东黄金以9.6亿美元收购巴里克公司矿山的股份，并组建专业化的工作组，谋求储存矿区的共同发展。最后，坚守可持续发展是全球矿业迈上新发展台阶的唯一出路。正如前面章节所述，山东黄金坚守"用心守护绿水青山，用爱造福地球家园"的初心，在绿色、环保、可

㊀ 康纪田. 矿山企业是矿业社区建设的主要责任者[EB/OL].（2013-05-25）[2021-06-02]. http://blog.sina.com.cn/s/blog_4c0d785b0101lqzq.html.

持续发展之路上矢志前行，30座矿山进入国家或省市绿色矿山名录，"山东黄金，生态矿业"已成为靓丽的企业名片。然而，要维护人类社会与自然生态的稳定和谐，非一家企业可以做到，要举全社会之力，共同构建可持续发展的商业、社会和自然生态。

16.3.2 未来矿山治理体系

未来的金矿治理，或是全球矿业企业的治理，不仅需要共同推动和坚持矿业命运共同体建设，更应该结合矿业行业和矿山的独特环境与情境，建立起兼顾科学与艺术的治理体系。这种治理体系以未来矿山治理范式为支撑，以范式的"科技＋人文"属性为内核，不断向外扩展其边界。本书将这种治理体系称为未来矿山治理体系，认为其是对未来矿山治理范式的总结和整合，范式在整个体系中起到了支撑作用，即"建筑师"的功能，为体系的生成、演变和扩张指明了基本的方向。所谓未来矿山治理体系是指利用矿业向阳性和矿业人向阳性的底层逻辑，结合其辐射性、人文性、未来性和普遍性的特点，围绕矿业人主体和矿山环境实现人本治理（引导矿业人的向阳性追求）、数据治理（利用数字技术激活矿山能量，打造矿山未来性）、生态治理（重构"企业－社区－自然"关系，实现未来矿山治理的辐射性）、效益治理（通过追求多元化效益，实现多元聚合）。

首先，未来矿山治理体系的本质属性是围绕矿业人的向阳性追求和矿山的和谐式发展所进行的人本治理。矿山井下和井上的生活形成了鲜明的对比，"光"与"暗"的交织是矿业人作业的真实写照。在这种情况下，如何让矿山体现出人文特性，如何让矿业人发挥人性的光辉，如何让矿业人成为有生命的个人的存在便显得极为重要。"矿业人何以为人、矿业人的世界究竟有什么意义"这一根本问题便成为矿业人追求向阳性的底层逻辑。山东黄金矿山治理的底层逻辑是矿业向阳，让矿业人产生对向阳性的追求，这种追求来源于企业对矿业人人性的重塑。正如山东黄金的企业之歌中所呈现的:"把一生都付给黑暗,只为明天与你重逢。"这是对当下黑暗矿井的奉献,更是对矿业光明未来的希冀。山东黄金始终坚持"以人为本"的人才发展理念,将人才培养作为企业发展战略的重要支撑,致力于打造"追求卓越,创新进取"的企业文化精神,注重挖掘、培养具有丰富生产实践、具备创新进取精神、不断追求进步的创新型人才,引领带动企业发展。

其次,未来矿山治理体系的手段工具是利用以5G、物联网等新一代数字技术赋能矿山部署全生命周期的数据治理,体现了矿山的未来性。山东黄金数字化建设从无到有、从低级到高级、从局部到全局,共经历了四种变化,是一个从简单到复杂的过程。以山东黄金下属的三山岛金矿为例,第一阶段,基于华为数字化集成平台,实现三山岛金矿内部生产系统、管理系统、安全系统、自动化控制等众多"数据烟囱"衍生的应用的全连接,并将其汇总到统一的大数据平台。第二阶段,通过大数据平台对各类安全生产经营管理数据进行清洗、转换、分析,并进行统一存储,形成三山岛金矿统一标准的数据湖。第三阶段,基于数据湖建设各生产运营管理领域的数据可视化和数据分析应用工程,形成采集、存储、计算、分析挖掘和应用的统一大数据平台,为后期三山岛金矿一流矿山运营调度中心可视化运营展现提供平台支撑。最后阶段,整个大数据平台通过24小时远程运维,确保软、硬件生态良性运转和及时优化升级。

再次,未来矿山治理体系的广域价值是追求企业、矿山、社区和自然的和谐共在,形成全域视角下的生态化治理,因此体现了由矿业主体向外辐射的特点。一方面,山东黄金通过与矿山生命体达成和解,实现企业与自然的和谐共在,从而建立起企业与自然生态之间的统一。具体而言,山东黄金自觉践行绿色发展模式,积极推进绿色矿山建设,坚持把绿色发展放在与公司战略同等重要的位置上,进一步加强山东黄金品牌形象建设,同时,努力推动矿山生产方式的规模化、集约化,生产工艺清洁环保化,使生产设备实现节能降耗,形成"事前—事中—事后"的全生命周期矿山生态安全理念。另一方面,山东黄金与矿山周边社区实现和谐互利共赢,不断加强与当地政府、居民的联系,加大对地方经济的支持力度,使当地居民生活条件逐年改善,生活环境和生活质量得到较大提升。

最后,未来矿山治理体系通过以多元化效益为支撑的效益治理实现聚合效益,借助全域的生态化治理追求经济效益、社会效益和生态效益,体现了效益的多元聚合特点。例如,山东黄金积极承担国企的社会属性,在矿山治理和企业改革的过程中履行社会责任,围绕自然生态、社区生态和人文建设多方面获得社会效益。具体而言,山东黄金从以"碳达峰、碳中和"为主的环保绿色理念中获得自然生态效益;从以社区聚集为主的社会和谐中获得社区生态效益;从推动形成"以人为本"的氛围中获得人文效益。自然生态效益、社区生态效益和人文效益的整合是山东黄金多元化效益模式的体现,是关注社会福利供给和社会价值创造的企业责任。未来矿山治理体系示意图见图 16-1。

图 16-1　未来矿山治理体系示意图

"长风破浪会有时,直挂云帆济沧海。"从国企改革到"国际一流示范矿山"建设,从寂寂无闻到世界第十,从"傻大黑粗"到智能智慧,从摸着石头过河到示范引领全国，山东黄金的每一次战略调整、每一份改革方案都是对现有经营状况的颠覆、都是对未来美好愿景的追求。大浪淘沙，沉者为金，从矿业人精神到开发精神，从"黄金企业家"到"山金拓荒牛"，一代代矿业人凝神聚力、不懈追求。岁月轮回，山东黄金脚步不停歇、创新无止境，从优秀到卓越，昂扬向上的精神律动，成为山东黄金永续发展的动力源泉。道阻且长，现代企业必须具备破釜沉舟的勇气和魄力，这不仅是对社会公众负责，更是追求美好商业图景和社会图景的希望。

—— 后记

我从 2020 年下半年应邀开始接触山东黄金集团"国际一流示范矿山"建设项目，到现在完成《未来矿山治理之道》的书稿，前后共有一年多的时间。在这段时间里，从国家号召的高质量发展战略出发，围绕国家治理体系和治理能力现代化的要求，通过广域的跨层次、多向度调研，运用规范的科学研究方法，深度地学习和研究了一家国有企业建设国际一流示范企业的演化历程、特色作为和家国情怀。山东黄金集团"国际一流示范矿山"建设稳健发展的全貌已经通过本书正文呈现给大家，后记部分将继续跟大家分享我与山东黄金集团及其下属企业"产教融合、协同发展"的故事。

多年前，我以一名青年教师的身份第一次到山东黄金集团焦家金矿授课，这是我比较早的与该企业正式的深度接触，由此开始了我与山东黄金集团的长期战略合作，也开启了我长期关注企业管理实践的道路，后来我还很荣幸地获得了焦家金矿荣誉矿工的称号。这期间，我认识和结交了以山东黄金集团公司副总经理何吉平学长为代表的非常多的黄金矿山领域的校友和朋友，大家相互支持走向未来。

在长期的协同合作发展中，山东黄金集团始终以"学习者"的姿态稳健地转型升级，我所在的学校和学院为山东黄金集团培养了许多优秀的学士、硕士和博士人才，这其中就有本书的共同第一作者张汉阔。2017 年年末，他受命推进山东黄金集团"国际一流示范矿山"建设试点工作，这是平地起高楼的原创性工作，在几乎没有任何标杆参照的情况下，在许多管理者不理解甚至不接受的前提下，在本书共同第一作者、山东黄金集团原董事长陈玉民和其他集团高管的大力支持下，他和他的团队通过"自以为非"、突破常规、善于借力的自我奋斗方式，从零开始将山东黄金集团三山岛金矿打造成"国际一流示范矿山"试点单位和示范场景，同时推出多项各类"国际一流示范矿山"的建设标准。山东黄金集团目前位列全球产金企业第十、中国第一，这是张汉阔提出的"国际一流示范矿山"建设"赋能、价值、服务"三大定位和"聚焦与余光、协同与量化、实效与虚化、符合与适应"四大原则的实践成果。

在为撰写本书所进行的所有访谈中，我时时刻刻感受到来自黄金矿山实践一线的被访谈者的黄金本色和家国情怀，尤其是山东黄金集团被访谈高管的认知境界非常值得我学习借鉴，在此仅仅列举两位被访谈者：一是山东黄金集团烟台事业部的王成龙总裁，在对话中，他提到"要让矿业人的工作成为一种体面的劳动"。这句话既是对当前的反思，也是对未来的预设，正是受此启发，我才在书中提出以下命题，"当矿业人及其工作成为一种体面劳动的时候，劳动的需求属性开始变成追求属性，这就是高质量发展的内在逻辑和外在目标"，其本质是未来矿山治理的逻辑起点和最终归宿——"矿业人是矿山的一切，矿山是矿业人的一切"，这是我理解的黄金矿山企业的共同富裕。二是山东黄金集团三山岛金矿的矿长刘再涛，在对话中，他提到"人都具有向阳性"，其背后是组织中的所有人都应该得到认可和尊敬，都在追求向阳而生的平等存在，这是"国际一流示范矿山"必须直面的来自最前线的需求之声，所以我在书中写到，实现这种需求需要"量子化认知—市场化运行—数字化赋能—平衡化机制"的逻辑建构，这四者的交互循环，我称之为阳光管理，进而将"未来矿山治理之道"形象地描述为"阳光治理"。类似的情形还有很多，书中已经有所交代，在后记部分不再赘述。

必须指出的是，本书中界定的治理与传统的治理有所不同，但是又不脱离传统治理。本书中的治理指的是整合了层级治理、市场治理、网络治理和数据治理理论指导下的"国际一流示范矿山"实践治理，在治理主体、内容、特征、分布和基础上都有所不同。尤其要关注的是基于 ESG 框架的山东黄金集团未来发展，因为黄金矿山企业每一个阶段都需要遵守和践行 ESG 准则。山东黄金集团通过"国际一流示范矿山"建设推出矿业领域一流国有企业的可复制、可推广的建设模式和标准，必将推动黄金矿业领域乃至其他领域的变革，正如 2021 年 3 月 19 日山东黄金集团"国际一流示范矿山"建设成果验收评价会上 10 位专家给出的结论——"项目建设成果整体上达到国际领先水平"。作为建设成果验收评价会专家之一，我在评价会上发言的时候从管理学的领域畅想了"国际一流示范矿山"建设对管理学的启发和贡献，它很可能成为破解"法约尔瓶颈"的诸多方案中的一种，若坚守长期主义，则很可能形成独特的具有中国特色的新管理学理论体系，对此，我们充满信心。因此，在撰写本书管理部分内容的过程中，针对的就是从法约尔开始的西方百年管理的职能框架存在的问题。我认为，目前是时候在管理学方面做出一些大突破了。

本书的完成是我和科研团队共同努力的结果。首先，得益于近 30 年前良好的开端和随后的日积月累，本书的写作过程并没有任何不适感，很多理念和思想水到渠成，源头有三个方面：第一方面是获得一手资料的深度调研，团队先后通过现场对话、在线视频、开放问卷等方式调研了 60 多位直接或者间接相关人员（从一线矿工到集团董事长），整理了 60 余万字的调研报告，我在此基础上总结概括出了 7 篇核心文章，发布在"易简萃升书院"微信公众号平台；第二方面是调阅山东黄金"国际一流示范矿山"建设相关资料，共完成 50 多万字相关材料的阅读和研讨，记忆犹新的是为了集中攻关，团队在某处的宾馆封闭，夜以继日地进行资料研讨，这些都是可贵的学术经历；第三方面是对相关文献资料的学习和利用，我们先后学习中英文文献资料及网络资料 300 多篇（实际完成引用约 150 条），因此也必须要感谢同行的支持和帮助，正是扎根在这 400 多万字的资料中，才有了今天这本书的面世。具体来说，陈玉民、孙新波和张汉阔作为共同第一作者参与了全书的策划、设计、统筹和审阅等所有工作；孙新波、钱雨和王栋毅负责第 1 篇的写作，孙新波、何建笃负责第 2 篇的写作，孙新波、张明超和王芳负责第 3 篇的写作，孙新波、张庆强负责第 4 篇的写作。在这个过程中，还要感谢山东黄金集团烟台事业部及三山岛金矿的王成龙、杜云龙、刘再涛、林红、戚克明等山东黄金集团矿业人的帮助。要感谢的人很多，在此不一一列举。

在这本书的写作过程中，世界正在经历百年未有之大变局，不过这所有的变化正如我在"易简萃升书院"微信公众号推文里讲到的，不外乎从"规制性逻辑驱使的服从式的生产模式"向"整体性逻辑驱动的服务式的生长模式"转型，前者是对西方 300 多年现代性的一种总结，后者天然地包含了前者的未来发展模式，这是换道超越的模式，它需要我们共同为之奋斗，它也会带来共同富裕，感谢伟大祖国引领的伟大时代。

本书的出版还要感谢国家自然科学基金面上项目"互联网效应下基于众包模式的协同激励机制研究"（71672029）和"复杂适应系统视角下的众包平台激励机制研究"（72172031）的资助，感谢国家社会科学基金重大项目"信息网络技术驱动中国制造业转型战略、路径和支撑体系研究"（16ZDA013）和"智能工业数据解析与优化"学科创新引智基地（B16009）的支持，感谢国家首批（2021 年）新文科研究与改革实践项目"'工商管理 + 大数据'专业建设研究与实践"（2021140042）和 2020 年辽宁省"兴辽英才计划"项目"数字辽宁发展战略研究"（XLYC2006009）的资助。

书中提出了很多正在生成中的、仍然需要时间检验的新的概念和理念，这些概念和理念未必完全符合您的思想和当前的理论，我们愿与您共同探讨，欢迎您直接联系孙新波（微信号：yjcssy。邮箱：xbsun@mail.neu.edu.cn），您的指教我们将铭记于心。

孙新波

2021 年 12 月 21 日